신흥교역국의 통관환경 연구

멕시코

한국조세재정연구원

2014년 11월 15일 1판 1쇄 인쇄
2014년 11월 15일 1판 1쇄 발행

지 은 이   세법연구센터 / 한국조세재정연구원
발 행 인   이헌숙
표   지   김학용
발 행 처   생각쉼표 & 주)휴먼컬처아리랑
            서울특별시 영등포구 여의도동 45-13 코오롱포레스텔 309
전   화   070) 8866 - 2220 FAX • 02) 784-4111
등록번호   제 2009 - 000008호
등록일자   2009년 12월 29일

www.휴먼컬처아리랑.kr
ISBN 979-11-5565-094-3

신흥교역국의 통관환경 연구

멕시코

한국조세재정연구원

※ 본 보고서는 멕시코 관세제도의 대부분을 담기 위해서 노력하였으나 지면의 부족 및 시간상의 제약으로 인해 부족한 부분이 있다.

또한 가급적 최신의 내용을 수록하기 위하여 노력하였지만, 사회·경제 상황에 따라 세제에 변화가 빈번하여, 가장 최신의 내용을 본 보고서에 반영하는 데에는 한계가 있었다.

따라서 본 보고서는 멕시코의 관세에 대한 최소한의 길라잡이임을 밝히며, 보다 정확하고 구체적인 사항은 멕시코 세관관리국, 조세청 및 재무부의 출판물 및 홈페이지와 관련 법령을 참조할 것을 권장함. 특히 민감한 사안에 대하여는 반드시 관련 법령을 통해 확인할 필요가 있으며, 불명확한 부분에 대해서는 관련 관세전문가의 도움을 받을 것을 강조하고자 한다.

본 보고서의 내용은 저자들의 개인적인 의견이며, 한국조세연구원의 공식적인 견해와 무관함을 밝혀 둔다.

목 차

I. 개 관 ·· 7
  1. 일반 개황 ·· 7
  2. 경제 개황 ·· 9
    가. 멕시코의 주요 경제 지표 ·· 9
    나. 멕시코의 수출입 동향 ·· 12
    다. 멕시코의 외국인 투자 동향 ······································ 13
  3. 우리나라와 멕시코의 교역 관계 ···································· 16
  4. 멕시코의 자유무역협정(FTA, Free Trade Agreement) 현황 및 동향 ······ 18
  5. 멕시코의 AEO 유사 제도(ASC 제도) ······························ 21

II. 외국의 통상환경 보고서 ·· 23
  1. World Bank의 『Doing Business 2011』 ··························· 23
  2. 미국 국별 무역장벽 보고서(National Trade Estimate Report on Foreign Trade Barriers: NTE 보고서) ······························ 25
    가. 무역 개관 ·· 25
    나. NAFTA(North American Free Trade Agreement) ········· 26
    다. 수입 정책 ·· 27
    라. 정부조달 및 관련 장벽 ·· 28
    마. 지적재산권 보호 ·· 28
    바. 서비스 및 투자 장벽 ·· 29

III. 멕시코의 통관 환경 ·· 31
  1. 관세 및 통관 제도 ·· 31
    가. 멕시코의 관세제도 ·· 31

    나. 멕시코의 통관제도·· 36
    다. 비관세 장벽(Non-Tariff Barriers, NTBs)································· 37
    라. IMMEX 프로그램·· 46
  2. 수입 통관 절차··· 46

Ⅳ. 통관 절차별 고려 사항·· 50
  1. 수입신고 준비 단계··· 51
    가. 통관 절차상 특이사항·· 51
    나. 애로 사례 및 업무상 유의점·· 52
  2. 수입신고 및 세금납부 단계·· 55
    가. 통관 절차상 특이사항·· 55
    나. 애로 사례 및 업무상 유의점·· 55
  3. 세관 서류검토 단계··· 56
    가. 통관 절차상 특이사항·· 56
    나. 애로 사례 및 업무상 유의점·· 57
  4. 물품검사 및 물품반출 단계·· 58
    가. 통관 절차상 특이사항·· 58
    나. 애로 사례 및 업무상 유의점·· 59

참고문헌·· 60

부 록·· 62
  부록 Ⅰ. 비즈니스 팁··· 62
  부록 Ⅱ. 주요 유관 기관 정보·· 67
  부록 Ⅲ. 수입 시 필요 서류·· 69
  부록 Ⅳ. 반덤핑 관세 부과 연장 결정문·· 76
  부록 Ⅴ. 멕시코 관세법(LEY ADUANERA)··· 82
  부록 Ⅵ. 국경 관리 관련법안·· 266

표 목차

〈표 Ⅰ-1〉 멕시코 국가 개황 ·· 9
〈표 Ⅰ-2〉 멕시코 주요 거시경제 지표 ·· 11
〈표 Ⅰ-3〉 주요기관의 멕시코 신용등급 평가추이 ·· 11
〈표 Ⅰ-4〉 멕시코의 수출입 추이 ·· 12
〈표 Ⅰ-5〉 멕시코의 주요 수출입국 현황(2010) ·· 13
〈표 Ⅰ-6〉 UNCTAD/BDO 외국인 투자희망국 순위 ·· 14
〈표 Ⅰ-7〉 양국 간 직접투자 규모 ·· 15
〈표 Ⅰ-8〉 대(對)멕시코 업종별 투자 현황(1968~2010) ·································· 15
〈표 Ⅰ-9〉 한국-멕시코 교역량(2008~2010) ·· 16
〈표 Ⅰ-10〉 최근 대(對)멕시코 10대 수출 품목 ·· 17
〈표 Ⅰ-11〉 최근 대(對)멕시코 10대 수입 품목 ·· 18
〈표 Ⅰ-12〉 멕시코의 FTA 체결현황 ·· 20

〈표 Ⅱ-1〉 『Doing Business 2011』 멕시코의 무역 분야 순위 비교 ············· 24
〈표 Ⅱ-2〉 멕시코 수출입 소요 기간 및 비용 ··· 24

〈표 Ⅲ-1〉 2010년 주요 세금 세율 변경내용 ·· 36

〈표 Ⅳ-1〉 멕시코 통관 절차별 유의 사항 ·· 50
〈표 Ⅳ-2〉 멕시코 제소 및 규제내역 ·· 54

그림 목차

[그림 Ⅲ-1] 멕시코 세관관리국 조직도·· 32

Ⅰ. 개 관

1. 일반 개황[1]

□ 정식 국명은 멕시코 합중국(United Mexican States)이며, 공식 사용 언어는 스페인어임
  ○ 마야족, 아즈텍족 등 원주민 문명국이었으나, 1521년 스페인 침략으로 원주민 문명은 쇠퇴하고 봉건제가 생겨났음. 1821년 독립 이후 독립국가의 형태를 갖추면서 공화제가 됨
  ○ 스페인어 사용국가로는 세계에서 가장 많은 인구수를 가진 나라이며, 원주민인 인디오들은 마야, 아스테카, 사포테카 등 그들 고유의 언어를 일상어로 사용함

□ 인구는 2010년 기준 약 1억 1,234만명이며, 민족은 메스티소(60%), 인디오(30%), 백인(9%), 기타(1%)로 구성됨
  ○ 브라질에 이어 중남미 국가 중 두 번째로 인구가 많은 국가이며, 인디오와 백인 사이의 혼혈인 메스티소가 인구의 과반수 이상을 차지함

□ 국토 면적은 1,958,201㎢로 한반도의 9배, 세계 제14위의 넓은 면적을 가지고 있으며 북으로는 미국과 3,200㎞의 국경을 접하고 있고, 남으로는 과테말라, 벨리즈와 접경함
  ○ 국토의 절반 이상이 고지대이며 해안선의 길이가 9,220㎞로 캐나다에 이어 아메리카 대륙에서 두 번째 규모임

□ 연중 고온다습한 기후로 열대기후권이 전 국토의 25%, 건조기후권이 50%, 온대기후

---

[1] 외교통상부; CIA country profile Mexico

권이 25%를 차지함
- ○ 중부 고산지대는 우기를 제외하면 건조한 온대성 기후이며, 나머지 국토는 열대 기후를 보임
- ○ 해발 2,300m에 위치한 수도 멕시코시티의 경우 연중 온난한데, 6~9월에는 우기로 기온이 온화하고 11~1월은 기온이 낮은 겨울 기후이며, 나머지 2~6월은 한국의 봄 기후와 비슷함

□ 행정구역은 31개 주(estado), 1개 연방구(distrito federal)로 이루어져 있으며, 멕시코시티(Mexico City)에 수도를 두고 있음
- ○ 멕시코 헌법에 따라, 모든 주(州)정부는 일개 공화국의 형태로 행정부, 단원제 의회, 법원 세 부분으로 구성되어야 하며 각 주마다 주 단위의 법령을 제정할 수 있음

□ 정치는 대의제도를 기본으로 연방제와 3권 분립제를 2대 원칙으로 하는 공화체제임
- ○ 정부 형태는 강력한 대통령중심제(Felipe de Jesús Calderón Hinojosa)[2]이며 연방 의회는 양원제(상원 128석, 하원 500석)임

□ 화폐단위는 페소(Peso, 1달러당 13페소)이며, 자유변동환율제를 채택하고 있음
- ○ 페소는 1497년 스페인으로부터 도입되었으며 독립 후에도 기본주화로 남음
- ○ 지폐로는 10페소, 20페소, 50페소, 100페소, 200페소, 500페소, 동전으로는 5센타보, 10센타보, 20센타보, 50센타보, 1페소, 2페소, 5페소, 10페소가 사용되고 있음

---

[2] 임기는 6년이며 연임을 금지함

<표 Ⅰ-1> 멕시코 국가 개황

항목	내용
공식국명	Mexico(Estados Unidos de Mexico)
수도	멕시코시티(Ciudad de Mexico)
국가형태	1개 연방구, 31개 주
국토면적	1,958,201㎢(한반도의 9배)
위치	중미
인구	1억 1,234만명(2010)
정부형태	대통령 중심제
정부성향	친미 온건 우경
대통령	칼데론(Calderon) 대통령 (2006년 12월 취임)
의회	양원제(상원 128석, 하원 500석)
인종	메스티소(60%), 백인(30%), 원주민(9%), 기타(1%)
언어	스페인어

자료: 한국수출입은행, 『세계국가편람』; CIA country profile Mexico

2. 경제 개황[3]

가. 멕시코의 주요 경제 지표

□ 멕시코의 2010년 GDP는 10,397억달러로 세계 14위였으며, 전년 대비 5.5%의 경제 성장률을 기록함
  ○ 멕시코 경제의 높은 대미의존도로 인해, 미국발 금융위기 이후 멕시코의 경제 성장률은 중남미 최저치인 -6.1%를 기록하였음
  ○ 2009년부터 시작된 대규모 경기부양책 실시와 미국의 경제 회복세에 힘입어 점진적으로 침체 국면을 벗어나고 있음

---

[3] 한국수출입은행; 멕시코 통계청; 멕시코 중앙은행

□ 멕시코는 원유 및 광물자원이 풍부하고, NAFTA를 중심으로 자유무역협정 회원국으로 무역 거래가 활발하다는 점이 경제적 강점으로 꼽힘
   ○ 석유산업은 국가 재정의 주요 수입원으로 국영 멕시코석유회사(PEMEX)가 독점하고 있으며 은·납·수은 등 광물 자원도 풍부함
   ○ 1994년 초 NAFTA 출범 이후 미국·캐나다와의 교역이 3배 이상 증가하는 등 교역의 90% 이상이 자유무역협정국과 이루어짐

□ 경제적 약점은 과중한 대외 부채로 정부는 외환위기 방지를 위해 외환보유액 확보에 지속적인 노력을 기울이고 있으며, 이러한 적극적인 외환 확보정책에 힘입어 외환보유액은 증가하고 있음
   ○ 2002년의 외채규모는 1,401억달러였으나, 점차적으로 외채를 줄여나간 결과, 2010년 말 외환보유액은 1,203억달러를 상회하여 사상 최고치를 기록함

□ 재무부는 멕시코가 안정적인 거시경제정책 추진으로 2011년에도 4%대 이상의 경제성장률을 달성할 것으로 기대함
   ○ 재무부는 안정적인 거시경제의 일례로 정부세입 증가(2011년 GDP의 10.4% 예상), 낮은 정부부채 수준(2011년 GDP의 30.7% 수준 예상), 공공부채의 건전성(60% 이상이 장기부채, 2010~11년 중 만기도래 채권 기상환), 신규 고용 창출 증가 등을 언급함

□ 재무부는 낙관적인 경제 전망에 더불어, 멕시코 경제가 대외 경제환경 변화에서 자유로울 수 없음을 강조하며 향후 경제정책의 최우선 과제는 대외환경에 의한 취약성을 줄이는 것에 초점을 맞추고 있음
   ○ 2011년 2/4분기 멕시코 경제성장률 및 대미 수출 증가세 둔화는 대외 요인에 기인한다고 설명함
   ○ 구체적인 방안으로 인프라 건설프로젝트 시행, 중소기업 및 자영업자에 대한 은행의 대출 확대 등을 제시했으며, 국내시장 체질 강화 노력을 통한 국내소비 증대를 적극 추진해 나갈 계획임을 밝힘

□ 다수 정부 및 민간 경제연구소[4]는 현 세계경제의 성장 둔화조짐 및 멕시코 국내시장의 취약한 기반을 감안할 때, 금년 하반기에는 경기 하강세가 더욱 가시화될 것으로 전망함
  ○ 현재 경제 성장률이 신규 고용시장 진입 인력을 소화하기에는 불충분하며, 경기 하강 시 신규 고용 창출 감소는 국내 구매력의 추가 감소로 이어질 것으로 예상

□ 멕시코 가구당 평균수입의 감소, 빈곤층의 증가, 국내시장 기반이 취약한 상황에서 향후 대외환경의 충격을 완화할 장치가 부재함[5]
  ○ 빈곤층 수는 2008년 4,800만명에서 2010년 5,200만명으로 증가함
  ○ 2010년의 경우 대외수출이 26% 증가한 반면, 국내소비는 5%에 그쳐 시장기반이 취약해지고 있음

〈표 I-2〉 멕시코 주요 거시경제 지표

구분	2007년	2008년	2009년	2010년
경상 GDP(억달러)	10,254	10,881	8,683	10,397
1인당 GDP(달러)	9,433	9,892	7,744	9,242
경제성장률(%)	3.3	1.4	-6.5	5.5
물가상승률(%)	3.8	6.53	3.5	4.4
실업률(%)	3.7	4	5.5	5.4

자료: KITA; 멕시코 중앙은행; IMF; EIU; 멕시코 통계청

〈표 I-3〉 주요기관의 멕시코 신용등급 평가추이

평가기관	2007년	2008년	2009년	2010년
한국수출입은행	B2	B2	B2	B2
OECD	2	2	3	3
S&P	BBB+	BBB+	BBB	BBB
Moody's	Baa1	Baa1	Baa1	Baa1
Fitch	BBB+	BBB+	BBB	BBB

자료: 한국수출입은행

---

4) CEFP, ITESM 등
5) 멕시코 경영자 총연합회(COPARMEX)

나. 멕시코의 수출입 동향

☐ 2010년 멕시코 총수출액은 2,985억달러, 수입은 3,015억달러를 기록하여 약 30억달러의 적자를 기록했으며, 수출입의 증가율은 전년 대비 각 30%, 29%임
  ○ 2010년에는 상대적으로 높은 증가율을 보인 수출로 인해 경상수지 적자 규모가 전년 대비 약 10억달러 감소했음
  ○ 2010년 경상수지 적자폭 감소는 2009년도 금융위기로 인한 수입 급감에 기인하는 것으로 분석됨

☐ 주요 수출품은 공산품 · 원유 · 농산품 · 커피이며, 주요 수입품은 금속가공기기 · 농기계 · 전자제품 · 운송기기 조립부품임
  ○ 주요 수출품목은 멕시코 주요 부존자원인 석유 · 은 · 동 · 금 · 구리 등 광물자원 및 천연가스로 구성되어 있으며, 수입품은 제조업이 비교적 덜 발달한 중남미 국가 특성에 따라 제조업관련 기계 및 부품에 집중되어 있음

〈표 Ⅰ-4〉 멕시코의 수출입 추이

(단위: 백만달러, %)

연도	수출		수입		무역수지
	금액	증감률	금액	증감률	
2006	249,925	16.7	256,058	15.4	-6,133
2007	271,875	8.8	281,949	10.1	-10,074
2008	291,343	7.2	308,603	9.5	-17,260
2009	229,783	-21.1	234,385	-24.0	-4,602
2010	298,473	29.9	301,482	28.6	-3,009
2011(1~8)	230,615	17.0	229,259	16.9	1,356

자료: 멕시코 통계청(INEGI)

☐ 2010년 멕시코 주요 교역국은 NAFTA 협정국(미국, 캐나다)과 중국으로 전체 교역규모는 4,525억달러로 멕시코 전체 교역액의 75%임
  ○ 수출 순위 : ① 미국 ② 캐나다 ③ 중국 ④ 브라질 ⑤ 콜롬비아 ⑥ 독일
  ○ 수입 순위 : ① 미국 ② 중국 ③ 일본 ④ 한국 ⑤ 독일 ⑥ 캐나다

○ 중국과의 교역 규모는 전년 대비 43% 증가했으며, 특히 대(對)중국 수출 품목 중 광물 및 원유의 비중 증가로 인해 수출액은 전년 대비 89% 급증하였음

〈표 I-5〉 멕시코의 주요 수출입국 현황(2010)

(단위: 백만달러)

순위	국명	수출	수입	교역규모
1	미국	238,357	145,007	383,364
2	중국	4,197	45,607	49,804
3	캐나다	10,700	8,607	19,307
4	일본	1,926	15,014	16,940
5	독일	3,573	11,076	14,649
6	한국	944	12,776	13,720
7	브라질	3,784	4,327	8,111
8	스페인	3,687	3,232	6,919
9	대만	321	5,620	5,941
10	이탈리아	651	3,996	4,647
11	네덜란드	1,748	2,810	4,558
12	콜롬비아	3,760	795	4,555
13	칠레	1,865	1,952	3,817
14	영국	1,735	2,005	3,740
15	프랑스	586	3,024	3,610

자료: 외교통상부

다. 멕시코의 외국인 투자 동향[6]

□ 2010년 FDI 순유입액은 230억달러로 2009년 대비 53억달러 증가함
　○ 2008년 주요 투자국인 미국의 금융위기로 인해 감소하였으나 2010년 2/4분기 유입액이 73.6억달러로 전년 대비 33.9% 급증함

□ 최근 외국인투자는 북부지역에서 중부지역으로 이전되며 북부의 성장률은 부진한 반면, 중부의 성장률이 눈에 띄게 증가하는 추세임

---

6) UNCTAD; 한국수출입은행

○ 주(州)별로 2010년 성장률을 살펴보면 타바스코 4.7%, 푸에블라 4.4%, 남바하칼리포니아 4.2%였으며 이러한 성장률은 FDI의 효과라고 분석됨
○ 중부지역에 집중된 투자유인은 각 주정부들의 치안, 생활환경 등의 개선 노력에 기인함

□ 멕시코는 외국인 투자희망국 중 BRICs 국가를 제외하면 최상순위를 기록함
○ UNCTAD[7])와, BDO[8])에 의하면 각각 6위와 9위로 조사됨

〈표 Ⅰ-6〉 UNCTAD/BDO 외국인 투자희망국 순위

순위	1	2	3	4	5	6	7	8	9	10
UNCTAD	중국	인도	브라질	미국	러시아	멕시코	영국	베트남	인니	독일
BDO	중국	인도	미국	브라질	러시아	중동	영국	독일	멕시코	아프리카

자료: UNCTAD, BDO 2010

□ 우리나라의 대(對)멕시코 총투자 신고금액은 15억 4,016만달러이며, 투자금액은 9억 9,632만달러임(1968~2010년)
○ 분야별로는 제조업 5억 5,627만달러, 도매 및 소매업 2억 5,239만달러, 광업 1억 122만달러, 출판영상 방송통신 및 정보서비스업 4,992만달러, 건설업 3,113만달러 순으로 투자가 이루어짐
○ 최근 들어 전자·철강·자동차 등 한국 제조업체들과 플랜트 사업 등 인프라 관련 업체들의 멕시코 진출이 활발해지고 있음

□ 한국의 대(對)멕시코 투자는 1991년부터 본격화되어, 1994년 NAFTA 체결을 기점으로 꾸준히 증가하고 있는 추세임
○ 우리나라의 대(對)멕시코 투자규모는 15위를 차지함
○ 우리나라의 대(對)멕시코 투자는 1억 1천만명의 소비시장을 가진 멕시코 내수 시장, NAFTA 권역 시장, 동일문화권 중남미 시장 진출 확대 차원에서 추진되고 있음

---

7) UN 무역개발협의회
8) BDO International

□ 멕시코의 1991~2010년 기간 대(對)한국 투자는 누계기준으로 4,425만달러로 상대적으로 미미하며, 업종별로는 서비스 분야가 금액기준 97%를 차지함

〈표 Ⅰ-7〉 양국 간 직접투자 규모

(단위: 천달러)

구분	2008년	2009년	2010년	누 계
대(對)한국 투자	920	-	269	4,425
대(對)멕시코	300,139	55,094	63,934	996,328

주: 투자금액 누계기간은 대(對)한국 투자(1991년~2010년), 대(對)멕시코 투자(1968년~2010년)임
자료: 한국수출입은행(2011)

〈표 Ⅰ-8〉 대(對)멕시코 업종별 투자 현황(1968~2010)

(단위: 건, 개, 천달러)

업종	신고건수	신규법인수	신고금액	송금회수	투자금액
농림어업	14	7	2,074	7	512
광업	25	1	248,176	50	101,215
제조업	343	116	817,643	546	556,279
건설업	35	18	41,786	31	31,133
도매 및 소매업	54	21	320,723	76	254,394
운수업	2	2	730	2	730
출판, 영상, 방송통신 및 정보서비스업	7	3	49,984	13	49,925
부동산 및 임대업	2	1	484	4	484
사업시설 관리 및 지원서비스업	15	7	2,934	10	1,345
예술, 스포츠 및 여가 관련 서비스업	1	1	263	3	90
협회/단체, 수리/기타 개인서비스업	2	2	17	2	17
금융 및 보험업	4	2	286	4	112
전문 과학 및 기술서비스업	3	2	65	3	35
총계	511	184	1,540,166	753	996,324

자료: 한국수출입은행, 『멕시코 해외직접투자』, 2010.

3. 우리나라와 멕시코의 교역 관계

□ 2010년 한국-멕시코 교역규모는 137억달러로 이는 전년 대비 20% 증가한 수치임
　○ 2009년 금융위기로 인해 한국-멕시코 간 수출입이 줄어들었으나, 2010년 이후 회복세를 보이며 수출입 모두 증가하였음
　○ 2010년 한국은 멕시코의 17대 수출국이자 4대 수입국이며, 10대 교역상대국 중 대한국 수출 증가율(88%)은 중국(89%)에 이어 2위임

〈표 Ⅰ-9〉 한국-멕시코 교역량(2008~2010)

(단위: 백만달러)

연도	대(對)한국 수출	대(對)한국 수입	교역규모
2008	538	13,570	14,108
2009	500	10,946	11,446
2010	944	12,776	13,720

자료: 한국수출입은행, 2011.

□ 한국-멕시코 간 주요 수출품목은 평판디스플레이 및 센서, 영상기기, 철강판으로 전체 수출액의 50% 이상을 차지하며, 주요 수입품목은 아연광, 강반제품 및 기타철강제품, 기타금속광물로 전체 수입품목의 약 60%를 차지함
　○ 평판디스플레이 및 센서, 영상기기, 철강판은 2010년에 이어 2011년에도 수출품목 1, 2, 3순위를 기록하였고, 선박해양구조물 및 부품 수출이 전년 대비 640,402% 증가하여 수출품목 4위를 기록하는 등 주요 수출품목으로 급부상함
　○ 2011년 기타 금속광물의 수입증가율이 전년 대비 323.3% 급증하였고, 아연광 및 동제품은 전년과 변함 없이 수입품목 상위권을 지키고 있음

□ 대(對)멕시코 10대 수출 및 진출 유망 항목은 컴퓨터·정보통신, 전기·전자, 기계·장비, 문화컨텐츠, 의료·건강임[9]
　○ 컴퓨터·정보통신의 세부품목은 하드웨어, 소프트웨어, 위성방송 수신기, 게임기,

---
9) 외교통상부

네트워크 장비 등임
- 전기·전자에서는 가전제품, 전기·전자부품, 측정기계, 절전형 가전제품 등임
- 기계·장비에서는 금형, 소형발전기, 건설장비 및 부품, 주차장용 엘리베이터 등임
- 문화컨텐츠는 아케이드 게임기기, 콘솔게임소프트웨어 등임
- 의료·건강은 가정용 소형의료장비, 미용기기 등이 유망함

〈표 Ⅰ-10〉 최근 대(對)멕시코 10대 수출 품목

(단위: 천달러, %)

순위	2010년			2011년(1월~10월)		
	품목명	금액	전년 대비 증가율	품목명	금액	전년 대비 증가율
	총 계	8,845,549	24.0	총 계	8,414,393	12.3
1	평판디스플레이 및 센서	3,155,291	68.6	평판디스플레이 및 센서	2,203,495	-21.2
2	영상기기	961,385	79.2	영상기기	914,176	13.5
3	철강판	795,153	79.9	철강판	791,044	19.1
4	자동차부품	513,630	96.9	선박해양구조물 및 부품	657,508	640,402.3
5	자동차	477,927	94.2	자동차부품	593,037	41.9
6	무선통신기기	332,723	9.7	자동차	501,989	24.2
7	합성수지	256,705	21.9	무선통신기기	325,498	29.4
8	컴퓨터	213,848	50.1	합성수지	283,281	25.4
9	석유제품	157,355	48.5	원동기및펌프	137,687	17.3
10	반도체	155,245	70	컴퓨터	125,900	-28.0

주: MTI 3단위 기준
자료: 한국무역협회, 무역통계

<표 Ⅰ-11> 최근 대(對)멕시코 10대 수입 품목

(단위: 천달러, %)

순위	2010년			2011년(1월~10월)		
	품목명	금액	전년 대비 증가율	품목명	금액	전년 대비 증가율
	총 계	8,845,549	24.0	총 계	8,414,393	12.3
1	아연광	180,469	242.2	기타금속광물	271,111	323.3
2	강반제품 및 기타철강제품	163,219	905.8	강반제품 및 기타철강제품	249,251	117.9
3	무선통신기기	108,310	5.8	아연광	224,369	74.9
4	기타금속광물	86,708	182.1	동제품	130,949	705.8
5	연제품	77,380	-20.9	무선통신기기	82,914	-11.9
6	합금철선철 및 고철	64,121	111.9	유선통신기기	66,497	97.4
7	컴퓨터	60,729	43	동광	65,704	75.1
8	동광	57,078	74.7	컴퓨터	65,699	37.4
9	계측제어분석기	52,419	33.6	합금철선철 및 고철	65,279	14.6
10	자동차부품	49,076	127.3	자동차부품	58,989	51.7

주: MTI 3단위 기준
자료: 한국무역협회, 무역통계

4. 멕시코의 자유무역협정(FTA, Free Trade Agreement) 현황 및 동향[10]

☐ 멕시코는 1980년대 중반 이후 GATT 가입(1986)을 시작으로, 1990년대부터 주요 경제파트너와 FTA 체결을 본격적으로 추진하여 왔음
  ○ 1980년대 이전 수입 대체 정책 등 폐쇄적인 무역정책을 고수하였으나 이후 자유무역협정 체결을 점진적으로 추진하여 왔으며, 2011년 4월 기준 13개 FTA 협정을 통해 45[11]개국과 조약을 맺고 있음

---

10) 중남미통합기구(ALADI); KITA
11) 베네수엘라(2006), 볼리비아(2010) 조약 탈퇴

○ 1992년 칠레와 최초 자유무역협정을 체결한 후, 1994년 미국, 캐나다와의 NATFA 체결을 시작으로 본격적인 개방정책에 돌입함

☐ FTA 기체결국과의 교류뿐 아니라, 무역협정 미체결국과도 무역 확대를 위한 지속적인 노력을 기울이고 있음
  ○ 한국, 파나마, 페루와 새로운 FTA 체결을 논의하는 등 개방적인 통상정책 기조를 유지하고 있음

☐ 그 외에도 FTAA[12], 싱가포르, 파나마, 한국과는 FTA협상 중이며 뉴질랜드, 브라질, 에콰도르, 중앙아메리카, 호주와의 FTA도 검토중임

☐ 한국-멕시코 간 전략적 경제보완협정(SECA)[13]과 자유무역협정(FTA) 두가지 형태의 무역협정이 논의되었으나 현재까지 협정체결 성과는 없음
  ○ SECA는 2005년부터 2007년까지 세 차례의 회담을 갖는 등 체결을 위한 양국의 노력을 확인하였으나 협상이 성사되지 않음
  ○ FTA는 SECA협정 이전에 결렬되었으나 2007년부터 재논의되고 있으며 현재까지 양국간 협상을 시도해 오고 있음

☐ 멕시코는 특수한 몇 개 품목에 대해서만 관세를 철폐하는 PTA(특혜무역협정)를 대안으로 내놓았지만 한국은 그보다 자유화 폭이 한 차원 넓은 SECA 체결을 요구하였으나 큰 진전을 보지 못함
  ○ 제1차 협상에서 양측은 상품, 서비스・투자, 경제협력 등 협상 분과별로 주요 쟁점에 대한 통합 협정 문안이 마련됨
  ○ 제2차 협상에서 상품무역, 무역구제, 원산지, 통관 절차, 서비스, 투자, 경제협력,

---

12) 미주자유무역지대(Free Trade Area of Americas)로 쿠바를 제외한 아메리카대륙 모든 나라 간의 자유무역협정을 맺기 위해 제안된 협정이며, 현재 관련국이 협정체결 준비를 위한 협상을 하고 있음. 쿠바, 베네수엘라, 볼리비아, 에콰도르 등은 미주 대륙을 위한 볼리바르 대안(ALBA)이라는 협정을 체결했고, 미주자유무역지대를 반대하고 있음
13) 관세 자유화 대상 상품의 범위를 협상을 통해 결정하는 낮은 단계의 자유무역협정

지식재산권, 분쟁 해결 등 분과별로 사전에 준비한 협정문 초안을 기초로 협상이 진행됨
○ 제3차 협상에서 양국은 상품 양허안을 교환함으로써 양허 협상을 시작했으나, 범위와 상호 관심 품목의 반영 정도에 대한 시각차로 중단됨

〈표 Ⅰ-12〉 멕시코의 FTA 체결현황

협정국	협정유형	범위	발효일	WTO 법적근거
NAFTA	FTA, EIA*	상품·서비스	1994.1.1	GATT Art. XXIV, GATS V
코스타리카	FTA, EIA*	상품·서비스	1995.1.1	GATT Art. XXIV, GATS V
니카라과	FTA, EIA*	상품·서비스	1998.7.1	GATT Art. XXIV, GATS V
칠레	FTA, EIA*	상품·서비스	1999.8.1	GATT Art. XXIV, GATS V
EU[1]	FTA, EIA*	상품·서비스	2000.7.1 (상품) 2000.10.1 (서비스)	GATT Art. XXIV, GATS V
이스라엘	FTA	상품·서비스	2000.7.1	GATT Art. XXIV
엘살바도르	FTA, EIA*	상품·서비스	2001.3.15	GATT Art. XXIV, GATS V
과테말라	FTA, EIA*	상품·서비스	2001.3.15	GATT Art. XXIV, GATS V
온두라스	FTA, EIA*	상품·서비스	2001.6.1	GATT Art. XXIV, GATS V
EFTA[2]	FTA, EIA*	상품·서비스	2001.7.1	GATT Art. XXIV, GATS V
일본	FTA, EIA*	상품·서비스	2005.4.1	GATT Art. XXIV, GATS V
MERCOSUR	ECA**	상품·서비스	-	-
총 45개국				

주: * EIA(Economic Integration Agreement)는 경제통합협정,
　　** ECA(Economic Complementary Agreement)는 경제보완협정으로 브라질, 아르헨티나, 우루과이와의 지역협정형태임
　1) EU는 오스트리아, 벨기에, 불가리아, 키프로스, 체코, 덴마크, 에스토니아, 핀란드, 프랑스, 독일, 그리스, 헝가리, 아일랜드, 이탈리아, 라트비아, 리투아니아, 룩셈부르크, 몰타, 네덜란드, 폴란드, 포르투갈, 루마니아, 슬로바키아, 스페인, 스웨덴, 영국
　2) EFTA는 아이슬랜드, 리히텐슈타인, 노르웨이, 스위스
자료: KITA; WTO, Regional Trade Database

□ SECA가 답보 상태에 놓이자, 과거 결렬되었던 FTA가 2007년 9월부터 논의되었고, 현재까지 협상이 진행되고 있음
  ○ 협상의 쟁점은 상품분야의 농산물 세이프가드 도입, 위생 및 검역(SPS) 분야의 투명성, 지역화, 위원회 부문, 무역관련 지적재산협정(TRIPS)분야의 지리적 표시(GI)의 보호범위 등임
  ○ 제1차 협상이 2007년 12월 5일부터 7일까지 멕시코시티에서 개최됨
  ○ 제2차 협상은 2008년 6월 9~11일 서울에서 개최되었으나 별 성과 없이 끝났음
  ○ 제3차 협상은 멕시코에서 예정되어 있으나 일자는 확정되지 않은 상태임

□ 멕시코 정부의 수출 감소, 페소화 평가절하, 경제 역성장 우려로 FTA 체결논의가 활발하지 않으나, 정치·경제적으로 FTA 필요성이 지속적으로 제기되고 있어 협상재개와 FTA확대를 기대해 봄
  ○ 한국-멕시코 철강 및 화학업계를 주축으로 한 멕시코 산업계의 반발이 심해 정부 측의 FTA 체결 움직임이 순탄치만은 않음
  ○ 하지만, KOTRA 한국 상품전 개최, 재멕시코 한인상공회의소 출범(2009) 등 FTA 협상의 촉진제로 기능할 수 있도록 정부 차원의 노력이 지속되고 있고, 멕시코 상원회의에서 FTA를 적극 추진하고 있는 국제적인 추세에 멕시코가 낙오되어서는 안 된다는 의견을 적극 개진하고 있음
  ○ 또한, 페루 및 콜롬비아와의 FTA 확대를 통해 기존 FTA 반대 세력인 민간업계의 신뢰성을 회복하고, 한국을 비롯한 기타 국가들과의 FTA도 추진력을 받을 수 있을 것으로 전망하고 있음

5. 멕시코의 AEO 유사 제도(ASC 제도)

□ 상거래 보안 동맹(Alliance for Secure Commerce, 이하 ASC)제도는 안보 제고와 신속한 통관을 위한 멕시코 성실기업 우대제도임
  ○ WCO의 SAFE Framework의 일환으로 미국의 C-TPAT, EU지역의 AEO와 유사한

제도임
- ㅇ 공인 대상이 수입자 위주인 타국가 AEO제도와 달리, ASC는 수출자, 특히 미국으로 수출하는 멕시코 기업을 위주로 시행되는 프로그램임

☐ 2011년 5월에 사전 테스트(pilot test)가 있었고, 2012년 자격심사를 통해 정상 운영될 것으로 보임
- ㅇ ASC 전문가 및 업계대표들이 위원회를 구성하여 전자, 항공, 자동차 산업군을 대상으로 사전 테스트를 실시함
- ㅇ 본격적인 운영은 2012년 7월 이전으로 정했는데 그 이유는 7월 대선에 선거유세의 도구로 남용되지 않도록 하기 위함

☐ 기업이 ASC의 심사조건을 충족한다면 간소화된 통관 절차로 무역 신속성을 제공할 것임
- ㅇ 미국에 대한 무역의존도가 높은 멕시코의 특성상 미국의 C-TPAT과 협력할 수 있는 프로그램 구축에 초점을 맞출 것으로 예상됨
- ㅇ 멕시코의 심각한 마약·총기 등 밀수품을 감시하고, 테러 방지 등 국가안보를 강화할 수 있을 것으로 기대하고 있음

Ⅱ. 외국의 통상환경 보고서

1. World Bank의 『Doing Business 2011』

□ 세계은행(The World Bank)은 2004년부터 매년 '사업하기 좋은 나라(Ease of doing business)' 순위를 다양한 부문에 걸쳐 조사하여 『Doing Business』라는 보고서명으로 발표하고 있음
  - ○ 2011년에 발간된 당해 보고서는 2010년 한 해 동안 183개국에 대하여 부문별로 조사·평가한 내용을 수록함
  - ○ 『Doing Business 2011』 보고서상 순위를 결정짓기 위하여 조사된 분야는 사업 개시(Starting a business), 건설 허가(Dealing with construction permit), 재산권 등록(Registering property), 신용 취득(Getting credit), 투자자 보호(Protecting investors), 세금 납부(Paying taxes), 무역(Trading across borders), 계약 이행(Enforcing contract) 및 폐업(Closing a business) 등 9개의 지표임
  - ○ 2011년 보고서에 따르면, 종합적인 '사업의 용이성(Ease of Doing Business)' 순위에 있어 싱가포르가 1위를 차지하였으며, 우리나라는 16위에 랭크되었음

□ 당해 보고서의 무역 분야 순위는 수출입에 필요한 서류의 개수와 수출입 소요 일수 및 소요 비용 등을 산출하여 순위를 정하고 있으며, 필요서류가 적고 수출입 소요 기일이 짧을수록 더욱 높은 순위에 오르는 형식임
  - ○ 무역 분야에서 우리나라는 2010년 보고서에 이어 2011년 보고서에서도 8위를 기록하며 상위권을 유지하였음

□ 『Doing Business 2011』에서 멕시코는 전반적인 사업의 용이성에 있어 전체 조사국인 183국 중 35위에 올랐으며 이는 작년 대비 6단계 상승한 순위임

○ 멕시코는 법인 설립에 평균 9일, 각종 인허가 취득에 평균 74일이 소요됨
○ 멕시코는 사업 시작단계 순위에서 가장 개선된 국가 중 하나로 선정되었고 사업에 있어 온라인 환경의 개선을 위한 정책을 고안하고 있음

〈표 Ⅱ-1〉 『Doing Business 2011』 멕시코의 무역 분야 순위 비교

구분	멕시코	East Asia & Pacific	OECD	중국	브라질	한국
수출필요서류(개수)	5	6.4	4.4	7	8	3
수출소요시간(일)	1	22.7	10.9	21	13	8
수출소요비용(달러/컨테이너)	1,420	889.8	1,058.7	500	1,790	790
수입필요서류(개수)	4	6.9	4.9	5	7	3
수입소요시간(일)	12	24.1	11.4	24	17	7
수입소요비용(달러/컨테이너)	1,880	934.7	1,106.3	545	1,730	790
무역분야 순위	58	-	-	50	114	8

자료: The World Bank, 『Doing Business 2011』, RANK

□ 부문별 주요 지표 중 무역 분야(Trading Across Borders)에서 멕시코의 종합 순위는 전체 183국 중 58위를 기록하였음
○ 멕시코 수출 및 수입 소요기간은 12일로 OECD 평균소요시간과 비슷한 수준임
○ 멕시코의 수출소요비용은 약 1,420달러, 수입소요비용은 약 1,880달러로 OECD 평균 수출입비용보다 각 15%, 30% 초과 지불해야 함

〈표 Ⅱ-2〉 멕시코 수출입 소요 기간 및 비용

(단위: 일, 달러)

구 분	수출		수입	
	소요기간	비용	소요기간	비용
서류준비	6	200	5	230
세관통관	2	150	2	400
항만(터미널)	2	170	3	300
내륙운송	2	900	2	950
합 계	12	1,420	12	1,880

자료: The World Bank, 『Doing Business 2011』

□ 멕시코 세관통관에 소요되는 시간은 수출 2일, 수입 2일로 평균적이나, 수입통관 비용이 높아 수입업자들의 부담이 가중되고 있음
  ○ 수입 통관비용은 400달러로 브라질 수입 통관 비용의 약 2배임

□ 특히 내륙운송은 배송지연 및 값비싼 운송료 등으로 수출입 활동에 장애요인으로 작용하고 있음
  ○ 내륙운송료는 수출 시 900달러, 수입 시 950달러로 전체 수출입 비용의 63%, 51%를 차지함
  ○ 이는 동일 지역경제권인 브라질보다는 앞서 있으나, 수출입 소요비용이 OECD 평균보다 월등히 높다는 점에서 무역 용이성 및 비용 절감을 위한 선진화 작업이 필요하다고 볼 수 있음

2. 미국 국별 무역장벽 보고서(National Trade Estimate Report on Foreign Trade Barriers: NTE 보고서)

□ 국별 무역장벽보고서는 1974년 통상법(Trade Act of 1974) 제181조에 근거하여 미국 무역 대표부(USTR)가 작성, 매년 3월말 의회에 제출하는 연례 보고서임
  ○ 이 보고서는 미국 업계의 의견과 해외 주재 미국 대사관의 보고서, 또한 관련 정부 부처의 의견 등을 기초로 작성됨
  ○ 2011년 보고서는 미국의 62개 주요 교역국 및 경제권의 무역과 투자 장벽에 대해 포괄적으로 기술함

가. 무역 개관

□ 멕시코는 미국과의 무역수지 적자가 2010년 663억달러로 전년 대비 186억달러 확대됨
  ○ 멕시코는 미국제품의 제2순위 수출시장이며 멕시코의 경제는 미국과 긴밀하게 동

조되는 경향이 있음
- ○ 미국의 멕시코 수출은 2010년 1,633억달러로 전년 대비 26.7% 상승, 상응하는 수입액은 2,297억달러로 30% 증대됨

□ 미국이 멕시코로 군수물품과 정부조달을 제외한 사적 영역의 상업서비스 영역을 통해 흑자를 기록함
- ○ 멕시코로의 상업서비스 영역의 수출은 2009년 218억달러, 미국의 수입분은 135억 달러로 83억달러의 흑자를 기록함

□ 미국의 멕시코로의 해외직접투자액은 2009년 979억달러이었는데 이는 2008년 896억달러에 비해 증가한 수치임
- ○ 주요 투자분야는 비은행 금융지주회사(non-bank holding company), 제조업, 금융보험 분야에 집중되어 있음

나. NAFTA(North American Free Trade Agreement)

□ 미국, 캐나다, 멕시코에 의해 체결된 NAFTA는 1994년 1월 1일부터 발효됨

□ 체결국들 간의 향상된 서비스 접근, 투자와 관련해서 기반이 다져진 규정, 지적재산권에 대한 보호 강화라는 목적하에 무역 활성화를 위한 관세 및 비관세 장벽을 적극적으로 제거하였음

□ NAFTA 체결 후, 체결국 간 노동과 환경에 대한 추가적 협정도 이끌어 내었음
- ○ 추가 협정을 통해 환경과 노동법에 대한 효력 의무를 지게 되었고 동 사안에 대한 협력체계를 구축하게 되는 계기가 됨

다. 수입 정책

☐ NAFTA 규정에 따라, 멕시코는 미국에서 수입되는 모든 공산품과 대부분의 농산물에 대한 관세를 철폐하였고(2003), 미국으로 수출하는 농산물에 대한 기존의 관세 및 쿼터 역시 철폐함(2008)

☐ 반덤핑 관세 품목이었던 빨간색·황금색 사과에 대한 반덤핑 관세 부과를 철폐함
  ○ 2010년 미국은 146억달러치의 농산품을 멕시코로 수출하였는데, 멕시코는 미국의 3순위 농산물 수출시장임
  ○ 연방관보에 따르면, 1997~2009년까지 지속되어 오던 동 물품에 대해 2010년 반덤핑 관세 부과를 철폐함[14]

☐ 미국 수출업자들은 불공정하고 난해한 멕시코 관세행정 절차 및 통관사례에 대한 우려를 표명하고 있음
  ○ 통관 절차 변경에 대한 불충분한 사전통지
  ○ 국경초소별 요구서류 규정에 대한 의견 불일치
  ○ 농산물에 대한 근거 없는 언더인보이싱 주장
  ○ 라벨링 규정에 대한 불공평한 강제 시행 등

☐ 특송의 경우 최소 허용기준을 1달러에서 50달러로 올렸음에도 불구하고 부담스러운 세관의 절차가 계속되고 있음

☐ 미국 수출업자들은 이런 통관 절차상의 불편을 해소하기 위해, 미국에 대한 통관운영 시간을 조정할 수 있는 편익을 제공할 것을 강조하고 있음
  ○ 현재 멕시코 법률상 불허된 선통관 절차 결핍으로 인한 지연이 발생하고 있음

---

14) MEX-USA-2006-1904-02

라. 정부조달 및 관련 장벽

□ 정책개혁과 선진기술 적용을 통한 정부조달 체계를 투명하게 만들려는 노력은 멕시코 국가 경쟁력과 정부지출을 줄이는 결과를 가져옴

□ 전자정부 설립은 정부 조달 과정의 투명성을 제고했으며, 정부 조달사업과 계약 실행에 있어 온라인 인터페이스를 제공하였음

□ 이러한 개혁에도 불구하고, 여전히 지속적인 규정개발과 기술적 향상이 요구됨

□ 멕시코는 WTO 가입국이나 정부조달협정에는 가입하지 않고 있어 외국산업이 참가할 수 있는 기회가 적음
   ○ 국내입찰의 경우 오직 국내공급자와 국내 상품만이 참여 가능함
   ○ 국제입찰의 경우 국제조약의 대상이 될 때, 적절한 국내공급자가 없을 때, 응찰자가 없을 경우, 국제금융기구 차관자금에 의한 국제입찰인 경우에만 참여 가능함

마. 지적재산권 보호

□ 멕시코는 지적재산권 보호와 관련해 2010년 스페셜301조(Special 301 report) 감시대상국이었음

□ 이전에는 음반·책·의류·상표·소프트웨어 등에서 지적재산권 침해 사례가 집중되었는데, 현재는 국민보건과 직결되는 의약품·식품·주류는 물론이고, 비행기부품에까지 해적판 제품이 시장을 확대하고 있는 상황임

□ 지적재산권 위반행위 범람과 관련, 현재 정부는 지적재산권 보호를 위한 인력 양성 및 단속활동 강화 등 투자를 늘리고 있음
   ○ 지재권 관련 지출의 경우에는 실제로 OECD 평균보다 20% 이상임

□ 지적재산권을 보호하고 있는 정부기관은 연방검찰청과 특허청으로 양분되어 있음
  ○ 연방검찰청(PGR: Procuraduría General de la República)은 불법 복제품의 단속, 관련자 구속 등의 집행업무를 맡고 있음
  ○ 멕시코 특허청(IMPI: Instituto Mexicano de la Propiedad Intelectual)은 산업재산권 관리기관임

□ 미국은 멕시코가 연방·주·시 수준에서 공식적으로 지적재산권에 공여하는 요인들을 늘리기를 촉구하고 있음
  ○ 멕시코 법률에 따라, 지적재산권 위법 시 형량은 6년 반임

바. 서비스 및 투자 장벽

□ 1996년 8월부터 미국 등 외국 통신회사의 시장 진출이 허용되었고 1997년 1월에 시장이 완전 개방되었으나 여전히 장거리 전화요금은 상당히 비싼 편임
  ○ 장거리 통신의 경우 1990년대 중반까지 TELMEX(멕시코 전화회사)의 독점 상태에 있었음

□ OECD Outlook 2009에 따르면, 멕시코는 가장 높은 통신비를 지불하는 OECD 국가 중 하나임
  ○ OECD 및 멕시코 정보통신 분석가들은 연방통신위원회(COFETEL)가 멕시코 내 정보통신 선도 기업들[15]과 COFETEL 모부처(parent ministry)인 통신수송사무국(SCT)과의 독립성을 유지해야 동 문제가 해결된다고 제안함

□ 행정부는 멕시코 정보통신 분야의 경쟁력 제고가 멕시코 경제력 향상의 우선순위임에 동의하지만 여전히 정책적 실행에 있어서는 도전과제가 산재해 있는 실정임

□ 멕시코의 석유 및 가스 산업은 LNG와 석유제품의 마케팅을 제외하고는 사적 투자를

---

15) Telemex, Telcel이 멕시코 정보통신 시장점유 주요기업

받아들이지 않고 있음
　○ 멕시코의 모든 주유소는 국영석유기업인 PEMEX 직영점임

□ 투자허용 분야에서 외국인이 차지하는 비율이 49%를 초과함
　○ 멕시코 국립 외국인투자 위원회(ANFIC)는 멕시코의 외국인투자를 검토해 본 결과 투자허용 분야에 1억 6,500만달러가 넘는 금액이 유입되었음을 확인함

III. 멕시코의 통관 환경[16]

1. 관세 및 통관 제도

가. 멕시코의 관세제도

1) 관세 체계

□ 멕시코 세관관리국(Aduana Mexico)은 재무부(Secretaría de Hacienda y Credito Público) 산하 부서인 조세청(Servicio de Administración Tributaria, SAT)이 관할하며, 중앙조직과 지방조직으로 구성되어 있음
  ○ 중앙조직 : 관세국장은 관세기획과, 관세사무관리과, 연구·과학서비스과, 정보·통계·분석과, 징수정책과, 총무·연수과 등 6개과를 두고 각 과장이 이를 총괄함
  ○ 지방조직 : 전국에 지방세관 8개소, 일반세관 47개소, 국제공항세관 48개소, 기타 세관 243개소가 설치되어 있음

□ 세관관리국의 주요 역할은 관세 및 기타 제세의 징수, 밀수출입 단속 등의 국경관리, 수입 수출품의 세관절차 등 물품의 출입을 관할 통제하는 것임
  ○ 관세법[17]은 재무부가 관장하는 제반 관세행정을 규율함

---

16) 멕시코 경제부; 재무부; 통계청; 멕시코 세관관리국, KOTRA Mexico KBC
17) Diario Oficial 1993.7.26

[그림 Ⅲ-1] 멕시코 세관관리국 조직도

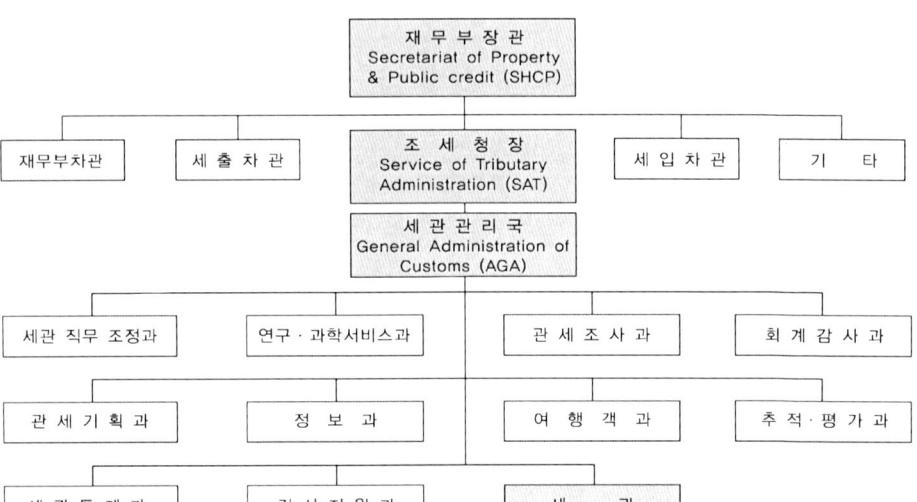

자료: 관세청

☐ 멕시코는 수입물품에 대해 일반적으로 수입관세(종가세, Ad valorem), 세관수수료(Derecho de Tramite Aduana, DTA), 부가가치세(Impuesto al Valor Agregado, IVA)를 부과하고 있음
- ○ 관세는 CIF[18]가격을 기준으로 부과하며, 관세율은 멕시코의 상품분류(HS 분류) 체계[19]에 따라 0~35% 수준이며, 평균관세율은 2011년 기준 4.8%임
- ○ 세관수수료는 CIF상업송장 가격의 0.8%이며 최소금액이 170페소(약 17달러)임
- ○ 부가가치세는 상업송장가격(CIF) + Ad valorem(수입관세) + DTA(세관수수료)를 합한 금액의 16%임[20]
- ○ 부가가치세 과세대상은 제품판매, 독립된 용역의 제공, 재산의 임대, 재화나 용역

---

18) Cost, Insurance and Freight. 매도인이 화물을 선박에 선적하고 목적항까지의 운임과 보험료를 포함한 무역거래조건임. 1993년 말까지는 FOB가격을 기준으로 하였으나 1994년부터는 CIF기준으로 변경하여 지리적으로 멀어 운임이 많이 드는 한국으로부터의 수입의 경우, 관세부담이 상대적으로 높음
19) 상품분류는 22개의 SECCION과 98개의 CAPITULO로 구성되며, CAPITULO는 다시 PARTIDA, SUBPARTIDA를 거쳐 가장 작은 단위인 12,116개의 FRACCION으로 세분됨
20) 2009년까지만 해도 15%였으나 2010년 인상됨

수입의 경우임
- ㅇ 농산물, 기초식품, 물 및 얼음, 농축수산업용에 대한 기계장비, 비료, 수수, 밀, 제분, 우유가공업 등에 종사하는 자에게 제공한 특정용역, 농축수산업에 종사하는 자에 대한 기계장비의 임대는 영세율이 적용됨

☐ 위 3가지 제세금 외에, 품목에 따라 특별소비세(IEPS)가 부과되며 관세사를 의무적으로 고용해야 하므로 관세사 수수료를 지불해야 함
- ㅇ 알코올 및 담배에 부과하는 특소세는 알코올의 농도 및 담배의 종류에 따라 차등 부과됨
- ㅇ 알코올, 담배 외에 2010년도 세법개정에 따라 전화세가 신설되었음
- ㅇ 관세사 수수료는 상품 총가격의 2.5%임

☐ 2007년 기준 12,116개 품목에 대한 단순평균 관세율은 11.2%였으나, 관세인하 정책으로 인해 2011년 현재 4.3%의 평균 관세율을 보임
- ㅇ 모든 수입품에 대한 부가가치세는 16%이나 국경지역에서는 11%를 적용함
- ㅇ 그 외, FTA 및 각종 경제협정 체결국에 대한 평균 관세율은 0.95%, 산업 특혜 프로그램을 적용한 공산품 가중치 평균 관세율은 3.4%임
- ㅇ 일반적으로 원자재와 중간재의 관세율은 비교적 낮으나, 소비재와 식품류에 대해서는 비교적 고율의 관세가 적용됨

☐ 멕시코의 관세체계는 10단계(0, 3, 5, 10, 13, 15, 18, 20, 23, 35%)로 되어 있으며, 단계별 주요 대상 품목이 상이함
- ㅇ 0%: 서적과 같이 교육적 목적에 사용되는 품목, 마낄라도라[21] 및 제조업에 이용되는 멕시코에서 생산되지 않는 제품 및 반제품
- ㅇ 3~5%: 멕시코에서 생산되지 않는 제품이나 소량만 생산되는 일부 기계류, 부품

---

[21] Maquiladora. 제조업 진흥 및 외국인투자를 장려하기 위한 제도로, 멕시코 내에 조립공장을 설립운영하는 업체가 생산에 필요한 원부자재, 장비, 기계등을 외국으로부터 수입하여 조립가공한 후 이를 NAFTA회원국 또는 멕시코와 FTA를 체결한 국가에 수출하는 경우 수입물품에 특혜관세(0~5%)를 부과함

○ 10~13%: 멕시코에서 생산되지 않는 기계 장비 부품
○ 15~20%: 멕시코에서 생산되는 일부 소비재 및 부품류
○ 23~35%: 가죽, 신발, 의류 등 국내시장 피해가 우려되는 민감 품목

□ 마낄라도라 산업의 경우 생산제품의 100%까지 내수판매가 가능해지는 대신, 북미 수출시 사전 관세면제 또는 사후 관세 환급 등의 혜택이 폐지될 예정임
○ 단, 재수출을 위한 제품을 생산하는 데 사용되는 원자재, 부품 및 기계류의 경우에는 임시적으로 무관세 수입을 할 수 있는 우대 관세조치가 적용되고 있음

□ 관세평가에 있어, 최저수입가격(minimum estimated price)을 고시하고, 본 가격보다 낮은 가격으로 신고되는 물품에 대해서는 준거가격(reference price)을 적용함
○ 가정용기기, 직물, 의류, 신발 등을 포함한 300개 이상의 품목이 대상임
○ 멕시코는 관세평가에 있어 WTO 관세평가 협정을 준수하고 있으며, 수입자가 제출하는 자료가 의심되는 경우 세관당국에서 가격결정과 관련된 추가 자료를 요청할 수 있음

2) 최근의 관세율 동향

□ 국가 개발 계획 2007~2012(Plan Nacional de Desarollo 2007~2012)의 일환으로 2009~2013년 관세인하 계획이 발표됨[22]
○ 멕시코는 무역 활성화 및 외국인 투자 장려를 위해 점차 관세장벽을 낮추는 방향으로 바뀌고 있음

□ 관세인하 계획은 구조개혁을 통한 통상 간소화(Facilitacion Comercial: Una Reforma Estructural)가 목표이며, 2011년부터 총 555개 품목에 실시되었음[23]

---

[22] 경제부 연방관보(D.O.F.)에 따르면, 관세인하 계획은 2008년 12월 관세인하 스케줄이 1차 공시되었고, 이후 2010년에 관세인하 스케줄 조정품목을 적용했음
[23] 출처: WTA, 관세정보사이트(Diaenlinea)

- ○ HS Code 4202, 4804, 4805, 4810, 4811, 6103, 6104, 6108, 6204, 6208, 6211, 6302, 6403, 8708 항목들의 관세인하가 이뤄졌음
- ○ 무관세로 변경되는 항목은 197개, 30%에서 25%로 인하되는 항목은 334개, 20%에서 15%로 인하되는 항목은 15개 등
- ○ 이 조치로 멕시코의 평균 관세율은 기존 5.3%에서 4.8%로 낮아졌고 총 6648개의 항목이 0%의 관세율을 적용받게 됨

□ 관세인하로 멕시코 시장에 기계류 및 자동차 부품 분야의 한국 기업의 진출이 활발할 것으로 예상됨
- ○ 한국은 멕시코와 FTA 미체결로 협정국과 비교했을 때 가격 불이익을 입음
- ○ 특히 기계류 및 자동차 부품의 관세인하로, 동 품목의 멕시코 진출이 상대적으로 유리해질 것임
- ○ 의류 품목은 중국산 제품 가격경쟁력이 더 높아져 미국산과 중남미로부터 수입되던 제품이 일부 대체될 가능성이 있고, 멕시코 소비재의 중국산 의존도가 더 높아질 것으로 전망됨

□ 멕시코 국내공급이 부족한 소비재와 원자재, 멕시코에서 생산되지 않는 자본재 등에 대해서는 관세를 부과하지 않음

□ 품목별 관세는 인하되었으나, 수입물품에 부과되는 부가가치세가 15%에서 16%로 1%포인트 인상되었으며 국경지역의 부가가치세 역시 10%에서 11%로, 1%포인트 인상되었음
- ○ 세입 확대를 통한 세원 마련조치의 일환으로 법인세, 부가가치세, 특별소비세 세율 인상 등을 골자로 하는 2010년 시행 세법개정안이 의회에서 승인되었음
- ○ 세법개정은 세입 확대가 목적이므로 주로 세율 인상에 맞춰져 있어 거의 모든 세목의 세율이 인상됨

〈표 Ⅲ-1〉 2010년 주요 세금 세율 변경내용

항 목		변경 전	변경 후	비 고
부가가치세(IVA)		15%	16%	국경지역 10% → 11%
법인소득세(ISR)		28%	30%	3년간 한시 적용
단일세율법인세 (IETU)		17%	17.5%	2008년부터 시행 (2010년까지 매년 0.5% 인상)
특별소비세 (IEPS)	전화세	(신설)	3%	농촌, 공중전화, 인터넷 제외
	담배	0.8페소/갑	1.1페소/갑	매년 0.3페소씩 인상, 2013년 이후 2페소 부과 엽궐련(cigarettes): 160% 궐련(cigar), 담배(tobacco): 160%
	맥주	25%	26.5%	2010년부터 3년간 한시적 26.5% 적용, 알코올농도에 따라 차등부과 0~14%: 25% 14~20%: 30% 20%이상: 50% 변성알콜: 50%
현금예금보유세 (IDE)		2% 25,000페소*	3% 15,000페소*	과세기준액 = *월 현금입금 누적액 기준 이상 초과액에 대해 부과
지주회사 법인세 소급 부과		—	—	2000~2004년까지 지주회사용 입법인세 와 일반법인세 차액 소급 부과(2010년: 소급액 60% 납부, 2011~2014년: 매년 10% 납부)

자료: Penner&Associates Mexico Consulting, 한국수출입은행 해외경제연구소 재인용

나. 멕시코의 통관제도[24]

☐ 칼데론 대통령 취임 후, 국가개발계획의 일환으로 「통관·무역관련 행정절차 간소화 법령」 공표하여 신속한 통관 절차를 위한 진행수속 전산화 작업이 진행되었음[25]

☐ 법령공표의 목적은 투자환경 개선과 고용창출 등을 목표로, 신속한 통관 절차 및 진행 관련 수속의 전산화와 무역 관련 비용 절감임

---

24) Plan de Modernizacion de Aduanas 2007-2012, 연방관보(D.O.F.) 2008년 3월 31일자, 멕시코 세관관리국(Aduana Mexico)
25) 2008.4.7 연방관보를 통해 공표

○ 2010년 기준, 경제부(SE)소관 통관 및 무역 관련 절차만 연간 24만건이 처리되고 있고 이 중 50% 정도는 전산으로 처리되도록 시스템 준비 중임
○ 이로 인해 연간 약 25억페소(약 2.5억달러) 정도의 수출입자 통관비용 감축이 기대됨

□ 이러한 추세는 자유무역협정을 맺고 있는 국가와의 수출입 절차 및 규제를 대폭 완화하는 기조로 확대되고 있음
○ 전반적인 통관 절차 완화 조치와 함께 자유무역협정 대상국에 대한 혜택 또한 차별화를 두려는 것으로 해석됨

□ 아직까지 확정 공문이나 시행규칙이 통보되지 않은 상태이나, 동 조치로 인해 통관에 대한 시간적 금전적 부담이 상당부문 감소할 것으로 기대되고 있음

다. 비관세 장벽(Non-Tariff Barriers, NTBs)

□ 수출입 허가, 쿼터제, 반덤핑 관세, 멕시코표준규정(NOM), 환경 관련규제 등이 주요 비관세 장벽임
○ 수출허가는 자연자원, 특정 동식물 등이 해당되며 수입허가는 기초 농산물, 석유화학제품, 중고기계류, 무기, 자동차, 중고타이어, 의약산업과 관련된 일부 원자재 등이 해당됨
○ 쿼터제는 FTA 등에서 점진적 시장개방을 위해 설정하고 있음
○ 우리나라에 대한 반덤핑 관세는 현재 1건 등록[26]되어 있으며, 동건에 대해 2013년까지 연장이 판결남
○ NOM 규정은 공식 강제검사제도로 규격 획득을 의무화하고 있음
○ 생태계 균형 및 환경보호를 위한 일반법을 제정하여 시행하고 있음

---

26) 부록 참조

1) 수입 물품에 대한 수입허가

□ 무역업자로 등록만 하면 수입에는 거의 제한이 없으나, 일부 품목에 대해서는 경제부의 수입허가(padron de importacion)을 얻어야 함
   ○ 수입을 원하는 기업은 예외 없이 경제부(SE)의 수입업체로 등록이 되어 있어야만 통관을 진행할 수 있음

□ 의약품, 농산물, 식품, 환경공해 관련 품목 등에 대해서는 보건부, 농업 및 수자원부, 사회개발부 등의 사전허가(Permiso) 또는 등록(Aviso)을 요함
   ○ 사전허가조치는 경제부(SE), 농축수산부(SAGARPA), 환경자원부(SEMARNAT), 국방부(SEDENA), 보건부(SALUD), 공공교육부(SEP) 등에서 부령 또는 대통령령을 통해 제정할 수 있음
   ○ 각 정부부처에 따라 사전허가조치의 목적을 밝히고 있음
     - 국가안보, 공중보건, 동식물 검역, 환경 및 생태보호
     - 무역불균형 해소
     - 중고품이나 폐품의 유입 통제
     - 멕시코가 체결한 국제협약상의 의무 이행
     - 멕시코 수출품에 대한 타국의 일방적인 규제 대응
     - 타국의 불공정 무역행위에 의해 국내시장 교란 방지

□ 의료기기 등록 및 허가제도에 따라, 멕시코로 수입되는 모든 의료기기·의약품·의료용품의 수입·유통·판매를 위해서는 위생등록증을 취득하여야 함[27]
   ○ 보건부가 발행하는 위생등록증(Registro Sanitario)과 NOM에 의한 안정성 증명서를 획득해야 함
   ○ 대상품목은 의료기구 및 장비, 인공 보철물 및 정형물, 진단시약, 외과 및 치료제, 치과용 제품, 위생 제품임

---

[27] 의료장비 인증기관인 위생보호연방위원회(COFEPRIS-Comision Federal para la Proteccion contra Riesgos Sanitarios, 홈페이지 : www.cofepris.gob.mx

○ 위생등록증은 각 수입·유통·판매업체마다 취득해야 하며 이 등록은 의료기기 제조업자의 동의서가 없으면 신청이 불가능함
○ 기허가된 수입업자에 대한 위생등록의 취소 역시 가능하며, 위생등록증은 취득후 5년간 유효한데, 갱신하지 않으면 자동 효력이 만료됨

□ 의료기기 등록을 위해서 다음과 같은 내용을 제품에 표기해야 함
　○ 상용 제품명(이 경우는 스페인어 외의 언어로 표기 가능함)
　○ 마크나 로고, 회사명, 생산공장 주소, 등록된 유통업체
　○ 수입 및 공급업체의 상호, 주소
　○ 원산지
　○ 위생등록 허가번호(위생등록증 취득에 관한 부분은 관련기사 참조 요망)
　○ 제품의 유효기간
　○ 로트번호 및 일련번호
　○ 내용물
　○ 유독성 제품의 경우 경고표시
　○ 제품의 사용, 취급 및 보관설명(설명서 첨부로 대체 가능)
　○ '제품포장에 훼손이 있을 시 제품의 불임을 보장하지 않음'이란 문구를 표시(피임기구의 경우)
　○ 비독성, 발열성에 대한 표시(해당 경우)
　○ 일회성에 대한 표시(해당 경우)
　○ 제조일자(로트번호 및 일련번호로 표기 가능)
　○ 적정규격(해당 경우)
　○ 특정 온도에서 보관이 필요할 경우 보관 온도(섭씨 및 화씨온도로 표기)
　○ 재사용, 폐기 및 용기의 폐기 시 정확한 지침
　○ 제품의 부작용
　○ 제품 함유물의 구성내용
　○ 수입제품의 경우 기 언급한 내용을 스페인어로 표기

☐ 동 규정은 대부분의 의료기기에 적용되는데, 이 규정이 적용되지 않는 9가지 분야가 지정되어 있음
  ○ 특수한 목적의 의료기기
  ○ 소비자에게 판매를 목적으로 하지 않는 의료기기
  ○ 개인이 자신의 치료를 목적으로 하는 의료기기
  ○ 교육 및 연구기관의 사용을 목적으로 하는 의료기기
  ○ NOM 취득을 위해 수입되는 의료기기
  ○ 제품의 크기로 인해 지정된 라벨을 모두 표시할 수 없는 경우 보건부의 지침을 따름
  ○ 보건부에서 지정한 품목
  ○ 원료 의약품
  ○ 수출목적의 제품

☐ 의료기기 등록업무 절차는 의료기기 보건부에 신청서 및 관련 첨부서류 제출 → 서류 검토 및 통보 → 위생등록증 발급임
  ○ 등록신청서는 보건부 양식번호 SSA-03-022-A를 작성하며 별도 요청 구비서류를 갖춰 위생보호연방위원회(COFEPRIS)에 접수함
  ○ 등록신청 후 제품의 등급과 기타 조건에 따라 요청에 응답해야 함

☐ 농림수산부(SAGARPA)[28] 수입허가 취득 방법은 수입자 및 제품 상세정보를 기재한 서류를 제출해야 함
  ○ 서류제출은 농림부 수입부처장을 수신인으로 지정하여 제출해야 함
  ○ 수입자 상세정보는 수입자명, 법인명, 멕시코 납세자등록증(Registro Federal de Contribuyente), 주소 등임
  ○ 제품 상세정보는 제품명, 제품 원산지, 원재료 원산지, 제품테스트 과정, 제품 유효기간 등임

---

[28] 농림수산부 위치는 San Lorenzo No. 1151 Col. Sta Cruz Atoyac. 근무시간은 월~금요일 9~13시이며 문의처는 5659-0584 ext. 51071임

2) 수입 규제

□ 일부 예외적인 경우를 제외하고는 일반적 금지 품목은 규제 대상이 아님
  ㅇ 마리화나, 모르핀 등 모든 나라에서 수입을 금지하고 있는 품목 외에는 수입 금지 품목이 없음

□ 완성차에 대한 수입제한은 폐지하였으나 고관세를 적용하여 사실상 완성차에 대한 수입을 규제하고 있음
  ㅇ 멕시코에 진출하여 자동차를 현지에서 조립·생산하고 있는 기업에만 완성차의 수입을 허용[29]해 왔는데 이는 NAFTA 협정[30]에 따라 2004년 동 수입제한을 폐지하였음
  ㅇ 반면, 비FTA체결국산에 대해 40%라는 비현실적으로 높은 수입관세를 적용하는데 사실상 우리 자동차의 대(對)멕시코 직수출이 어려운 실정임

□ 하지만, 최근 멕시코 경제부는 생산설비의 신규투자 혹은 확장 이외의 분야에서도 수혜가 가능하도록 조정함
  ㅇ 멕시코 내 기술자 교육 프로그램 실시, 멕시코 이외의 생산공장에 대한 공급을 위한 국내 공급업체로부터의 구매 등의 경우에도 정부 차원의 혜택을 주고 있음

□ 또한 생산회사의 경우 동 할당제도의 혜택을 받기 위해서는 연간 생산량이 5만대 이상이었어야 했으나, 연간 5만대가 되지 않을 경우에도 조건에 부합할 경우 멕시코 내 생산량의 10%를 무관세 수입하도록 허용함
  ㅇ ① 지난 3년 기간 중 어느 한 해에 5만대 이상 생산했을 경우, ② 과거 3개월 연속 조업정지를 하지 않고 전년도에 3만대 이상을 생산했을 경우, ③ 멕시코 내 전체 생산의 90% 이상이 특정모델이며 연간 생산량 감소가 동 모델의 판매량 감소보다

---
[29] 1990.1.1일부터 발효된 '자동차산업진흥 및 현대화 법령(DECRETO PARA EL FOMENTO Y MODERNIZACION DE LA INDUSTRIA AUTOMOTRIZ 1989)에 의거함
[30] 1994년 발효된 NAFTA협정상 '자동차부문의 교역 및 투자'규정에서 멕시코는 2003년 말까지 동 특별법을 유지할 수 있다고 명시함

크지 않을 경우 생산량의 10%를 무관세 수입할 수 있음

□ 멕시코 내에서는 중고차의 수입이 원칙적으로 금지되고 있으며, 일부 국경지대를 제외하고는 중고 수입차 운행이 불가능함
  ○ 중고차 수입금지 및 제한 조치는 멕시코 내 자동차산업 보호 차원에서 취해지고 있으나, 미국과 캐나다산에 대해서는 예외임
  ○ NAFTA 체결 5년 후인 1999년부터 미국-캐나다산 신차가 무관세로 수입하는 것이 가능해졌고, 2004년부터는 사용한 지 8년 이하의 개인용도 중고차 수입이 허가되었으며, 2009년부터는 10년 이상 된 중고 트럭 및 버스 수입이 전면 개방되었음

3) 반덤핑 및 상계관세

□ 멕시코의 반덤핑 및 상계관세는 경제부가 주관하는 대외무역법에 따라 운영되고 있음

□ 제소 접수 후 30일 이내에 조사 여부를 결정하고, 조사 개시일로부터 130일 이내에 예비판정, 260일 이내에 최종판정을 내려야 함
  ○ 최종 판정의 효력은 5년간 지속되며 당사자의 요청으로 매년 재심이 가능함

□ 현재 한국에 대해서는 폴리에스테르 단섬유사(PFC, Poliester Fibra Corta) 1건에 대한 반덤핑 규제중임
  ○ 1993년 한국산 PFC에 대해 최초로 반덤핑 관세 부과 후, 1998년, 2003년에 추가적으로 5년씩 동 조치를 연장함
  ○ 멕시코 경제부 무역위원회(UPCI)는 주재국 이해관계사의 요청에 따라 2008년 동 초지 연장 여부를 재조사하기로 결정하였음[31]
  ○ 공청회를 통해 한국측은 반덤핑 조치 연장의 피해 초래, 산업피해 재발 가능성의

---

31) 주재국 이해관계사는 마킬라도라 지역 생산업체와 계약에 의해 동 품목을 멕시코 국내에 공급하는 업체이며 반덤핑 연장조치로 해당 한국 생산기업은 생산가격, 수출가격, 생산시설 규모 등 멕시코 경제부 무역위원회가 요청한 자료를 제출함(외교통상부 2010)

희박, 우수제품을 선택할 수 있는 멕시코 소비자의 권리 박탈, 인도나 중국산 등 동일 제품에 대한 차별조치라는 주장을 했음
  ○ 하지만 단 1회의 공청회로 심리절차가 끝났고, 2013년까지 5년간 반덤핑 관세부과 연장이 결정됨[32]

4) 멕시코 표준규격(NOM) 제도

□ 멕시코의 표준규격제도(Norma Official Mexicana, NOM)는 규격요건, 안전요건, 라벨링 요건 및 품질 테스트 방법, 포장방법 등을 규정한 제도임
  ○ 1992년부터 도입된 국제적 규정으로, 총 977개 규정이 존재하며 동 요건을 충족하는 제품만을 유통시킬 수 있도록 하는 공식 강제 검사 제도이므로 의무적으로 준수하여야 함
  ○ NOM 인증기관은 총 23곳이 있으며, 제품에 따라 기관이 상이함. 대표적인 인증기관은 멕시코 표준 인증협회(ANCE)[33]로 전기, 가스, 가정용 기기에 관한 검사 및 인증을 담당하고 있음

□ 현재 표준규격제도 대상품목을 1994년 이후 91개에서 424개로 확대되어 규격획득을 의무화하고 있음
  ○ 개정된 타이어 NOM의 경우, 종전에 수출업체가 획득한 NOM 인증을 수입업체에 권리이양할 수 있었으나, 개정 후에는 각 수입상마다 유효기간 1년인 NOM을 패턴별로 획득해야 하므로 기업의 부담이 증가하고 있음
    - 추가적인 검사비용 3,000달러/타이어 1개 패턴 소요 등

□ 한국 산업기술시험원(KTL)은 멕시코 표준인증협회(ANCE)와 상호 시험성적서 인증 협약을 체결함[34]으로써 동 협약이 발효되면 KTL의 시험성적서만으로 NOM 마크 취

---

[32] 2009년 11월, 판결문은 부록 Ⅳ 참조
[33] Asociacion Nacional de Normalizacion y Certificacion, 1992년 설립되었으며 총 85개의 멕시코 표준규정에 대한 인증을 담당. 전국 6개 지역에 지사를 운영 중임
[34] 2009.10.12 체결

득이 가능하게 됨
- ○ 현재 경제부 표준국(DGN)에서 협약내용을 검토하고 있으며 경제부에서 승인할 경우 발효될 예정임
- ○ 멕시코 정부는 2010년 총 977개 NOM 규정 중 800개를 개정한다고 밝혔음

□ 멕시코 경제부 국제표준과에 따르면 현재 섬유·전자제품 규정 및 식품분야 상표부착에 관한 규정을 검토하고 있으며, 그 중 전자제품 관련 규정은 다소 진전이 있으나, 식품 상표부착 관련규정의 검토는 보다 늦어지고 있다고 함

5) COFETEL 인증제도[35]

□ 멕시코 연방이동통신위원회(Comision Federal Telecomunicaciones, COFETEL) 인증[36]으로 통신시스템 및 모든 무선전송, 네트워크 등의 관리업무를 맡고 있음

□ COFETEL은 기술, 운영, 예산, 행정적 독립성을 가지고 있으며, 품목에 따라 강제와 비(非)강제인증대상으로 분류함
- ○ 강제인증 대상인 전자통신 제품의 경우 시험은 의무적이며 모든 서류는 스페인어로 작성되어야 함, 인증승인은 멕시코 현지 법인만이 획득 가능함
- ○ 대상품목은 무선·유선·위성·케이블을 사용하는 전 제품임
- ○ 승인받는 데 소요되는 기간은 샘플을 수령하고 6주 정도, 무선주파수 인증서의 경우에는 현지 법인 대리인이 COFETEL에 신청서와 기술문서를 제출한 후 7~8주가 소요됨

---

35) 지식경제부 기술표준원
36) 멕시코 통신운송부로부터 임명됨

6) 라벨링(Labelling)[37]

☐ 멕시코는 스페인어로 라벨링이 되어 있지 않으면 수입이 금지되기 때문에 유의해야 함
- ○ 일반적으로 라벨링은 NOM 50(Normas Oficiales Mexicanas) 규정에 따라, 제품명, 수량, 생산자와 수입자 등록명 혹은 등록번호와 주소, 원산지, 유위사항, 작동메뉴얼 등이 스페인어로 되어 있어야 함
- ○ 품목별 라벨링 관련규정은 직물(NOM-004-SCFI-1994), 선포장음식물 및 무알콜음료(NOM-051-SCFI-1994), NOMs 규정에 포함되지 않는 그 외 모든 소비재(NOM-050-SCFI-1994)로 나눌 수 있음

☐ 멕시코는 신발 라벨링에 있어, 브랜드 및 원산지 기재를 고정 부착식 라벨링으로 정함
- ○ 신발의 불공정거래 및 덤핑 방지를 위해 신발류 라벨링 기준강화 조치를 발효함 (1998.10.25)
- ○ 종전에는 라벨링을 탈부착할 수 있는 스티커식이었으나 현재는 라벨링 기준 강화 발효 이후 고정부착식으로 변경됨
- ○ 경제부와 소비자보호원(Prefeco)이 공동으로 신발업계가 라벨링을 철저히 부착토록 감시하며, 라벨링이 부착되지 않은 신발의 유입과 불공정거래, 언더밸류, 덤핑 수입도 엄격히 규제하고 있음

7) 환경관련 규제

☐ 「환경보전 및 회복법(RCRA)」을 모델로 「생태계 균형 및 환경보호를 위한 일반법」을 제정하고 1988년부터 시행하고 있음
- ○ 마낄라도라 기업이 제조 또는 조립과정에서 발생하는 위해물질의 처분·정화 활동을 의무화시킴
- ○ 유해물질 리스트를 통해 해당 제품의 수출입을 위해서는 반드시 환경부의 허가를 받도록 하고 있음

---

[37] 외교통상부, 『외국의 통상환경』 2009 재인용

라. IMMEX 프로그램

□ IMMEX는 마낄라(Maquila, 보세임가공) 산업진흥을 위한 법령과 수출상품 생산을 위한 임시수입 프로그램(PITEX) 법령을 통합한 제도로 2006년 11월 13일 발효됨
  ○ IMMEX(Fomento de la Industria Manufacturera, Maquiladora, y de Servicios de Exportación)는 제조, 보세임가공, 수출서비스 산업진흥 프로그램의 약자임
  ○ 수혜 기업들에 대한 행정절차 간소화에 중점을 두었으며, 향후 조세 및 관세에 관한 수혜기업 확정을 위한 '마낄라 활동'에 대해 재정의함
    – IMMEX 프로그램 연장 수속 의무 폐지
    – 특정 산업수입자(Padrón de Importadores de Sectores Específicos) 등록의무 폐지
    – 동 프로그램에 등록된 재무부 인증기업(empresas certificada)은 민감품목(ex. 알코올, 철강, 섬유, 타이어 등)에 대한 18개월간의 임시수입 허용
    – 수출기업에 부가세(IVA)를 환급해 주는 수출집중기업 지원프로그램(ALTEX), 수출기업 지원프로그램(ECEX)은 폐지됐으나, 기존 수혜기업들은 권리구제헌소(Amparo)를 통해 동일 혜택을 유지하도록 함
    – 수출 및 수입이 보세임가공 활동(operacion de maquila)으로 간주함
    – 선입선출식 전자재고관리시스템 업데이트가 IMMEX 연장의 필수요건이었으나, 업데이트 미비가 프로그램 수혜 중단사유에서 제외됨

2. 수입통관 절차

□ 멕시코 수입통관 절차는 ① 수입신고 → ② 세금 납부 → ③ 세관서류 검토 → ④ 물품 검사 → ⑤ 물품 반출의 단계를 거치며 통관 자체에 소요되는 시간은 보통 4~5시간 정도이나, 화물을 검사하는 경우는 1일 정도가 추가로 소요됨[38]

---

[38] OIS(미국 이민성 통계, office of immigration statistics), 해외진출정보 시스템〉멕시코

□ 수입물품이 영구 수입물품 또는 일시적 수입물품인지 여부에 따라 적용받는 수입통관 절차, 제출서류, 관세납부, 적용 관세법이 다름
　○ 영구물품은 관세법 96조 및 101조의 적용을 받는 물품으로, 멕시코 내에서 판매를 목적으로 수입되므로 관세가 부과됨
　○ 일시물품은 멕시코 내에서 비판매를 목적으로 잠정 수입되는 물품으로 원칙적으로 관세가 부과되지 않으나, 관세법 제 104조에 의한 의무는 부과. 또한 106조에 의거, 통상 6개월 이내에 형질 변경 없이 수출국으로 되돌려 보내지는 것을 말함39)

□ 영구물품 통관 시 구비서류로 수입신고서, 상업송장, 선하증권, 수입허가서(수입허가품목인 경우), 원산지 증명서, 기타 제증명서를 제출해야 함
　○ 수입신고서는 수입목적(판매, 임가공후 재수출 등), 관세율 결정정보(일반관세, 특혜관세, 덤핑관세 등), 관련법 규정·안전규격 증빙서류, 특별수입허가증, 원산지, 중량, 부피, 상표, 모델명, 기술명세서 등을 상세히 기록한 서류, 상품바코드와 비밀번호 혹은 관세사의 전자서명을 기재 및 제출해야 함
　○ 상업송장은 물품가격이 300달러를 초과하는 경우 수입신고서와 함께 제출하는데, 발행장소와 일시, 멕시코 수입업체명과 주소, 제품의 규격, 수량, 상품번호, 낱개가격 및 총가격 등 제품에 대한 상세정보를 게재, 판매인의 주소와 성명을 기재했는지 확인하여야 함
　○ 선하증권은 FTA를 체결한 국가로부터 수입된 물품인지와, 보복관세부과 대상품목인지 여부를 구분하기 위해 필요하므로 공인된 원산지 발급기관이 발행한 원산지 증명서를 확인하여야 함
　○ 기타 제증명서의 예로 의약품의 경우 보건부의 허가서가 필요함

□ 일시물품은 수입물품의 원형 그대로 재수출되는 경우, 마낄라도라 또는 PITEX[40] 프

---

39) 일시수입의 경우 당해물품에 대해서는 관세사를 고용할 필요가 없으나, 통관과정에서 위법사실이 확인될 경우 벌금(최대 물품가격의 2배)을 세관당국에 지불하지 않으면 해당물품은 세관에 압류당할 수 있음
40) 수출상품 생산을 위한 임시수입프로그램

로그램하에 수입되는 물품, 예술가용 악기와 기구, 문화행사와 운동경기를 위한 물품, 국제회의를 위한 물품, 신문·방송이나 기록영화 제작을 위한 물품으로 분류할 수 있음
- ○ 재수출 물품은 잠정 수입되는 품목리스트, 멕시코 내에서 판매하지 않겠다는 내용이 제조회사 명의로 작성된 문서, 멕시코의 파트너 또는 동행사 주관기관이 임시수입신고서에 기재된 기간 내에 원형 그대로 선적국가로 되돌려 보낼 책임을 지겠다는 내용이 포함된 문서를 제출하고 통관수수료를 세관에 지불하면 됨
- ○ 마낄라도라 또는 PITEX프로그램 물품이 재수출용으로 수입되는 물품이라면 잠정수입신고서(pedimiento de importacion temporal)를 작성하여 세관에 제출해야 하는데, 신고서에는 재수출용으로 수입한다는 것과 특별허가와 승인을 받았는지 여부, 중량, 부피, 일련번호 브랜드 모델, 기술명세서를 포함한 아이디 넘버나 코드, 멕시코 관련규정을 모두 충족하고 이를 확인한 관세사의 전자서명 등을 기재해야 함
- ○ 예술가 악기 및 기구는 반드시 수입자가 멕시코 내에서 직접적으로 사용하는 것이어야 하며 체류 가능기간은 입국일로부터 30일간임
- ○ 행사물품은 행사 주관기관이 국가 혹은 연방재무부로부터 승인을 받은 기관이어야 하며 학문 목적으로만 사용할 물품이어야 함
- ○ 국제회의 물품은 임시수입신고서를 작성하며 반입장비, 물품용도, 보관될 장소 및 시설을 기재해야 함
- ○ 방송용 물품은 신문, 방송이나 기록영화 제작을 위한 물품들은 수입관세가 부과되지 않고 물품을 사용할 당사자가 직접 수입절차를 밟을 수 있으나 입국 전 멕시코 대사관으로부터 언론기관 소속 직원임을 증빙하는 서류를 받아야 함

☐ 멕시코로 수입된 물품은 세관 보관창고에 반입되어 통관 절차를 밟음
- ○ 창고료는 항공 및 육상 운송 제품일 경우 2일간 부과되지 않으며, 해상운송은 5일 동안 부과되지 않음

☐ 1991년부터 정부는 관세 환급제도를 다시 도입하여 시행하고 있으며, 동 제도에 따

라 수출용 제품 또는 수출기업을 위해 필요한 원자재 수입에 대해 기징수된 관세 및 부가세를 환급하고 있음[41]
○ 해당 기업은 원자재 수입 후 1년 이내 또는 완제품 수출 이후 90영업일 이내에 관련 신청서를 제출해야 함

---

[41] 관세청, 『멕시코의 통관제도』, 1999.1

Ⅳ. 통관 절차별 고려 사항

〈표 Ⅳ-1〉 멕시코 통관 절차별 유의 사항

단 계	유의 사항
1. 수입신고 준비	○ 수입신고를 위해서 먼저 수입자 등록을 확인 ○ 수입신고서 작성 및 관세법규를 확인하는 관세사 사용이 필수 　- 통관사는 신뢰할 수 있는 통관업체를 이용하며, 용역비를 선지급하는 경우 현금이 아닌 수표 발행이나 은행계좌에 입금 　- 통관서류 제출 후 15일이 지나도 통관 여부에 대한 회신 없을 경우, 통관사를 변경하거나, 서류를 확인 ○ 상업송장 기재내용이 실제 정보와 일치하도록 유의 ○ 상업송장상 상품설명이 영어, 스페인어, 불어 이외의 언어로 작성되었을 경우 스페인어 번역본을 반드시 첨부
2. 수입신고 및 세금납부	○ 허위의 변동적 가격제시가 아닌, 일관된 가격제시를 통해 벌금형 관세를 피해야 하므로 가격 기입 시 주의 ○ 수입물품에 대한 적정한 관세를 납부하기 위해 정확한 HS Code를 기입 ○ HS Code가 틀렸을 경우 한국에 연락하여 원산지증명을 재발급받아 제출
3. 세관 서류검토	○ 수입신고가격과 최저수입가격의 고시가의 차액에 대해 관세를 예치하도록 규정 ○ 수입물품이 관세가 면제되는 경우라도 반드시 원산지표시를 해야 서류심사 통과 가능 ○ 각종 인증 및 허가서 발급의 경우 오랜 시간이 소요되므로 준비기간에 유의
4. 물품검사 및 반출	○ 아시아산, 특히 한국산 수입물품은 전수검사하고 있으므로 화물 검사가 불가피함을 유의 ○ 검사과정에서 위법사실이 발견될 경우 물품은 압수되고 벌금이 부과

1. 수입신고 준비 단계

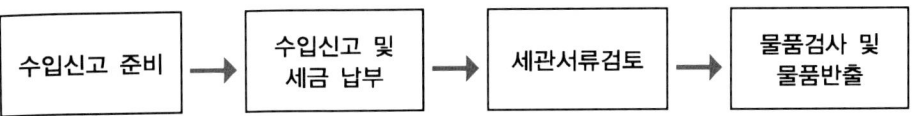

가. 통관 절차상 특이사항

□ 수입신고를 위해 사전에 조세청(SAT)의 FEA(선진전자서명, Firma Electronica Avanzada)를 발급받아 일반 수입자 등록(Padrón de Importadores)을 하여야 함[42]
  ○ 과거에는 일반 수입자 등록과 특정분야 수입자 등록(Padrón de Importadores de Sectores Especificos) 2가지가 있었으나 특정 분야는 비효율성으로 인해 폐지됨
  ○ 특정 분야는 통상적으로 10일 정도가 소요됐으며, 세관관리국 수속비용은 무료이나 관련 서류 준비와 변호사 수수료 등으로 약 7만페소가 소요되었음
  ○ ANEXO 10에서 해당 HS Code를 정해놓고, 이 HS Code에 해당하는 제품을 수입할 경우 등록절차를 필하도록 규정했으며 현재 8만개 업체가 등록되어 있음

□ 수입자 등록 후, 수입물품 통관을 위해 수입신고서(Pedimiento de Importacion)를 작성해야 하는데 이때 관세사(Agente Aduanal Mexicano) 용역 사용이 필수적임
  ○ 수입되는 물품이 관세법 혹은 관련 법규에 의해 수입제한, 금지 또는 자유품목인지 여부와 수입관세를 확인해주고 수입통관서류 작성
  ○ 멕시코 공산품안전규격(NOMs)에서 규정하고 있는 대로 포장, 라벨링, 제품설명서 등을 작성하고 통관 전에 관세사가 이를 확인하도록 하며, 포장 내에 금지된 물품이 추가 삽입되지 않도록 안전 대책을 강구함

---

[42] 부록 참조

나. 애로 사례 및 업무상 유의점

□ 관세사 사용이 필수적이기 때문에 이를 악용해 통관제도를 잘 모르는 업체들을 속여 과도한 통관비용을 요구하는 사례가 발생함
  ○ 중소기업인 A업체는 멕시코 통관 절차나 법규에 대한 이해가 부족하기 때문에 처음부터 모든 것을 통관사에게 일임하였음
  ○ 통관사는 통관 시 필요하다고 하면서 회사 HEAD LETTER지에 백지 서명을 요구하였고 이를 허락한 A업체는 서명을 도용당해 거액의 거래비용과 화물손실을 입었음
  ○ 사기를 당했지만 백지서명 요구를 들어줬기 때문에 어떤 문제가 발생하더라도 구제받을 길이 전혀 없었음

□ 수입업 허가증에는 수입취급 가능품목과 유효기간이 명시되어 있으므로 수입업체가 적법한 수입업허가를 받았는지 확인해야 되며 수입업허가를 받지 않은 업체와 거래할 경우 통관이 불가능함에 유의해야 함

□ 멕시코 내 모든 수입업체가 수입업 허가를 받은 것은 아니며, 수입업허가가 없는 수입업체는 'comercializadoras'라고 알려진 수출입 판매회사와 계약을 맺는 것이 의무임

□ 상업송장 작성 시에는 수출입자명과 정확한 주소, 송장 발행일자 등을 철저하게 점검하여야 함
  ○ 상업송장 발행일자, 수출자·수입자명, 수출자·수입자의 주소지, 물품의 정확한 명세, 수량 및 중량, 단가, 송장 금액, 모델 넘버 또는 시리얼 넘버 등이 실제 정보와 일치하도록 유의해야 함
  ○ 추가적으로 송장번호, 거래 조건(예: FOB, CIF 등), 통화(Currency), 물품의 총중량, 물품의 원산지, 총포장 개수 등도 정확히 기입되어 있는지 확인해야 함

□ 상업송장은 깨끗하게 작성하되 공란을 남기지 말고 가급적 상세하게 각 난을 채워야 함

□ 상업송장상에 상품설명이 영어, 스페인어, 불어 이외의 언어로 작성되어 있을 경우 스페인어 번역본을 첨부해야 함

□ B/L(선하증권) 작성 시 CIF로 표기해야 함
  ○ 많은 한국 업체들이 FOB로 가격을 명시하고 있지만 멕시코 세관에서는 FOB 가격을 인정하지 않고 임의로 운임이나 보험료를 추가해 수입가격을 결정할 수 있음

□ 원산지증명서(Criterio de Origen) 작성 시 'Tax Number'를 기입하는 난이 있는데 이는 우리나라 '사업자 등록번호'를 의미함
  ○ 원산지증명서상의 7번 원산지 기재 항목에 A, B, C, 3종류를 구분하여 기입해야 함

□ 통관사 서비스 이용 시, 수수료의 명목으로 선금을 지불하는 경우 현금이 아닌 통관사 이름으로 수표를 발행하거나 은행계좌에 입금해야 함
  ○ 통관사별로 수수료가 다르나 보통 상업송장 금액과 제세금합계의 평균 2.5% 수준으로 형성됨

□ 통관사에게 통관서류 제출 후 15일이 지나도 통관가능 여부에 대한 뚜렷한 회신이 없을 경우 즉시 통관사를 변경하거나 서류문제를 확인하여야 함
  ○ 멕시코의 통관 유예 기간은 2개월이므로 이를 감안하여 통관을 진행하도록 함
  ○ 사전에 평판이 좋고 신뢰도 높은 관세사를 물색하는 것이 좋음

□ 우리나라에서 멕시코로 물품 수출 전, 해당 품목이 덤핑방지관세 부과 등 규제 대상 품목인지 여부를 확인할 필요가 있음. 덤핑방지관세 등이 부과되는 경우 수입자는 통관을 위해 예상치 못했던 많은 세금을 내야 하거나, 현지 수입상이 수입을 거절할 경우 물품이 한국으로 반송되는 경우도 발생할 수 있으므로 규제 사항을 사전에 확인해 두는 것이 좋음
  ○ 한국무역협회 통상·수입규제 홈페이지(http://antidumping.kita.net)에서는 세계 각국의 통상 현안을 비롯하여 국가별 반덤핑 및 상계관세 부과 정보 등 다양한 관

련 정보를 제공하고 있음
- 한국무역협회 기본 홈페이지(www.kita.net)에서는 우측 하단 '자주 찾는 서비스' 메뉴 중 '통상수입규제'로 접속 가능함
○ 현재 멕시코가 반덤핑관세 등의 규제를 가하는 품목 확인을 위해서는 'KITA 통상·수입규제' 홈페이지 상단 메뉴 중 '수입규제 현황' → '주요국 제소 및 규제내역' → '중남미'에서 멕시코의 내용을 점검할 수 있음
- 또한 '수입규제 현황' → '국가별 현황'에서는 필요 정보 지정 후 검색 기능을 통해 영문 품명과 정확한 HS 코드 등 보다 세밀한 정보를 확인할 수 있음
○ 그 외에 WTO에서 반기별로 공개하는 국가별 규제 동향도 살펴볼 수 있는데, 이는 '통상·수입규제' 사이트 상단 메뉴 중 '각국 규제 동향'에서 확인 가능함
- 단, 본 자료는 한국무역협회 웹페이지 무료 회원가입 후 로그인하여 열람 가능함

〈표 Ⅳ-2〉 멕시코 제소 및 규제내역

제소 연도	품목명	제소근거 (규제근거)	조사결과			11년 09월
			규제확정 및 형태	조사종결	조사중	
92	폴리에스터단섬유	반덤핑	AD(93.8)			규제중
93	냉장고	반덤핑		조사철회		
99	폴리에스터합성필라멘트	반덤핑	AD(01.6)			규제종료
00	냉장고	반덤핑		무혐의		
01	철강제품	긴급수입제한		조사철회		

자료: 한국무역협회

2. 수입신고 및 세금납부 단계

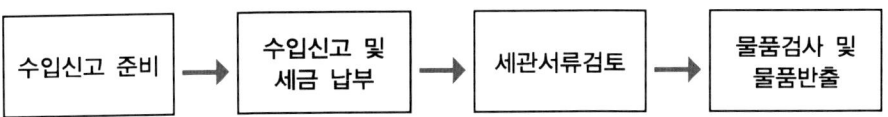

가. 통관 절차상 특이사항

□ 멕시코는 관세 및 제세금을 서류심사 및 물품검사 전에 납부해야 함

□ 관세사가 적용 관세와 기타 세금을 계산하며, 입항지에 위치한 상업은행에 세금을 납부해야 함

□ 멕시코의 경우 HS Code 8단위를 사용하고 있으며 국제공통인 상위 6단위는 반드시 정확히 기입해야 함

나. 애로 사례 및 업무상 유의점

□ 원산지 증명서상의 HS Code 기재 오류로 인해, 한국에 연락하여 원산지 증명서를 정정, 재발급받는 사례가 있음

□ 세관의 서류 및 물품 심사 전 세금을 납부하므로, 정확한 세금계산이 어려워 심사 시 발생하는 변동사항으로 수입업체가 어려움을 겪었음

□ 세금 납부를 위한 세관 신고 시 무엇보다도 중요한 것은 일관된 가격제시임
  ○ 유사·동일 물품을 계속적으로 수입하는 경우 세관 가격심사의 대상이 될 수 있으므로 일관된 가격이 영수처리될 수 있도록 유의하여야 함

□ 정확한 HS코드 확인은 멕시코 경제부 웹사이트(www.economia-snci.gob.mx)에서 입수 후 이를 상업송장, 원산지증명서, 선적서류 등에 기재하는 것이 추가 과세위험을 줄일 수 있는 방법임

□ 멕시코 관세율 확인은 멕시코 경제부와 DIA 사이트를 이용하는 것을 추천함
  ○ 멕시코 경제부 사이트(SIAVI)에서 HS CODE별로 FTA 체결국 및 미체결국의 관세 확인이 가능하나 동 사이트의 경우 업데이트가 늦은 편임
  ○ DIA를 이용한 FTA 비체결국, 즉 한국에 해당하는 관세임[43]를 보여주는 검색 순서는 홈페이지 스페인어 선택 → 왼쪽 메뉴 중에 TAFITA ARANCELARIA MEXICANA ENLINEA 선택 → HS CODE 입력 후 검색 → 수입관세 도출의 순서임

3. 세관 서류검토 단계

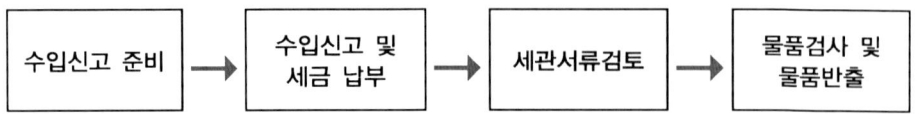

가. 통관 절차상 특이사항

□ 멕시코는 최저 수입가격(Precio Estimado)을 고시하여 동 가격 이하로 수입되는 상품에 대해 관리·감독을 철저히 하고 있음

□ 수입신고가격과 최저 수입가격 고시가가 차이나는 경우 그 차액에 대해 관세를 예치하도록 규정하고 있음

---

43) 경제부: http://www.economia-snci.gob.mx:8080/siaviWeb/siaviMain.jsp
    DIA: https://www.datacomex.com.mx/

□ 섬유류(섬유 · 의류 · 신발 · 가방 등)에 대해 별도의 원산지 규정을 폐지하고 보복관세를 철폐하여 일반 상품과 같이 원산지 증명서로 제출이 가능함
　ㅇ 섬유류(섬유 · 의류 · 신발 · 가방 등)에 대한 원산지규정 완화는 보복관세를 회피하기 위해 제출하는 경우로, 별도 원산지 규정을 적용해 왔던 것을 해제하는 조치임
　　- 저가 중국산 섬유제품으로 멕시코 국내 산업에 피해가 생기자 멕시코 정부는 1993년 4월 동 제품에 덤핑관세 부과조치를 취했음
　　- 덤핑관세 부과조치의 배경은 중국산 제품이 홍콩 · 대만 · 인도네시아 등 주변 아시아국가의 제품으로 원산지가 위조돼 반입되는 사례가 발생하면서, 아시아 13개국[44]과 WTO 비회원국으로부터 수입할 경우 원산지 증명서 발급기관을 멕시코 정부에 통보하고 멕시코 정부가 지정한 양식에 따라 원산지 증명서를 발급 · 첨부할 것을 의무화한 규정하면서임

나. 애로 사례 및 업무상 유의점

□ 부정확한 HS Code 기입으로 수입관세가 실제가격보다 낮게 책정되어 수정 · 신고할 경우, 벌금을 납부해야 함
　ㅇ 멕시코 세관에는 수입물품 검사 시 BASE GRAVABLE(수입물품 가격 데이터)를 활용하고 있음
　ㅇ 동일 제품을 여러 차례 수입할 경우 일관된 가격으로 신고하지 않을 경우 통관이 지연되거나 높은 벌금을 내고 통관하는 사례가 많음

□ 최저 수입가격 고시에 있어 실제 상품의 다양성과 일반적 수입가격을 충분히 고려치 않아 불합리한 요소가 있고, 수출국의 제조원가 증명 요구 등으로 인하여 비용 및 시간이 낭비됨
　ㅇ 가전제품과 같이 신속한 기술개발로 인해 제품 생산가가 수시로 인하되는 품목에 대해 세관당국의 현실성이 다소 떨어진다는 지적이 있음

---

[44] 방글라데시 · 키프로스 · 한국 · 필리핀 · 홍콩 · 인도 · 인도네시아 · 마카오 · 말레이시아 · 파키스탄 · 싱가포르 · 스리랑카 · 태국 : 2002년 9월부터 중국 · 대만도 포함

□ 수입물품이 관세가 면제되는 경우라도 반드시 원산지표시를 해야 세관의 서류심사 통과가 가능함

□ 부산항에서 선적, 태평양의 만사니요(Manzanillo)항에 도착하는 경우 직항 14일, 일본·미국 등을 경유해서 오는 경우 최장 30일까지 소요됨을 유의하여 서류를 준비해야 함
  ○ 각종 인증 및 허가서 발급의 경우 오랜 시간이 소요되므로 물품도착 전 서류심사를 마칠 수 있도록 구비서류 준비기간에 착오가 없도록 해야 함

4. 물품검사 및 물품반출 단계

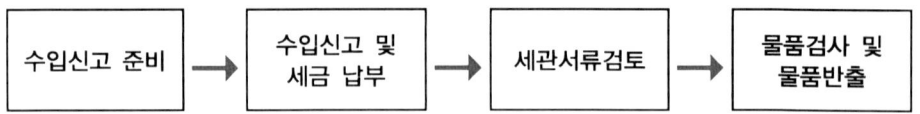

가. 통관 절차상 특이사항

□ 통관심사 과정에서 불확실성과 비리를 줄이기 위해 2단계의 랜덤 통관검사 시스템을 구축하여 사용하고 있음

□ 1단계 물품검사는, 통관대에 신호등이 부착되어 있으며 통관을 위해 통관사가 신호등의 버튼을 눌러 적색 불이 들어왔을 때만 실시함
  ○ 녹색 불의 경우 물품에 대한 검사 없이 통과됨
  ○ 적색 불의 확률은 보통 10%이지만, 아시아산 수입물품은 품목에 따라 거의 100%에 가까우니 유의해야 함

□ 만약 적색 불이 켜지게 되면 수입업체 또는 관세사 입회하에 담당 세관직원이 직접

당해 물품을 검사하게 되고, 2단계인 민간 검사자에 의한 랜덤 검사대를 통과해야 함

□ 수입신고 절차 종료 후, 통관사를 통해 화물을 찾을 때는 일반적으로 컨테이너 크기에 상관없이 상업송장 금액의 0.45%에 해당되는 통관비와 서비스비로 약 1,500~3,000페소를 지불해야 함[45]

나. 애로 사례 및 업무상 유의점

□ 아시아 물품의 경우 적색 불 통로(검사필수)로 지정되는 경우가 대부분이어서 통관 시간이 지연되고 있음

□ 물품검사 시 용기 개장이 불가피하여 물품 손상 및 파손으로 인한 상품성 하락에 대한 우려가 있음

□ 검사과정에서 위법사실이 발견될 경우 당해 물품은 압수되고 벌금이 부과되며 수입절차를 대행하는 관세사는 면허가 정지되거나 취소됨
  ○ 모든 포장과 병, 컨테이너에는 상업송장상에 게재된 번호 또는 마크와 동일한 것을 부착 또는 표시해야 과세를 면할 수 있음

□ 통관 시 라벨링 등의 문제로 통관이 어려울 경우 컨테이너를 일단 보세창고로 옮겨 문제를 해결한 다음 통관하는 방법이 있음
  ○ 보세창고는 세관보다 창고 보관료가 저렴하고, 라벨링 작업을 다시 한다든지 통관비용이 부족할 경우 컨테이너의 부분통관도 가능함
  ○ 항공 및 육상 운송 제품일 경우 2일, 해상운송은 5일 동안 창고료가 부과되지 않음

---

45) KBC Mexico, KOTRA

참고문헌

관세청,『멕시코의 통관제도』, 1999.

국제원산지정보원,『원산지결정기준』, 2010

외교통상부,『2009 외국의 통상환경 미주지역』, 2010.

한국수출입은행,『2011 세계국가편람』, 2011.

KITA,『국가에 따른 품목별 무역통계』, 2011

KOTRA,『국가정보 멕시코 2010: 관세제도, 통관/운송, 수출입동향, 지적재산권』편.

KOTRA,『멕시코시티 KBC, 한국기업 멕시코 진출시 겪는 애로사항』, 2008.

OIS,『멕시코 국가개요』, 2011.

M. Angeles, "Mexico's Free Trade Agreements," Congressional Research Service, 웹주소: http://www.fas.org/sgp/crs/row/R40784.pdf, 2010.

20(Secretaria Aduanera), 웹자료, 주소: http://www.aduanas.sat.gob.mx

Alcohol And Tobacco Tax Trade Bureau, 웹자료, 주소: http://www.ttb.gov

CIA Country Profile 2010, 웹자료, 주소: http://www.cia.gov

Excelsior 일간지, 웹자료, 주소: http://www.excelsior.com.mx

Reforma 일간지, 웹자료, 주소: http://www.reforma.com

UNCTAD, 웹자료, 주소: http://www.unctad.org

USTR, NTEs MEXICO 2010

경제부(Secretaria de Economia), 웹자료, 주소: http://www.economia.gob.mx

멕시코 경영자 총연합회(COPARMEX), 웹자료, 주소: http://www.coparmex.org.mx

멕시코 대외무역은행(BANCOMEXT), 웹자료, 주소: http://www.bancomext.com

멕시코법률컨설팅, 웹자료, 주소: http://www.mexicolaw.com

외교부(Secretaria de Relaciones Exteriores), 웹자료, 주소: http://www.sre.gob.mx

중앙은행(Banco de Mexico), 웹자료, 주소: http://www.banxico.org.mx

통계청(Banco de Informacion Economica: INEGI),
    웹자료, 주소: http://www.inegi.org.mx

통상산업부(Secretaria de Comercio y Fomento Industrial),
    웹자료, 주소: http://www.sener.gob.mx

부록 Ⅰ. 비즈니스 팁

□ 수출입 통관 시 자주 쓰이는 용어
  ○ Agente Aduanal Mexicano 멕시코 관세사
  ○ Aranceles a la importación aplicados por México 멕시코 수입 관세율
  ○ Arancel Nación Más Favorecida (NMF) 10 % MFN 적용 국가 세율 10%
  ○ Arancel AD-Valorem 수입관세(종가세 기준)
  ○ Aviso 등록, 공지
  ○ Base Gravable 수입물품 가격 데이터
  ○ Bien Originario 원산지
  ○ Cuotas Compensatoria 보복관세
  ○ Cupos de Importacion 수입쿼터
  ○ Fraccion Arancelaria 관세분류
  ○ Franja Ffonteriza 국경지역
  ○ Normas Oficiales Mexicanas, NOMS 멕시코 공산품 안전기준
  ○ Padron de Importadores 수입자 등록
  ○ Padron de Importacion 수입 허가
  ○ Pedimiento de Importacion 수입신고서
  ○ Países no socios FTA 미체결 국가
  ○ Permiso 허가
  ○ Socios comerciales (tarifa mexicana) FTA 체결국가

□ 멕시코 시장 특성
  ○ 시장 구조면: 대미 의존형 시장, 상권 지방 분산
    - 멕시코시티(41%), 과달라하라(22%), 몬테레이(21%) 등 3대 도시에 상권의 84%

가 집중되어 있음
　○ 시장 수요면: 방대한 원부자재, 부품시장, 대형 프로젝트 시장
　　- 특히 석유화학 및 발전 등 건설 엔지니어링 프로젝트시장이 형성되어 있음
　○ 시장 형태(관행)면: 가격시장, D/A 보편화 시장

□ 출입국 유의 사항
　○ 중남미 국가(특히, 콜롬비아 등)에서 도착하는 항공편에 대해서는 공항 세관에서의 화물 검색이 심하므로 마약으로 오인되는 약품 반입을 절대 삼가야 하며, 음식류 반입도 금지되고 있음
　○ 중남미인 및 중남미 거주 아시아계인들이 미국으로 불법 입국하는 사례가 많으므로 중남미를 경유해 오는 경우 입국 심사의 강도가 높은 편임
　○ 또한, 커피를 남미에서 사올 경우 세관 통과 시 대부분 짐 검사를 하므로 당황하지 말고 세관원의 지시에 따르면 됨

□ 멕시코 화폐 단위는 페소(peso)이며, 단위는 미 달러와 표시와 같은 "$"로 표기되므로 단위에 주의해야 함
　○ 이러한 혼동을 막기 위해 화폐 단위를 M.N.으로 표기하는 경우도 있는데, MONEDA NACIONAL의 약자로 '국민 화폐'라는 의미임
　○ $는 숫자 앞에 쓰는 데 반해 MN은 숫자 다음에 씀
　○ 현재 유통 중인 지폐는 20 페소, 50 페소, 100 페소, 200 페소, 500 페소, 1000 페소 등 6종이 있음
　○ 주화로는 10 페소, 5 페소, 2 페소, 1 페소, 50 센따보, 20 센따보, 10 센따보 등 7종이 있음

□ 운송 (공항, 무역항)
　○ 멕시코에는 56개의 국제공항과 29개의 국내공항이 운영되고 있으며, 멕시코시티 베니토 후아레스 공항이 가장 규모가 큰 대표적인 공항임

주명	국제공항	국내공항
AGUASCALIENTES	1	1
BAJA CALIFORNIA	3	2
BAJA CALIFORNIA SUR	3	2
CAMPECHE	2	0
CHIAPAS	2	4
CHIHUAHUA	2	3
COAHUILA	5	1
COLIMA	1	1
DF	1	0
DURANGO	1	0
GUENAJUATO	1	1
GUERRERO	2	0
HIDALGO	0	2
JALISCO	2	0
México	1	1
MICHACAN	1	4
MORELOS	0	1
NAYARIT	1	0
NUEVO LEON	2	1
OAXACA	3	2
PUEBLA	1	1
QUERETARO	1	0
Q ROO	7	9
SLP	1	3
SINALOA	3	1
SONORA	3	5
TABASCO	1	15
TAMAULIPAS	5	0
TLAXCALA	0	1
VERACRUZ	1	3
YUCATAN	2	4
ZACATECAS	1	1
전 체	60	69

자료: 교통통신부, 2011.4

○ 한국에서 수입되는 제품들은 만사니요(Manzanillo) 항을 통해서 멕시코에 들어오는 경우가 대부분임

〈멕시코 무역항〉

카리브, 대서양 방면	태평양 방면
ALTAMIRA, TAMPS.	GUAYMAS, SON.
CAYO ARCAS, CAMP.	ISLA DE CEDROS, B.C.
DOS BOCAS, TAB.	LAZARO CARDENAS, MICH.
PAJARITOS, VER.	MANZANILLO, COL.
PUNTA VENADO, Q. ROO	MAZATLAN, SIN.
TAMPICO, TAMPS.	SALINA CRUZ, OAX.
TUXPAN, VER.	TOPOLOBAMPO, SIN.
VERACRUZ, VER.	ENSENADA, B.C.
COATZACOALCOS, VER.	SAN CARLOS, B.C.S
FRONTERA, TAB.	LA PAZ, B.C.S.
CIUDAD DEL CARMEN, CAMP.	ACAPULCO, GRO.
PROGRESO, YUC.	SALINA CRUZ, OAX.
PUERTO MAELOS, Q. ROO	PUERTO MADERO, CHIS.

자료: 교통통신부, 2011.4

〈주요 무역항별 물류 비중〉

순위	항구명	주	물동량(톤)	비중(%)
1	Cayo de Arcas	Campeche	48,664,121	17.89
2	Coatzacoalcos	Veracruz	34,873,345	12.82
3	Lázaro Cárdenas	Michoacán	27,827,625	10.23
4	Manzanillo	Colima	21,996,888	8.09
5	Veracruz	Veracruz	17,604,914	6.47
6	Isla de Cedros	Baja California	13,673,799	5.03
7	Altamira	Tamaulipas	14,711,409	5.41
8	Salina Cruz	Oaxaca	12,975,004	4.77
9	Dos Bocas	Tabasco	12,545,389	4.61
10	Tuxpan	Veracruz	10,488,963	3.86
	기타		56,653,595	20.83
	총계		272,015,052	100.00

자료: 교통통신부, 2011.4

□ 관공서 관행
　ㅇ 과감한 부정부패 척결 운동으로 관공서 관행이 많이 줄어든 것으로 평가되고 있음
　ㅇ 예를 들어서 각종 민원과 관련하여 관공서에 가면 공무원들이 부당한 요구를 할 경우에 대비한 신고 전화번호가 벽에 걸려 있는 것을 쉽게 볼 수 있고 최근에는 일부 주정부 차원에서 주민들을 위한 행정 절차 간소화 움직임이 있는 것으로 평가되고 있음
　ㅇ 하지만 업무를 처리하게 될 경우, 간단한 업무도 시간이 소요되는 경우가 있으므로, 충분한 시간을 두고 진행해 나가야 함

□ 위험 지역
　ㅇ 멕시코 중심가인 소칼로(ZOCALO) 지역은 야간에 위험한 경우가 많으므로 되도록 야간에는 이 지역을 방문하지 않는 게 좋음
　ㅇ 마리아치로 유명한 가리발디 광장도 치안 부재 지역이므로 동 지역 방문 시 반드시 그룹으로 움직여야 함
　ㅇ 멕시코시티 내 재래시장인 TEPITO 시장은 밀수품, 도난물품을 판매하는 경우도 많고, 치안이 불안한 지역이므로 단기 여행자들이 방문하지 않는 게 좋음

□ 유용한 연락처
　ㅇ 기동 경찰: 066
　ㅇ 모든 자문 및 실종신고: 5658-1111
　ㅇ 긴급사태 구조: 5683-1154
　ㅇ 소방서: 5768-3700
　ㅇ ABC 병원: (52-55) 5230-8000 Observatorio 지점
　　- 멕시코 최고의 의료시설과 기술을 보유하고 있는 병원들로 안심할 만 하지만 그 대신 비용이 높으며, 일반적으로 1일 입원 시 1,000달러 이상 소요됨

부록 Ⅱ. 주요 유관 기관 정보

■ 주 멕시코 대한민국 대사관

웹페이지	http://mex.mofat.go.kr
주소	LOPE DIAZ DE ARMENDARIZ 110, LOMAS DE CHAPULTEPEC, MEXICO
전화번호	(52-55) 5202-9866
이메일	embcoreamx@mofat.go.kr

■ KOTRA 중남미 총괄센터 겸 멕시코시티 KBC

웹페이지	www.kotra.or.kr
주소	PASEO DE LA REFORMA NO. 265 PISO 2 EDIF. AXTEL, COL. CUAUHTEMOC, CP 06500, MEXICO, D.F.
전화번호	(52-55) 5514-3173
이메일	mexico@kotra.or.kr

■ 한국수출입은행

웹페이지	www.koreaexim.go.kr
주소	Hamburgo 213 Torre Summa piso 12 Col. Cuauhtemoc, C.P.06500, Mexico
전화번호	(52-55) 5511-8445
이메일	exmexico@koreaexim.go.kr

■ 멕시코 한인회

웹페이지	www.kaanm.com
주소	Liverpool 17, Col. Juarez
전화번호	(52-55) 5533-0456
이메일	corea@kaanm.com

■ 멕시코 외무부(Secretaria de Relaciones Exteriores)

웹페이지	www.sre.gob.mx
주소	Av. Ricardo Flores Magon No.1, TlaTEL: olco, CP.06905, Mexico, D.F.
전화번호	(52-55)5782-4144 /255-0988
이메일	sre@gob.mx

■ 멕시코 재무부(Secretaia de Hacienda Y Credito Publico)

웹페이지	http://www.shcp.gob.mx
주소	PALACIO NACIONAL, PLAZA DE LA CONSTITUCIÓN S/N
전화번호	(52-55)5802-1563
이메일	http://www.shcp.gob.mx/Paginas/lista_contacto.aspx 링크에서 연결

■ 멕시코 조세청(Servicio de Administración Tributaria)

웹페이지	www.sat.gob.mx
주소	Av. Hidalgo 77, col. Guerrero, c.p. 06300, México
전화번호	01 800 46 36 728
이메일	http://www.aduanas.sat.gob.mx/aduana_mexico/2008/preguntas_frecuentes/145_11123.html 링크에서 연결

부록 Ⅲ. 수입 시 필요 서류

☐ 수입신고서(Pedimento de Importacion) 서류 및 기재사항
① Importer/Exporter Information, ② Total of duties ③ Liquidation ④ Provider Information ⑤ Recipient's Information ⑥ Customs Account and Guaranty Customs Accounts ⑦ Discharges ⑧ Observations ⑨ Entries

PEDIMENTO					Page 1 of N
Pedimento number:	Type of Operation:	Pedimento code:	Regime:		SEALS
Destination:	Exchange rate:	Gross Weight:	Custom House(s):		
Means of transportation		Dollars Values:			
Entry / Exit	Arrival:	Exit:	Customs Value		
			Price Paid:		

Importer / Exporter Information

Tax Payer Identification Number: Name or Corporate Name:
CURP: (Population Registry Number)
Fiscal Domicile:

Insurances value   Insurances   Freight   Packing   Other payments

Electronic validation seal: Customs house code and
                                         customs section code:

Marks, numbers and total amount of pieces:

Dates		Total of duties		
Entry Payment Filing		Taxes and duties	Duty Rate Code	Duty Rate

Liquidation						
Concept	P.F.²	Amount	Concept	P.F.³	Amount	Totals
DTA (fee)			ISAN (tax)			Cash
VAT (tax)			C.C. (duty)			Other
IGI (duty)			REC. (duty)			Total

Provider or buyer Information

Fiscal ID	Name or Corporate Name	Fiscal Domicile			Related Parties
Invoice number	Date	INCOTERM	Currency factor	Currency value factor	Currency Factor	Dollars value

Recipient's Information

Fiscal ID	Name or Corporate Name	Fiscal Domicile

Means of Transportation	Identification:		Country:	
Number (track number / order / shipment number / ID:				
Number / Container Type				
Code / Complementary identification code				

Customs Account and Guaranty Customs Accounts

Account Type:	Guaranty Code:	Issuance institution	Account number:	
Consecutive number:		Deposit Total:		Date:

Discharges

☐ 상업송장(Factura Comercial) 서류 및 기재사항

① Invoice Number ② Place and Date of Invoice ③ Customer Purchase Order ④ Exporter/Vendor ⑤ Producer ⑥ Ultimate Consignee ⑦ Intermediate Consignee ⑧ Customs Broker ⑨ Terms of Payment ⑩ Terms of Sale ⑪ References ⑫ Number & Kind of Packages ⑬ Commercial Description ⑭ Quantity ⑮ Gross Weight ⑯ Unit Price ⑰ Total Value ⑱ Advanced Ruling ⑲ Marks ⑳ Commercial Value ㉑Other Costs ㉒ Total Invoice Value ㉓ Declaration

□ 수입자 등록(Padron de Importadores)을 위한 FEA 발급 방법 및 제출서류
  ○ 고급전자서명 (Firma Electronica Avanzada/FEA)을 발급받아야 하며, 이미 가지고 있는 업체에는 신규 통합프로그램 등록번호가 자동으로 부과되며, FEA 발급 이후 전산을 통해 수입자 등록을 완료함
  ○ FEA 신규 발급 절차
    − 조세청(SAT) 사전 전화예약: 01-800-463-6728 (월~토 8:00~21:00)
    − SAT 지방사무소 몬터레이: Av. Cristobal Colón No. 1501 Pte., esq. Corona, Col. Industrial, Monterrey 레이노사: Blvd. Morelos s/n esq. Tehuantepec, Col. Ampliación Rodríguez, Reynosa 살띠요: Blvd. Venustiano Carranza No. 2845, Col. La Salle, Saltillo
  ○ 제출서류(5)
    1. 3½ 디스켓 또는USB나 CD에 모든 제출 서류를 담아서 REQ 파일로 저장
      − REQ 확장파일은 SOLCEDI라는 프로그램을 이용해서 생성하면 됨
      − SOLCEDI 이용법:
        http://www.sat.gob.mx/sitio_internet/e_sat/tu_firma/60_6626.html 참조
    2. 첨부 FEA 신청서(하기 그림 참조)를 작성하여 출력
    3. 법적대표의 위임장 (poder general del representante legal para actos de dominio o de administracion) 공증 사본
    4. 정관(acta constitutiva) 공증 사본
    5. FEA 신청법인 법적 대표의 신분증 원본 및 사본 신분증: 여권, 유권자등록증, 교육부 학사 이수증 (Cedula profesional), 군 복무 확인증 등

☐ FEA 신청서

SOLICITUD DE CERTIFICADO DE FIRMA ELECTRÓNICA AVANZADA

SAT — Servicio de Administración Tributaria

SELLO DE LA ALAC

1. REGISTRO FEDERAL DE CONTRIBUYENTES
2. CLAVE ÚNICA DE REGISTRO DE POBLACIÓN

3. DATOS DEL CONTRIBUYENTE

APELLIDO PATERNO, MATERNO Y NOMBRE[S] — **PERSONA FÍSICA**

DENOMINACIÓN O RAZÓN SOCIAL — **PERSONA MORAL**

4. DOMICILIO FISCAL DEL CONTRIBUYENTE

- CALLE
- NÚMERO Y/O LETRA EXTERIOR
- NÚMERO Y/O LETRA INTERIOR
- ENTRE LAS CALLES DE Y DE
- COLONIA
- LOCALIDAD
- MUNICIPIO O DELEGACIÓN
- CÓDIGO POSTAL
- ENTIDAD FEDERATIVA
- TELÉFONO
- CORREO ELECTRÓNICO

5. DOCUMENTO PROBATORIO

PARA OBTENER LA FIRMA ELECTRÓNICA AVANZADA ES NECESARIO QUE CON ESTA SOLICITUD ENTREGUE COPIA CERTIFICADA DEL DOCUMENTO PROBATORIO. EN LA RELACIÓN QUE APARECE A CONTINUACIÓN MARQUE CON "X" EL DOCUMENTO QUE PROPORCIONA.

PERSONA MORAL:
- ACTA CONSTITUTIVA ☐
- DECRETO ☐
- CONTRATO ☐

PERSONA FÍSICA:
- ACTA DE NACIMIENTO ☐
- CARTA DE NATURALIZACIÓN ☐
- DOCUMENTO MIGRATORIO VIGENTE ☐

OTROS (ESPECIFIQUE):

6. DATOS DEL REPRESENTANTE LEGAL

- CLAVE ÚNICA DE REGISTRO DE POBLACIÓN
- REGISTRO FEDERAL DE CONTRIBUYENTES
- APELLIDO PATERNO
- APELLIDO MATERNO
- NOMBRE (S)

DECLARO BAJO PROTESTA DE DECIR VERDAD QUE LOS DATOS CONTENIDOS EN ESTA SOLICITUD SON CIERTOS

FIRMA O HUELLA DIGITAL DEL CONTRIBUYENTE, DEL ASOCIANTE, O BIEN, DEL REPRESENTANTE LEGAL, QUIEN MANIFIESTA BAJO PROTESTA DE DECIR VERDAD, QUE A ESTA FECHA EL MANDATO CON EL QUE SE OSTENTA NO LE HA SIDO MODIFICADO O REVOCADO

SE PRESENTA POR DUPLICADO

□ 수입자 등록 양식
  ㅇ 그림 ①의 조세청(SAT) 프로그램상에 기재자 정보, 수입회사 정보, 등록 품목정보 등을 등록한 뒤, Enviar(Send) 버튼을 클릭하면 수입등록이 완료되며, 그림 ②의 등록신고증(등록일, 접수번호, 등록인 및 관세분류 기재)이 발급됨
  ㅇ http://www.aduanas.sat.gob.mx/webadunet/Descargas/InstructivoFEA.pdf 참조

[그림 ①]

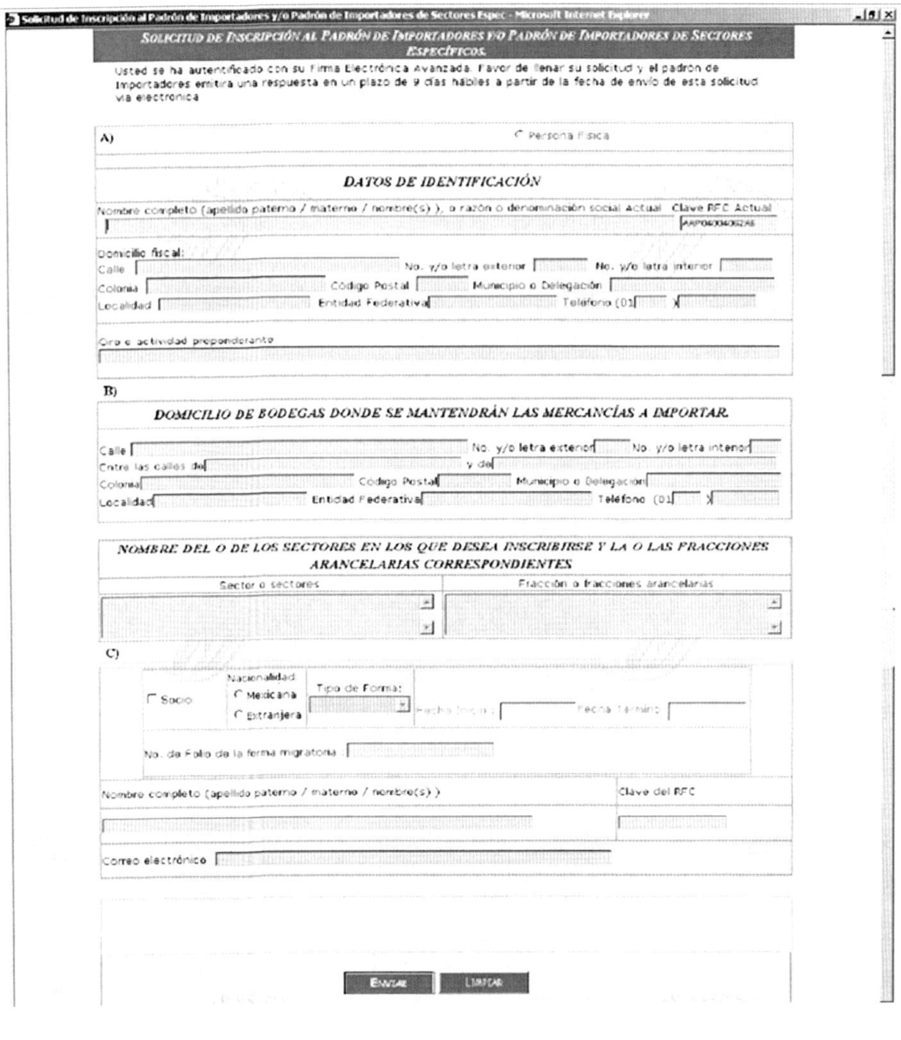

[그림 ②]

Servicio de Administración Tributaria
Administración General de Aduanas
Administración Central de Contabilidad y Glosa
Administración de Padrón de Importadores

Acuse de Recibo

Fecha 10/19/2005

PRE-FOLIO : 70 _____

NOMBRE O RAZÓN SOCIAL : CONTRERAS DOMINGUEZ FRANCISCO FERNANDO _____

Acuse de recibo de la solicitud de Inscripción al Padrón de Importadores y/o al Padrón de Importadores de Sectores Específicos.

Esta solicitud carece de validez si no presenta firma autógrafa del solicitante o del representante legal. Debe presentarse por duplicado.
El Padrón de Importadores emitirá una respuesta en un plazo de 9 días hábiles a partir de la fecha de envío de la solicitud vía electrónica.
Este acuse de recibo no garantiza la aceptación del trámite.

Información, dudas y/o comentarios
Tel. 91-58-28-28
padrondeimportadores@sat.gob.mx

□ 일시적 수출입 물품의 제출서류 및 기재사항

① 수입, 수출, 반환 중 선택 ② 반입일, 반출일 ③ 유효기간 ④ 화주정보 ⑤ 수출입자 정보 ⑥ 운송자 정보 ⑦ 포장정보(수량, 가격, 상세) ⑧ 수출입 혹은 반출의 효력 여부 ⑨ 정정사항 등

AVISO DE IMPORTACION O EXPORTACION TEMPORAL Y RETORNO DE ENVASES

IMPORTACION ( )	EXPORTACION ( )	RETORNO ( )	No. de Folio.-
FECHA DE INGRESO, SALIDA O DE RETORNO:		FECHA DE VENCIMIENTO:	
(DD / MM / AA):		(DD / MM / AA):	
1. DATOS DEL PROPIETARIO:			
Nombre completo (apellido paterno/apellido materno/nombre [s]):		Denominación o razón social:	
Domicilio:		Número de identificación fiscal o Tax ID Number:	
Teléfono:		Correo electrónico:	
2. DATOS DE LA PERSONA QUE IMPORTA, EXPORTA O RETORNA LOS ENVASES:			
Nombre completo (apellido paterno/apellido materno/nombre [s]):		Denominación o razón social:	
Domicilio:		Número de identificación fiscal o Tax ID Number:	
Teléfono:		Correo electrónico:	
3.- DATOS DEL TRANSPORTISTA Y/O DE QUIEN REALIZA EL TRAMITE:			
Nombre completo (apellido paterno/apellido materno/nombre [s]):		Razón o denominación social:	
Domicilio:		Número de identificación fiscal o Tax ID Number:	
Teléfono:		Correo electrónico:	
4.- DATOS DE LOS ENVASES:			
Cantidad de envases:	Descripción:		Valor unitario:
FIRMA: _____			
5. VALIDACION DEL AVISO DE IMPORTACION, EXPORTACION O RETORNO:			
FECHA:	Aduana/Sección Aduanera:		Clave:
(DD / MM / AA):			
Nombre:	No. de gafete del empleado:		Sello Aduana/Sección Aduanera
FIRMA: _____			
6. RECTIFICACION:			No. de folio:
Datos y observaciones relacionadas con la rectificación:			
7. ADUANA O SECCION ADUANERA QUE INTERVIENE EN LA RECTIFICACION:			
FECHA:	Aduana/Sección Aduanera:		Clave:
(DD / MM / AA):			
Nombre:	No. de gafete del empleado:		Sello Aduana/Sección Aduanera
FIRMA: _____			

부록 Ⅳ. 반덤핑 관세 부과 연장 결정문

□ 반덤핑 관세부과 연장 : 폴리에스터 단섬유사
  ○ 상기 품목의 반덤핑조치 기한은 2008년 8월 19일까지였으나 멕시코 경제부는 2009년 11월에 최종 판결을 내려 5년간(2013년 8월 20일까지) 반덤핑 관세 부과 연장을 결정함

품목	HS 코드	유 형	조사개시	최종판정
폴리에스터 단섬유사 (로우멜티드 제외)	5503.2001 5503.2002 5503.2003 5503.2099	반덤핑	1992.3.19	1993.8.19 1998.8.20 2003.8.20 2008.8.20

자료: 외교통상부

  ○ 174. 86조에서 173조까지 분석과 결과를 바탕으로 한국산 폴리에스터 단섬유사에 대한 반덤핑관세 철폐는 덤핑 재발과 폐해를 야기할 것으로 예상할 수 있다. 이와 같은 결론에 이르게 한 요소들은 다음과 같다.
  ○ 174. Con base en el análisis y los resultados descritos en los puntos 86 al 173 de esta Resolución, se concluye que existen elementos para suponer que la eliminación de las cuotas compensatorias definitivas a las importaciones de PFC(excluye las especialidades denominadas LMF) originarias de Corea daría lugar a la repetición del dumping y el daño que las motivaron. Entre los elementos que llevan a esta conclusión figuran los siguientes
  ○ A. 예비조사에서 발견한 일부 원산지 미소조항 초과 한국산 제품을 포함해, 원산지 미소조항 초과라 판단되는 한국산 제품에 있어 가격차별 관행 반복이라는 긍정적 결론이 존재한다.
  ○ A. La determinación positiva en torno de la repetición de la práctica de discrim-

inación de precios, en niveles mayores a los considerados de mínimis, e incluso mayores a algunos de los encontrados en la investigación primigenia.

○ B. 한국 내 소비량과 한국 내 생산량의 절대값과 비교했을 때 한국 폴리에스터 단섬유산업의 수출 잠재력이 크며, 실제 수출량의 규모도 크다.

○ B. La industria de PFC de Corea dispone de un significativo potencial de exportación, tanto en términos absolutos como en relación con el consumo interno y la producción nacional. Tan sólo los niveles de exportación realmente efectuados son significativos.

○ C. 한국 폴리에스터 단섬유산업 생산량의 90% 이상은 미국, 중국, 유럽국가를 포함한 21개국에 수출된다(2007년과 2008년 1분기 기준). 미국 수출량은 멕시코 시장규모와 생산량의 수 배에 이른다.

○ C. La industria del país investigado mantiene un alto perfil exportador(más del 90 por ciento de su capacidad instalada se orientó a la exportación en 2007 y el primer semestre de 2008) y destina su producto a más de 21 países, incluidos Estados Unidos, China y países de Europa. Tan sólo las adquisiciones de producto coreano en Estados Unidos representan varias veces el tamaño del mercado y la producción de PFC en México.

○ D. 한국산 폴리에스터 단섬유사의 수입은 반덤핑관세 시행에 의해 축소됐을 뿐이지 덤핑 관행이 사라진 것은 아니다. 국내생산 상황은 취약하고 국제교역의 불공정 관행에 민감하다.

○ D. Las importaciones de PFC originarias de Corea se contuvieron por la vigencia de la cuota compensatoria, pero no por haber desaparecido las prácticas de dumping. La situación de la rama de producción nacional es vulnerable, y la hace más sensible a prácticas desleales de comercio internacional.

○ E. 한국산 폴리에스터 단섬유사의 주요 국가 수출가격은 멕시코 수출가격보다 14.7%나 낮으며, 특히 미국 수출가격은 20.3%나 낮다. 이는 멕시코 수출가격을 더 낮출 여지가 있음을 의미한다.

○ E. Los precios de las exportaciones de Corea dirigidas a los destinos más importantes son inferiores a los precios de las dirigidas a México(-14.7 por ciento en promedio, y sobresale el dirigido a Estados Unidos con -20.3 por ciento), lo que indicaría que cuentan con margen para reducirse significativamente.

○ F. 한국산 폴리에스터 단섬유가 반덤핑관세를 철폐한 국내 생산품보다 낮은 가격으로 멕시코시장에 유입될 경우, 국내시장 가격을 왜곡하고 시장의 많은 부분을 흡수해 국내 생산과 관련된 주요 경제지수와 금융지수에 나쁜 영향을 미치고 피해가 반복될 것을 예상할 수 있다.

○ F. Por las condiciones a las que se importaría el PFC coreano de eliminarse la cuota compensatoria(repetición del dumping), así como los precios a que concurrirían al mercado mexicano(con márgenes de subvaloración con respecto a los precios nacionales), es previsible que distorsionen los precios nacionales y absorban una parte significativa del mercado, lo que afectaría negativamente los principales indicadores económicos y financieros de la rama de producción nacional, a un nivel que implicaría la repetición del daño.

○ G. 한국산 폴리에스터 단섬유사의 수출은 미국, EU, 중국, 아르헨티나, 파키스탄 등 여러 국가와 지역에서 반덤핑 조사의 대상이 되어 왔으며 멕시코의 반덤핑 조사가 유일한 것이 아니다. 중국을 제외한 이들 국가의 대부분은 한국에 대해 최근 조치를 취했으며, 이것은 한국산업에 있어 멕시코와 같은 다른 국가로 수출을 모색하도록 만들었다.

○ G. Las exportaciones de PFC coreanas han sido objeto de investigaciones antidumping en varios países y regiones : Estados Unidos, la Unión Europea, China, Argentina y Pakistán, lo que refleja las condiciones a las que suele exportar la industria del país investigado(es decir, que el de México no se trata de algún caso aislado). La mayoría de estos países han confirmado recientemente las medidas contra el país investigado, salvo China, pero ello implica para la industria coreana una mayor necesidad para reorientar sus exportaciones a otros mercados como pudiera ser el mexicano.

○ H. 이러한 요소들은 반덤핑관세를 철폐하는 경우 한국산 수입품들은 저가로 멕시

코로 유입돼, 국내 생산뿐 아니라 다른 국가에서의 수입 또한 저해할 것이다.
- H. Estos elementos, así como las estimaciones que obran en el expediente administrativo sugieren que, en caso de eliminarse la cuota compensatoria, las importaciones originarias de Corea desplazarían tanto a la producción nacional como a importaciones de otros países debido al bajo precio al que ingresarían a México.
- I. 한국산 수입품 유입에 의한 국내시장 판매 감소 및 판매가격 하락은 국내 생산업계의 판매 수입 감소와 손해를 야기할 것이다.
- I. La disminución de las ventas al mercado interno causado por el ingreso de las importaciones originarias de Corea, junto con la disminución de los precios de venta llevarían a la rama de la producción nacional a reducir sus ingresos por ventas y con ello incurrir en pérdidas.
- J. 이 결정은 한 가지 요인 또는 여러가지 요인을 개별적으로 근거해 분석한 것이 아니라, 국내 생산분야에 해당하는 모든 지표와 요인을 종합적으로 평가한 것에 기인한다.
- J. Esta determinación no se basa en el análisis de un solo factor o varios de ellos aisladamente, sino en la evaluación conjunta de todos los índices y factores pertinentes que influyen en la rama de producción nacional
- 175. 반덤핑 조약의 11.1항, 11.3항, 11.4항과 무역법(LCE) 70조, 89조 F IV항에 의거해 다음과 같이 결론을 내린다.
- 175. Por lo anterior, con fundamento en los artículos 11.1, 11.3 y 11.4 del Acuerdo Antidumping y 70 y 89 F, fracción IV, literal a de la LCE se emite la siguiente
- 176. 조사절차를 마치고 HS Code 5503.20.01, 5503.20.02, 5503.20.03 y 5503.20.99에 속하는 한국산 폴리에스터 단섬유사에 대한 반덤핑관세 부과기간을 3조와 4조의 절차를 통해 2008년 8월 20일 이후 5년간 연장한다.
- 176. Se declara concluido el procedimiento de examen y se determina la continuación de la vigencia de las cuotas compensatorias definitivas descritas en el

punto 2 de la presente, impuestas en la resolución definitiva a que se refiere el punto 1 y confirmadas mediante las resoluciones señaladas en los puntos 3 y 4 de esta Resolución, a las importaciones de PFC originarias de Corea, independientemente del país de procedencia, por cinco años más contados a partir del 20 de agosto de 2008. Esta mercancía se clasifica en las fracciones arancelarias 5503.20.01, 5503.20.02, 5503.20.03 y 5503.20.99 de la TIGIE.

- 177. 무역법 87조에 의거해 이 결정문 2조에 언급된 반덤핑관세는 해당 세관에서 부과될 것이다.
- 177. Con fundamento en el artículo 87 de la Ley de Comercio Exterior, las cuotas compensatorias señaladas en el punto 2 de esta Resolución se aplicarán sobre el valor en aduana declarado en el pedimento correspondiente.
- 178. 이 결정문 2조에서 언급하는 반덤핑관세 부과는 일반 해당 관세와 독립적으로 멕시코 전 국토에서 재무부에 의해 적용된다.
- 178. Compete a la SHCP aplicar las cuotas compensatorias a que se refiere el punto 2 de esta Resolución en todo el territorio nacional, independientemente del cobro del arancel respectivo.
- 179. 무역법(LCE) 66조에 의거해, 폴리에스터 단섬유사 수입업자들은 원산지가 한국이 아니라면 이 결정문 2조에서 지시하는 반덤핑관세를 납부할 필요가 없다.
- 179. Conforme a lo dispuesto en el artículo 66 de la LCE, los importadores de PFC no estarán obligados al pago de la cuota compensatoria señalada en el punto 2 de esta Resolución si el país de origen de la mercancía es distinto a Corea.
- 180. 원산지 증명은 1994년 8월 30일자 연방관보에 공포된 수입품원산지규정조약에 의해 정해진 법령, 1996년 11월 11일자로 이 관보에 공포된 개정법령, 1998년 10월 12일자로 이 관보에 공포된 개정법령, 1999년 7월 30일자로 이 관보에 공포된 개정법령, 2000년 6월 30일자로 이 관보에 공포된 개정법령, 2001년 3월 23일자로 이 관보에 공포된 개정법령, 2002년 9월 6일자로 이 관보에 공포된 개정법령, 2003년 5월 30일자로 이 관보에 공포된 개정법령, 2004년 7월 14일자로 이 관보에 공포된 개정법령, 2005년 5월 19일자로 이 관보에 공포된 개정법령, 2008년 7월

17일자로 이 관보에 공포된 개정법령, 2008년 10월 16일자로 이 관보에 공포된 개정법령에 따른다.

○ 180. La comprobación del origen de la mercancía se hará conforme a lo previsto en el Acuerdo por el que se establecen las normas para la determinación del país de origen de las mercancías importadas y las disposiciones para su certificación, para efectos no preferenciales (antes Acuerdo por el que se establecen las normas para la determinación del país de origen de las mercancías importadas y las disposiciones para su certificación, en materia de cuotas compensatorias) publicado en el DOF el 30 de agosto de 1994, y sus modificaciones publicadas en el mismo órgano de difusión el 11 de noviembre de 1996, 12 de octubre de 1998, 30 de julio de 1999, 30 de junio de 2000, 1 y 23 de marzo de 2001, 29 de junio de 2001, 6 de septiembre de 2002, 30 de mayo de 2003, 14 de julio de 2004, 19 de mayo de 2005, 17 de julio de 2008 y 16 de octubre de 2008.

부록 V. 멕시코 관세법(LEY ADUANERA)

Nueva Ley publicada en el Diario Oficial de la Federación el 15 de diciembre de 1995

TEXTO VIGENTE
Última reforma publicada DOF 02-02-2006

Cantidades y multas actualizadas por Reglas de Carácter General en Materia de Comercio Exterior DOF 12-05-2009

Ley Aduanera

Título Primero
Disposiciones Generales

Capítulo Unico

ARTICULO 1. - Esta Ley, las de los Impuestos Generales de Importación y Exportación y las demás leyes y ordenamientos aplicables, regulan la entrada al territorio nacional y la salida del mismo de mercancías y de los medios en que se transportan o conducen, el despacho aduanero y los hechos o actos que deriven de éste o de dicha entrada o salida de mercancías. El Código Fiscal de la Federación se aplicará supletoriamente a lo dispuesto en esta Ley.

Están obligados al cumplimiento de las citadas disposiciones quienes introducen mercancías al territorio nacional o las extraen del mismo, ya sean sus propietarios, poseedores, destinatarios, remitentes, apoderados, agentes aduanales o cualesquiera personas que tengan intervención en la introducción, extracción, custodia, almacenaje, manejo y tenencia de las mercancías o en los hechos o actos mencionados en el párrafo anterior.

Las disposiciones de las leyes señaladas en el párrafo primero se aplicarán sin perjuicio de lo dispuesto por los tratados internacionales de que México sea parte.

ARTICULO 2. Para los efectos de esta Ley se considera:

I. Secretaría, la Secretaría de Hacienda y Crédito Público.

II. Autoridad o autoridades aduaneras, las que de acuerdo con el Reglamento Interior de la Secretaría y demás disposiciones aplicables, tienen competencia para ejercer las facultades que esta Ley establece.

III. Mercancías, los productos, artículos, efectos y cualesquier otros bienes, aun cuando las leyes los consideren inalienables o irreductibles a propiedad particular.

IV. Residentes en territorio nacional, además de los señalados en el Código Fiscal de la Federación, las personas físicas o morales residentes en el extranjero, que tengan uno o varios establecimientos permanentes o bases fijas en el país, siempre que reúnan los requisitos que señala la Ley del Impuesto sobre la Renta para ser establecimiento permanente o base fija y las personas físicas que obtengan ingresos por salarios de un residente en territorio nacional.

V. Impuestos al comercio exterior, los impuestos generales de importación y de exportación conforme a las tarifas de las leyes respectivas.

VI. Reglamento, el Reglamento de esta Ley.

VII. Reglas, las de carácter general que emita la Secretaría.

VIII. Mecanismo de selección automatizado, el mecanismo que determinará si las mercancías se someterán a reconocimiento aduanero o segundo reconocimiento.

IX. Programa de devolución de aranceles, el régimen de importación definitiva de mercancías para su posterior exportación.

X. Programas de diferimiento de aranceles, los regímenes de importación temporal para elaboración, transformación o reparación en programas de maquila o de exportación; de depósito fiscal; y de elaboración, transformación o reparación en recinto fiscalizado.

XI. Mermas, los efectos que se consumen o pierden en el desarrollo de los procesos productivos y cuya integración al producto no pueda comprobarse.

XII. Desperdicios, los residuos de las mercancías después del proceso al que sean sometidas; los envases y materiales de empaque que se hubieran importado como un todo con las mercancías importadas temporalmente; así como aquellas que se encuentren rotas, desgastadas, obsoletas o inutilizables y las que no puedan ser utilizadas para el fin con el que fueron importadas temporalmente.

ARTICULO 3. Las funciones relativas a la entrada de mercancías al territorio nacional o a la salida del mismo son facultades exclusivas de las autoridades aduaneras.

Los funcionarios y empleados públicos federales y locales, en la esfera de sus respectivas competencias, deberán auxiliar a las autoridades aduaneras en el desempeño de sus funciones cuando éstas lo soliciten y estarán obligados a denunciar los hechos de que tengan conocimiento sobre presuntas infracciones a esta Ley y hacer entrega de las mercancías objeto de las mismas, si obran en su poder. Las autoridades aduaneras, migratorias, sanitarias, de comunicaciones, de marina, y otras, ejercerán sus atribuciones en forma coordinada y colaborarán recíprocamente en el desempeño de las mismas.

Las autoridades aduaneras colaborarán con las autoridades extranjeras en los casos y términos que señalen las leyes y los tratados internacionales de que México sea parte.

ARTICULO 4. Las personas que operen o administren puertos de altura, aeropuertos internacionales o presten los servicios auxiliares de terminales ferroviarias de pasajeros y de carga, deberán cumplir con los lineamientos que determinen las autoridades aduaneras para el control, vigilancia y seguridad del recinto fiscal y de las mercancías de comercio exterior, para lo cual estarán obligadas a:

Ⅰ. Poner a disposición de las autoridades aduaneras en los recintos fiscales las instalaciones adecuadas para las funciones propias del despacho de mercancías y las demás que deriven de esta Ley, así como cubrir los gastos que implique el mantenimiento de dichas instalaciones.

Las instalaciones deberán ser aprobadas previamente por las autoridades aduaneras y estar señaladas en el respectivo programa maestro de desarrollo portuario de la Administración Portuaria Integral o, en su caso, en los documentos donde se especifiquen las construcciones de las terminales ferroviarias de pasajeros o de carga, así como de aeropuertos internacionales.

Ⅱ. Adquirir, instalar, dar mantenimiento y poner a disposición de las autoridades aduaneras, el siguiente equipo:

a) De rayos "X", "gamma" o de cualquier otro medio tecnológico, que permita la revisión de las mercancías que se encuentren en los contenedores, bultos o furgones, sin causarles daño, de conformidad con los requisitos que establezca el Reglamento.

b) De pesaje de las mercancías que se encuentren en camiones, remolques, furgones, contenedores y cualquier otro medio que las contenga, así como proporcionar a las autoridades aduaneras en los términos que el Servicio de Administración Tributaria establezca mediante reglas de carácter general, la información que se obtenga del pesaje de las mercancías y de la tara.

c) De cámaras de circuito cerrado de video y audio para el control, seguridad y vigilancia.

d) De generación de energía eléctrica, de seguridad y de telecomunicaciones que permitan la operación continua e ininterrumpida del sistema informático de las aduanas, de conformidad con los lineamientos que el Servicio de Administración Tributaria señale mediante reglas de carácter general.

e) De sistemas automatizados para el control de las entradas y salidas del recinto fiscal de personas, mercancías y medios de transporte, así como los demás medios de control, autorizados previamente por las autoridades aduaneras.

ARTICULO 5. El monto de las multas y cantidades en moneda nacional establecidas en esta Ley, se actualizará en los términos del artículo 70 del Código Fiscal de la Federación.

Cuando en esta Ley se señalen multas con base en el monto de las contribuciones omitidas, se considerarán las contribuciones actualizadas en los términos del artículo 17-A del Código Fiscal de la Federación.

ARTICULO 6. Las copias o reproducciones de documentos que deriven de microfilme, disco óptico o de cualquier otro medio que autorice la Secretaría, tendrán el mismo valor probatorio que los originales, siempre que para su microfilmación o grabación se cumpla con los requisitos que establezca el Reglamento.

ARTICULO 7. Las empresas aéreas, marítimas y ferroviarias que efectúen el transporte internacional de pasajeros, deberán transmitir electrónicamente al Servicio de Administración Tributaria, la información relativa a los pasajeros, tripulación y medios de transporte, en los términos y con la oportunidad que señale el Servicio de Administración Tributaria mediante reglas.

Las empresas que presten el servicio de transporte internacional de carga que transporten mercancías explosivas y armas de fuego, deberán dar aviso a las autoridades aduaneras por lo menos con veinticuatro horas de anticipación al arribo al territorio nacional de dichas mercancías. En estos casos, las autoridades aduaneras deberán informar a las autoridades militares de tal circunstancia, con el objeto de que estas últimas determinen las medidas de seguridad que, en su caso, procedan durante el tiempo en que dichas mercancías se encuentren en el país.

ARTICULO 8. Las naves militares o las de los gobiernos extranjeros, de conformidad con los tratados internacionales de que México sea parte, no quedarán sujetas a las disposiciones de esta Ley, excepto cuando se utilicen para efectuar alguna operación comercial.

ARTICULO 9. Toda persona que ingrese al territorio nacional o salga del mismo y lleve consigo cantidades en efectivo, en cheques nacionales o extranjeros, órdenes de pago o cualquier otro documento por cobrar o una combinación de ellos, superiores al equivalente en la moneda o monedas de que se trate, a diez mil dólares de los Estados

Unidos de América, estará obligada a declararla a las autoridades aduaneras, en las formas oficiales aprobadas por el Servicio de Administración Tributaria.

La persona que utilice los servicios de empresas de transporte internacional de traslado y custodia de valores, así como las de mensajería, para internar o extraer del territorio nacional las cantidades en efectivo o cualquier otro documento de los previstos en el párrafo anterior o una combinación de ellos, estará obligada a manifestar a dichas empresas las cantidades que envíe, cuando el monto del envío sea superior al equivalente en la moneda o monedas de que se trate, a diez mil dólares de los Estados Unidos de América.

Las empresas de transporte internacional de traslado y custodia de valores, así como las de mensajería, que internen al territorio nacional o extraigan del mismo, cantidades en efectivo o cualquiera de los documentos previstos en el primer párrafo de este artículo o una combinación de ellos, estarán obligadas a declarar a las autoridades aduaneras, en las formas oficiales aprobadas por el Servicio de Administración Tributaria, las cantidades que los particulares a quienes presten el servicio les hubieren manifestado.

Título Segundo
Control de aduana en el despacho

Capítulo I
Entrada, salida y control de mercancías

ARTICULO 10. La entrada o la salida de mercancías del territorio nacional, las maniobras de carga, descarga, transbordo y almacenamiento de las mismas, el embarque o desembarque de pasajeros y la revisión de sus equipajes, deberá efectuarse por lugar autorizado, en día y hora hábil. Quienes efectúen su transporte por cualquier medio, están obligados a presentar dichas mercancías ante las autoridades aduaneras junto con la documentación exigible.

La Secretaría mediante reglas, podrá autorizar en la circunscripción de las aduanas de tráfico marítimo, la entrada al territorio nacional o la salida del mismo por lugar distinto al autorizado, de mercancías que por su naturaleza o volumen no puedan despacharse conforme a lo establecido en el párrafo anterior.

ARTICULO 11. Las mercancías podrán introducirse al territorio nacional o extraerse del mismo mediante el tráfico marítimo, terrestre, aéreo y fluvial, por otros medios de conducción y por la vía postal.

ARTICULO 12. Las personas que tengan conocimiento de accidentes ocurridos a medios de transporte que conduzcan mercancías de comercio exterior, deberán dar aviso de inmediato a las autoridades aduaneras y poner a su disposición las mercancías, si las tienen en su poder.

ARTICULO 13. El transbordo de las mercancías de procedencia extranjera de una aeronave o embarcación a otra similar sin haber sido despachadas, se podrá realizar bajo la responsabilidad de la empresa transportista o utilizando los servicios de agente o apoderado aduanal, siempre que se cumplan los requisitos que establezca el Reglamento.

ARTICULO 14. El manejo, almacenaje y custodia de las mercancías de comercio exterior compete a las aduanas.

Los recintos fiscales son aquellos lugares en donde las autoridades aduaneras realizan indistintamente las funciones de manejo, almacenaje, custodia, carga y descarga de las mercancías de comercio exterior, fiscalización, así como el despacho aduanero de las mismas.

El Servicio de Administración Tributaria podrá otorgar concesión para que los particulares presten los servicios de manejo, almacenaje y custodia de mercancías, en inmuebles ubicados dentro de los recintos fiscales, en cuyo caso se denominarán recintos fiscalizados. La concesión se otorgará mediante licitación conforme a lo establecido en el Reglamento e incluirá el uso, goce o aprovechamiento del inmueble donde se prestarán los servicios.

Para obtener la concesión a que se refiere el párrafo anterior, se deberá acreditar ser persona moral constituida de conformidad con las leyes mexicanas, su solvencia moral y económica, su capacidad técnica, administrativa y financiera, así como la de sus accionistas, contar con experiencia en la prestación de los servicios de manejo, almacenaje y custodia de mercancías y estar al corriente en el cumplimiento de sus obligaciones fiscales, para lo cual deberán anexar a su solicitud el programa de inversión y demás documentos que establezca el Reglamento, para acreditar que el solicitante cumple con las condiciones requeridas.

Las concesiones se podrán otorgar hasta por un plazo de veinte años, el cual podrá prorrogarse a solicitud del interesado hasta por un plazo igual, siempre que la solicitud se presente durante los últimos tres años de la concesión y se sigan cumpliendo los requisitos previstos para su otorgamiento y con las obligaciones derivadas de la misma.

Al término de la concesión o de su prórroga, las obras, instalaciones y adaptaciones efectuadas dentro del recinto fiscal, así como el equipo destinado a la prestación de los servicios de que se trate, pasarán en el estado en que se encuentren a ser propiedad del Gobierno Federal, sin el pago de contraprestación alguna para el concesionario.

ARTICULO 14-A. Los particulares que tengan el uso o goce de un inmueble colindante con un recinto fiscal o de un inmueble ubicado dentro o colindante a un recinto portuario, tratándose de aduanas marítimas, fronterizas, interiores de tráfico ferroviario o aéreo, podrán solicitar al Servicio de Administración Tributaria la autorización para prestar los servicios de manejo, almacenaje y custodia de mercancías, en cuyo caso el inmueble donde se presten dichos servicios se denominará recinto fiscalizado.

Para obtener las autorizaciones a que se refiere el párrafo anterior, se deberá acreditar ser persona moral constituida de conformidad con las leyes mexicanas, su solvencia económica, su capacidad técnica, administrativa y financiera en la prestación de los servicios de manejo y almacenaje de mercancías, así como la de sus accionistas y estar al corriente en sus obligaciones fiscales, y anexar a su solicitud, copia de la documentación con la que acrediten el legal uso o goce del inmueble en el que se prestarán los servicios, el programa de inversión y demás documentos que establezca el Servicio de Administración Tributaria mediante reglas para acreditar que el solicitante cumple las condiciones requeridas.

Las autorizaciones se podrán otorgar hasta por un plazo de veinte años, el cual podrá prorrogarse a solicitud del interesado hasta por un plazo igual, siempre que la solicitud se presente durante los últimos tres años de la autorización y se sigan cumpliendo los requisitos previstos para su otorgamiento, así como de las obligaciones derivadas de la misma. En ningún caso, el plazo original de vigencia o de la prórroga de la autorización, será mayor a aquel por el que el autorizado tenga el legal uso o goce del inmueble en el que se prestará el servicio.

ARTICULO 14-B. Los particulares que obtengan la concesión o autorización para prestar los servicios de manejo, almacenaje y custodia de mercancías en los recintos fiscalizados, conforme a los artículos anteriores, deberán cumplir con las obligaciones establecidas en esta Ley y mantener los medios de control que señale el Servicio de Administración Tributaria mediante reglas, así como efectuar el pago del aprovechamiento a que se refiere la fracción VII, del artículo 15 de esta Ley, el cual deberá enterarse independientemente del aprovechamiento o derecho al que, en su caso, estén obligados a pagar por el uso, goce o aprovechamiento de los inmuebles del dominio público.

Las remuneraciones por la prestación de estos servicios se fijarán entre las partes, cuando los mismos sean prestados por particulares. En el caso de la transferencia de mercancías de un almacén a otro, las partes estarán a lo dispuesto por la fracción VI del artículo 15 de esta Ley.

ARTICULO 14-C. El Servicio de Administración Tributaria podrá autorizar a las personas morales constituidas conforme a la legislación mexicana para prestar los servicios de carga, descarga y maniobras de mercancías en el recinto fiscal. Las empresas que deseen prestar estos servicios deberán solicitar la autorización y cumplir los requisitos y condiciones que señale el Servicio de Administración Tributaria mediante reglas.

Las empresas autorizadas deberán cumplir con los lineamientos que determine el Servicio de Administración Tributaria mediante reglas para el control, vigilancia y seguridad del recinto fiscal y de las mercancías de comercio exterior.

ARTICULO 14-D. Las personas que tengan el uso o goce de un inmueble dentro o colindante con un recinto fiscal, fiscalizado o recinto portuario, tratándose de aduanas marítimas, fronterizas, interiores de tráfico ferroviario o aéreo, podrán solicitar al Servicio de Administración Tributaria la habilitación de dicho inmueble en forma exclusiva para la introducción de mercancías bajo el régimen de recinto fiscalizado estratégico y la autorización para su administración. El inmueble habilitado se denominará recinto fiscalizado estratégico.

Para que proceda la autorización a que se refiere este artículo, se deberá acreditar ser persona moral constituida de conformidad con las leyes mexicanas, su solvencia económica, su capacidad técnica, administrativa y financiera, así como la de sus accionistas, estar al corriente en el cumplimiento de sus obligaciones fiscales, y cumplir con los requisitos que señale el Servicio de Administración Tributaria mediante reglas. A la solicitud deberán anexar el programa de inversión, la documentación con la que acredite el legal uso o goce del inmueble, que el inmueble cumple con requisitos de seguridad, control, vías de acceso y demás condiciones que determine el Servicio de Administración Tributaria mediante reglas.

La autorización se podrá otorgar hasta por un plazo de veinte años, el cual podrá prorrogarse a solicitud del interesado hasta por un plazo igual, siempre que la solicitud se presente durante los últimos dos años de la autorización y se sigan cumpliendo los requisitos previstos para su otorgamiento, así como de las obligaciones derivadas de la misma. En ningún caso, el plazo original de vigencia o de la prórroga de la autorización será mayor a aquél por el que el autorizado tenga el legal uso o goce del inmueble.

Las personas que obtengan la autorización a que se refiere este artículo, serán responsables de administrar, supervisar y controlar dicho recinto fiscalizado, cumpliendo con los lineamientos que determine el Servicio de Administración Tributaria mediante reglas, para el control, vigilancia y seguridad del recinto fiscalizado y de las mercancías de comercio exterior, sin perjuicio del ejercicio de facultades de la autoridad aduanera; poner a disposición de las autoridades aduaneras las instalaciones previamente aprobadas por dichas autoridades para las funciones propias del despacho de mercancías, y las demás que deriven de esta Ley, así como cubrir los gastos que implique el mantenimiento de dichas instalaciones; adquirir, instalar y poner a disposición de las autoridades aduaneras el equipo que se requiera para agilizar el despacho aduanero y los sistemas automatizados para el control de las mercancías, personas y vehículos que ingresen o se retiren del recinto fiscalizado.

Las personas que obtengan la autorización a que se refiere este artículo, no estarán sujetas al pago del aprovechamiento a que se refiere el artículo 15, fracción VII de esta Ley.

El Servicio de Administración Tributaria cancelará la autorización a que se refiere este artículo conforme al procedimiento previsto en el artículo 144-A de esta Ley, a quienes dejen de cumplir los requisitos previstos para el otorgamiento de la autorización, incumplan con las obligaciones previstas en esta Ley o la autorización o incurran en alguna causal de cancelación establecida en esta Ley o en la autorización, tomando las medidas necesarias en relación con la operación de los particulares que cuenten con autorización para destinar mercancías al régimen de recinto fiscalizado estratégico.

ARTICULO 15. Los particulares que obtengan concesión o autorización para prestar los servicios de manejo, almacenaje y custodia de mercancías de comercio exterior, deberán cumplir con los lineamientos que determinen las autoridades aduaneras para el control, vigilancia y seguridad del recinto fiscalizado y de las mercancías de comercio exterior, así como con lo siguiente:

I. Garantizar anualmente, en los primeros quince días del mes de enero, el interés fiscal en una cantidad equivalente al valor promedio de las mercancías almacenadas durante el año de calendario anterior, o bien celebrar contrato de seguro que cubra dicho valor. En este último supuesto, el beneficiario principal deberá ser la Secretaría, para que en su caso, cobre las contribuciones que se adeuden por las mercancías de comercio exterior. Una vez cubiertas las contribuciones correspondientes, el remanente quedará a favor del beneficiario.

Lo anterior no será aplicable tratándose de almacenes generales de depósito.

II. Destinar instalaciones para el reconocimiento aduanero de las mercancías, a las que únicamente tendrá acceso el personal que autoricen las autoridades aduaneras. Dichas instalaciones deberán reunir las especificaciones que señale el Servicio de Administración Tributaria y demás previstas en las disposiciones legales aplicables. Podrán construirse instalaciones comunes a varios almacenes para efectuar el citado reconocimiento.

III. Contar con cámaras de circuito cerrado de televisión, un sistema electrónico que permita el enlace con el del Servicio de Administración Tributaria, en el que lleve el control de inventarios, mediante un registro simultáneo de las operaciones realizadas, así como de las mercancías que hubieran causado abandono a favor del Fisco Federal. Mediante dicho sistema se deberá dar aviso a las autoridades aduaneras de la violación, daño o extravío de los bultos almacenados, así como de las mercancías que hubieran causado abandono. El Servicio de Administración Tributaria, mediante reglas establecerá los lineamientos para llevar a cabo el enlace de dicho sistema, así como los medios de control que aseguren el correcto manejo de la mercancía.

IV. Prestar los servicios de manejo, almacenaje y custodia de las mercancías embargadas por las autoridades aduaneras o las que hayan pasado a propiedad del Fisco Federal, sin que en caso alguno el espacio que ocupen estas mercancías exceda del 20% de la capacidad volumétrica de almacenaje. Por estos servicios se cobrará una cuota igual a la que deban cubrir los particulares siempre que no sea superior a la cuota establecida en la Ley Federal de Derechos por los mismos servicios, cuando los preste la autoridad aduanera en los recintos fiscales. El pago de la cuota únicamente se efectuará mediante compensación contra el aprovechamiento a que se refiere la fracción VII de este artículo, sin que dé lugar a devolución.

Cuando las mercancías no sean retiradas por causas imputables a las autoridades aduaneras, el servicio no se cobrará al particular afectado y la contraprestación no cobrada se podrá compensar contra el citado aprovechamiento.

V. Permitir el almacenamiento gratuito de las mercancías, de conformidad con lo siguiente:

a) En mercancías de importación, dos días, excepto en recintos fiscalizados que se encuentren en aduanas de tráfico marítimo, en cuyo caso el plazo será de cinco días.

b) En mercancías de exportación, quince días, excepto minerales, en cuyo caso el plazo será de treinta días.

Los plazos a que se refiere esta fracción se computarán en días hábiles a partir del día siguiente a aquél en que el almacén reciba las mercancías, independientemente de que hayan sido objeto de transferencia o transbordo. Tratándose de importaciones que se efectúen por vía marítima o aérea, el plazo se computará a partir del día en que el consignatario reciba la comunicación de que las mercancías han entrado al almacén.

Durante el plazo en el que se permita el almacenamiento gratuito de las mercancías, solamente se pagarán el servicio de manejo de las mismas y las maniobras para el reconocimiento previo.

VI. Permitir la transferencia de las mercancías de un almacén a otro, cuando se presente solicitud escrita del importador, exportador, consignatario o destinatario de las mismas, siempre que se hayan liquidado los cargos correspondientes al transportista, que aparezcan en el contrato de transporte respectivo y se acompañe la aceptación del almacén al cual vayan a ser transferidas. La transferencia se deberá realizar por el almacén que la haya aceptado.

En los casos de transferencia de mercancías a que se refiere esta fracción, cuando el almacén que permita la transferencia haya efectuado la desconsolidación de las mercancías, los cargos por desconsolidación no podrán exceder del monto de los cargos que cobre el almacén respecto de las mercancías que sean objeto de desconsolidación y que permanezcan en dicho almacén. La transferencia y la desconsolidación únicamente procederán cuando se cumpla con los requisitos y controles que para tales efectos señale el Servicio de Administración Tributaria mediante reglas. No procederá el cobro de cargos adicionales por el solo hecho de permitir la transferencia de mercancías.

VII. Pagar en las oficinas autorizadas un aprovechamiento del 5% de la totalidad de los ingresos obtenidos por la prestación de los servicios de manejo, almacenaje y custodia de las mercancías en el mes inmediato anterior, sin deducción alguna. El pago deberá efectuarse mensualmente dentro de los primeros quince días del mes siguiente a aquél al que corresponda el pago.

De los aprovechamientos determinados mensualmente, podrán disminuirse los gastos efectuados por las obras que se realicen en las oficinas administrativas de la aduana y sus instalaciones complementarias, conforme a los programas que autorice el Servicio de Administración Tributaria, sin que pueda disminuirse el impuesto al valor agregado trasladado por la realización de dichas obras. Así mismo, podrá disminuir de dicho aprovechamiento las cantidades que aporten al fideicomiso constituido para el mejoramiento de los medios de informática y de control de las autoridades aduaneras.

VIII. Guardar absoluta reserva de la información relativa a las mercancías que se encuentren en depósito ante la aduana y sólo la podrá proporcionar a las autoridades aduaneras.

(Se derogan los párrafos segundo y tercero).

Cuando las personas que presten los servicios a que se refiere este artículo, destinen total o parcialmente el almacén para uso propio, el aprovechamiento a que se refiere la fracción VII de este artículo, deberá calcularse conforme a la proporción que la parte destinada para uso propio represente respecto del volumen total susceptible de almacenaje. En este caso, para determinar la base del aprovechamiento se estimarán los ingresos considerando el volumen de las mercancías almacenadas, el periodo de almacenaje y la tarifa que corresponda al propio almacén o a uno de características similares a éste que preste servicios al público en general en el mismo recinto fiscal.

Procederá la revocación de la concesión o la cancelación de la autorización conforme al procedimiento previsto en el artículo 144-A de esta Ley, cuando se incumpla en más de dos ocasiones con alguna de las obligaciones establecidas en el primer párrafo y en las fracciones II, III, IV, V y VI de este artículo, en las fracciones VII y VIII del artículo 26 de esta Ley.

(Se deroga el último párrafo).

ARTICULO 16. La Secretaría podrá autorizar a los particulares para prestar los servicios de procesamiento electrónico de datos y servicios relacionados, necesarios para llevar a cabo el despacho aduanero; así como para las demás operaciones que la propia Secretaría decida autorizar, inclusive las relacionadas con otras contribuciones, ya sea que se causen con motivo de los trámites aduaneros o por cualquier otra causa. Los particulares que deseen obtener la autorización a que se refiere este artículo deberán cumplir con los siguientes requisitos:

I. Tener cinco años de experiencia, prestando los servicios que se vayan a autorizar.

II. Tener un capital social pagado de por lo menos $1,373,988.00.

III. Cumplir con los requisitos de procedimiento que la Secretaría establezca en la convocatoria que para estos efectos publique en el Diario Oficial de la Federación.

La propia Secretaría podrá autorizar a los particulares a prestar otros servicios que faciliten el reconocimiento aduanero de las mercancías.

La Secretaría determinará las cantidades que como contraprestación pagarán las personas que realicen las operaciones aduaneras a quienes presten estos servicios. Este pago, incluyendo el impuesto al valor agregado trasladado con motivo de la contraprestación, se acreditará contra el monto de los derechos de trámite aduanero a que se refieren los artículos 49 y 50 de la Ley Federal de Derechos y no podrá ser superior a los mencionados derechos, salvo en el caso de las contraprestaciones que se paguen con motivo del segundo reconocimiento. El acreditamiento a que se refiere este párrafo en ningún caso dará lugar a un saldo a favor acreditable contra otras operaciones, ni a devolución.

Los derechos y las contraprestaciones a que se refiere el párrafo anterior se enterarán conjuntamente ante las oficinas autorizadas. La Secretaría determinará mediante reglas el por ciento que del total corresponde a los derechos, a los particulares y el impuesto al valor agregado trasladado con motivo de la contraprestación.

ARTICULO 16-A. El Servicio de Administración Tributaria podrá otorgar autorización a las confederaciones de agentes aduanales, a las asociaciones nacionales de empresas que utilicen los servicios de apoderados aduanales, para prestar los servicios de prevalidación electrónica de datos, contenidos en los pedimentos elaborados por los agentes o apoderados aduanales, siempre que acrediten su solvencia moral y económica, así como estar al corriente en el cumplimiento de sus obligaciones fiscales, en los términos que establezca el Reglamento.

La prevalidación consiste en comprobar que los datos asentados en el pedimento, estén dentro de los criterios sintácticos, catalógicos, estructurales y normativos, conforme se establezca por el Servicio de Administración Tributaria, para ser presentados al sistema electrónico del propio Servicio.

Para obtener la autorización prevista en el primer párrafo de este artículo, los interesados deberán contar con equipo de cómputo enlazado con el del Servicio de Administración Tributaria, así como con el de los agentes o apoderados aduanales y llevar un registro simultáneo de sus operaciones. El Servicio de Administración Tributaria establecerá los lineamientos para llevar a cabo el enlace de los medios de cómputo, así como el contenido y la forma del registro citado.

Las autorizaciones se podrán otorgar hasta por un plazo de veinte años, mismo que podrá ser prorrogado por un plazo igual, previa solicitud del interesado presentada ante el Servicio de Administración Tributaria un año antes de su vencimiento, siempre que se sigan cumpliendo con los requisitos previstos para su otorgamiento y las obligaciones derivadas de la misma.

Las personas que obtengan la autorización en los términos de este artículo, estarán obligadas a pagar en las oficinas autorizadas, mensualmente, en los primeros doce días del mes siguiente a aquél al que corresponda el pago, un aprovechamiento de $125.00 por cada pedimento que prevaliden y que posteriormente sea presentado ante la autoridad aduanera para su despacho. Dicho aprovechamiento será aportado a un fideicomiso público para el programa de mejoramiento de los medios de informática y de control de las autoridades aduaneras.

ARTICULO 16-B. El Servicio de Administración Tributaria podrá otorgar autorización a los particulares, para prestar los servicios de procesamiento electrónico de datos y servicios relacionados necesarios para llevar a cabo el control de la importación temporal de remolques, semiremolques y portacontenedores.

Para obtener las autorizaciones a que se refiere el párrafo anterior, se deberá acreditar ser persona moral constituida de conformidad con las leyes mexicanas, su solvencia moral y económica, su capacidad técnica, administrativa y financiera en la prestación de los servicios de procesamiento electrónico de datos, así como la de sus accionistas y estar al corriente en sus obligaciones fiscales, para lo cual deberá anexar a su solicitud, copia de la documentación que establezca el Reglamento para acreditar que el solicitante cumple las condiciones requeridas.

Para obtener esta autorización los interesados deberán cumplir con los siguientes requisitos:

I. Utilizar los medios de control que establezca el Servicio de Administración Tributaria mediante reglas de carácter general.

II. Contar con los medios de cómputo y de transmisión de datos enlazado con el del Servicio de Administración Tributaria, así como llevar un registro simultáneo de sus operaciones. El Servicio de Administración Tributaria establecerá los lineamientos para llevar a cabo el enlace de los medios de cómputo, así como el contenido y la forma del registro citado.

Las autorizaciones previstas en este artículo, se podrán otorgar hasta por un plazo de diez años, mismo que podrá ser prorrogado por un plazo igual, previa solicitud del interesado presentada ante el Servicio de Administración Tributaria un año antes de su vencimiento, siempre que se sigan cumpliendo los requisitos previstos para su otorgamiento y las obligaciones derivadas de la misma.

Las personas que obtengan la autorización en los términos de este artículo, estarán obligadas a pagar en las oficinas autorizadas, mensualmente, en los primeros doce días del mes siguiente a aquél al que corresponda el pago, un aprovechamiento de $100.00 por la prevalidación del pedimento para la importación temporal de cada remolque, semiremolque y portacontenedor, misma que amparará su legal estancia por el plazo que establece el artículo 106, fracción I de esta Ley. El aprovechamiento será aportado a un fideicomiso público para el programa de mejoramiento de los medios de informática y de control de las autoridades aduaneras.

ARTICULO 17. - Las personas que presten sus servicios o que realicen actividades dentro de los recintos fiscales o fiscalizados deberán portar los gafetes u otros distintivos que los identifiquen, en los términos que establezca la Secretaría mediante reglas.

Sólo podrán ingresar a los recintos fiscales o fiscalizados las personas autorizadas por las autoridades aduaneras. En caso de inobservancia a lo dispuesto en este párrafo, dichas autoridades procederán a realizar los actos a que se refiere el artículo 40 del Código Fiscal de la Federación.

ARTICULO 18. Las veinticuatro horas del día y todos los días del año serán hábiles para el ejercicio de las facultades de comprobación de las autoridades aduaneras. Para los efectos del artículo 10 de esta Ley, se considerarán hábiles las horas y días que mediante reglas señale la Secretaría.

ARTICULO 19. Las autoridades aduaneras, a petición de parte interesada, podrán autorizar que los servicios a que se refiere el artículo 10 de esta Ley, así como los demás del despacho, sean prestados por el personal aduanero, en lugar distinto del autorizado o en día u hora inhábil, siempre que se cumplan los requisitos que establezca el Reglamento.

ARTICULO 20. Las empresas porteadoras, los capitanes, pilotos, conductores y propietarios de los medios de transporte de mercancías materia de importación o de exportación están obligados a:

I. Recibir la visita de inspección que las autoridades aduaneras realicen a los citados medios de transporte, con motivo de su entrada al país o de su salida o bien presentar los medios de transporte en el lugar designado por las autoridades aduaneras para realizar la visita de inspección.

II. Aplicar las medidas que las autoridades aduaneras señalen para prevenir y asegurar en los vehículos el cumplimiento de las disposiciones de esta Ley.

III. Exhibir, cuando las autoridades aduaneras lo requieran, los libros de navegación y demás documentos que amparen los vehículos y las mercancías que conduzcan.

IV. Presentar a las autoridades aduaneras las mercancías, así como los manifiestos y demás documentos que las amparen, utilizando las formas aprobadas por la Secretaría.

Las empresas de transportación marítima y aérea, deberán proporcionar la información relativa a las mercancías que transporten en medios magnéticos, en los términos que mediante reglas establezca la Secretaría.

V. Colocar en los bultos que transporten y que contengan mercancías que sean explosivas, inflamables, contaminantes, radiactivas o corrosivas, las marcas o símbolos que son obligatorios internacionalmente, cuando el documento que ampare su transporte señale que se trata de este tipo de mercancías.

VI. Evitar la venta de mercancías de procedencia extranjera en las embarcaciones o aeronaves una vez que se encuentren en el territorio nacional.

VII. Transmitir electrónicamente a las autoridades aduaneras y a los titulares de los recintos fiscalizados la información relativa a la mercancía que transportan antes de su arribo al territorio nacional, en los términos y condiciones que establezca el Servicio de

Administración Tributaria mediante reglas.

VIII. Comunicar a los consignatarios de los documentos de transporte, el arribo e ingreso de las mercancías a los recintos fiscalizados en los términos que establezca el Servicio de Administración Tributaria mediante reglas.

En el caso de tráfico marítimo los capitanes deben, además, pagar los créditos fiscales que hubiera causado la embarcación.

Las personas que presten los servicios de mantenimiento y custodia de las aeronaves que realicen el servicio de transporte aéreo internacional no regular, deberán requerir la documentación que compruebe que la aeronave recibió la visita de inspección a que se refiere la fracción I de este artículo y conservarla por un plazo de cinco años.

Antes de salir una embarcación, su capitán o agente naviero consignatario general o de buques deberá presentar a las autoridades aduaneras una relación del equipo especial a que se refiere el artículo 31 de esta Ley, la cual en caso de contener errores podrá corregirse antes de zarpar.

ARTICULO 21. Las mercancías que ingresen al territorio nacional, o que se pretendan extraer del mismo por la vía postal, quedarán confiadas al Servicio Postal Mexicano, bajo la vigilancia y control de las autoridades aduaneras.

Para los efectos de lo dispuesto en el párrafo anterior, el Servicio Postal Mexicano deberá:

I. Abrir los bultos postales procedentes del extranjero o nacionales para su exportación, en las oficinas postales de cambio en presencia de las autoridades aduaneras, conforme al procedimiento que establezca la Secretaría mediante reglas.

II. Presentar las mercancías y declaraciones correspondientes a las autoridades aduaneras para su despacho y, en su caso, clasificación arancelaria, valoración y determinación de créditos fiscales.

III. Entregar las mercancías una vez que se hayan cumplido las obligaciones en materia de regulaciones y restricciones no arancelarias y pagado los créditos fiscales, independientemente del tipo de envío postal.

IV. Recibir el pago de los créditos fiscales y demás prestaciones que se causen, tratándose de importaciones y exportaciones, y enterarlo a la Tesorería de la Federación a más tardar treinta días después de presentadas las mercancías a las autoridades aduaneras para su despacho.

V. Poner a disposición de las autoridades aduaneras las mercancías de procedencia extranjera, dentro de los diez días siguientes a la fecha en que caigan en rezago conforme a la ley de la materia. Una vez puestas a disposición de las autoridades aduaneras pasarán a ser propiedad del Fisco Federal.

VI. Proporcionar los datos y exhibir los documentos que requieran las autoridades aduaneras a efecto de ejercer sus funciones, para lo cual quedan facultadas para recabarlos del interesado, en su caso.

VII. Dar aviso a las autoridades aduaneras de los bultos y envíos postales que contengan mercancías de procedencia extranjera que ingresen al territorio nacional y de los que retornen al remitente.

ARTICULO 22. El remitente de los envíos postales que contengan mercancías para su exportación lo manifestará en las envolturas.

Igual obligación tiene el remitente de mercancías de procedencia extranjera que las envíe desde una franja o región fronteriza al resto del país.

Capítulo II
Depósito ante la aduana

ARTICULO 23. Las mercancías quedarán en depósito ante la aduana en los recintos fiscales o fiscalizados destinados a este objeto, con el propósito de destinarlas a un régimen aduanero, siempre que se trate de aduanas de tráfico marítimo o aéreo. La Secretaría, mediante reglas, podrá autorizar su depósito ante la aduana en aduanas de tráfico terrestre.

Las mercancías explosivas, inflamables, corrosivas, contaminantes o radiactivas sólo podrán descargarse o quedar en depósito ante la aduana a su ingreso al territorio nacional o para extraerse del mismo, siempre que se cumpla con los siguientes requisitos:

I. Que las mercancías cuenten con la autorización de las autoridades competentes.

II. Que el recinto cuente con lugares apropiados para su almacenaje, por sus condiciones de seguridad.

Tratándose de mercancías radiactivas y explosivas que queden en depósito ante la aduana en recintos fiscales, las autoridades aduaneras las entregarán de inmediato a las autoridades y organismos competentes en la materia, bajo cuya custodia y supervisión quedarán almacenadas, siendo responsable ante aquellas, en los términos del artículo 26 de esta Ley.

ARTICULO 24. Los pasajeros internacionales en tránsito que ingresen a territorio nacional por vía aérea o terrestre, podrán dejar sus mercancías en depósito ante la aduana, aun y cuando no se vayan a destinar a un régimen aduanero.

ARTICULO 25. Las mercancías que se encuentren en depósito ante la aduana podrán ser motivo de actos de conservación, examen y toma de muestras, siempre que no se altere o modifique su naturaleza o las bases gravables para fines aduaneros. La autoridad aduanera podrá autorizar la toma de muestras, caso en el cual se pagarán las contribuciones y cuotas compensatorias que a ellas correspondan.

Asimismo, tratándose de las mercancías a que se refiere este artículo se podrán prestar los servicios de almacenaje, análisis de laboratorio, vigilancia, etiquetado, marcado y colocación de leyendas de información comercial. Para estos efectos, las autoridades aduaneras tomarán las medidas necesarias para la salvaguarda y protección del interés fiscal y de las propias mercancías.

ARTICULO 26. Las personas que hayan obtenido concesión o autorización para almacenar mercancías en depósito ante la aduana tendrán las obligaciones que a continuación se mencionan, además de las señaladas en la concesión o autorización respectiva:

I. Recibir, almacenar y custodiar las mercancías que les envíe la aduana.

II. Permitir al personal aduanero que mediante orden escrita de autoridad competente, supervise las labores del almacén.

III. Aplicar en los almacenes las medidas que las autoridades aduaneras señalen para prevenir y asegurar el cumplimiento de las disposiciones de esta Ley.

IV. Mantener los instrumentos de seguridad puestos por las autoridades aduaneras en departamentos del almacén o en los bultos almacenados.

V. Devolver los contenedores, en los que se encontraban mercancías que hubieran causado abandono a favor del Fisco Federal, a sus propietarios o arrendatarios sin que pueda exigirse pago alguno por concepto de almacenaje de dichos contenedores.

VI. Entregar las mercancías embargadas o que hayan pasado a ser propiedad del Fisco Federal y que se encuentren bajo su custodia, previa autorización de la autoridad o a solicitud de la misma, respectivamente.

VII. Entregar las mercancías que tengan almacenadas previa verificación de la autenticidad de los datos asentados en los pedimentos que les sean presentados para su retiro, así como del pago consignado en los mismos. Tratándose de operaciones amparadas en pedimentos consolidados, la verificación de los datos se realizará a la factura que se presente para su retiro.

VIII. Dar aviso de inmediato a las autoridades aduaneras, cuando de la verificación de los datos asentados en los pedimentos o en las facturas a que se refiere la fracción anterior, detecten que el pago no fue efectuado o que los datos no coinciden. En este caso retendrán el pedimento y los documentos que les hubieren sido presentados para retirar la mercancía.

ARTICULO 27. Si las mercancías en depósito ante la aduana se destruyen por accidente, la obligación fiscal se extinguirá, salvo que los interesados destinen los restos a algún régimen aduanero.

ARTICULO 28. El Fisco Federal responderá por el valor de las mercancías que, depositadas en los recintos fiscales y bajo la custodia de las autoridades aduaneras, se extravíen, destruyan o queden inutilizables por causas imputables a las autoridades aduaneras, así como por los créditos fiscales pagados en relación con las mismas. El personal aduanero encargado del manejo y custodia de las mercancías será responsable por los mismos conceptos, ante el Fisco Federal.

El propietario de las mercancías extraviadas en un recinto fiscal, podrá solicitar a la Secretaría, dentro del plazo de dos años, el pago del valor que tenían las mismas al momento de su depósito ante la aduana. Para tal efecto, acreditará que al momento del extravío dichas mercancías se encontraban en el recinto fiscal y bajo custodia de las autoridades aduaneras, así como el importe de su valor. De ser procedente la solicitud, el Fisco Federal pagará el valor de las mercancías extraviadas.

Las personas que hayan obtenido concesión o autorización para prestar los servicios de manejo, almacenaje y custodia de mercancías, responderán directamente ante el Fisco Federal por el importe de los créditos fiscales que corresponda pagar por las mercancías extraviadas y ante los interesados por el valor que tenían dichas mercancías al momento de su depósito ante la aduana. Asimismo, responderán directamente ante el Fisco Federal por el importe de los créditos fiscales que corresponda pagar por las mercancías que hubiesen entregado sin cumplir con los requisitos que establece la Ley o cuando incurran en infracciones o delitos relacionados con la introducción, extracción, manejo, almacenaje o custodia de mercancías de comercio exterior, así como por el valor de dichas mercancías, tratándose de mercancías embargadas o que hubieran causado abandono.

Se considera que una mercancía se ha extraviado, cuando transcurridos tres días a partir de la fecha en que se haya pedido para examen, entrega, reconocimiento o cualquier otro propósito, no sea presentada por el personal encargado de su custodia.

Cuando el extravío se origine por caso fortuito o fuerza mayor el Fisco Federal y sus empleados no serán responsables.

ARTICULO 29. Causarán abandono en favor del Fisco Federal las mercancías que se encuentren en depósito ante la aduana, en los siguientes casos:

I. Expresamente, cuando los interesados así lo manifiesten por escrito.

Ⅱ. Tácitamente, cuando no sean retiradas dentro de los plazos que a continuación se indican:

a) Tres meses, tratándose de la exportación.

b) Tres días, tratándose de mercancías explosivas, inflamables, contaminantes, radiactivas o corrosivas, así como de mercancías perecederas o de fácil descomposición y de animales vivos.

Los plazos a que se refiere este inciso, serán de hasta 45 días, en aquellos casos en que se cuente con instalaciones para el mantenimiento y conservación de las mercancías que se trate.

c) Dos meses, en los demás casos.

También causarán abandono en favor del Fisco Federal las mercancías que hayan sido embargadas por las autoridades aduaneras con motivo de la tramitación de un procedimiento administrativo o judicial o cuando habiendo sido vendidas o rematadas no se retiren del recinto fiscal o fiscalizado. En estos casos causarán abandono en dos meses contados a partir de la fecha en que queden a disposición de los interesados.

Se entenderá que las mercancías se encuentran a disposición del interesado a partir del día siguiente a aquel en que se notifique la resolución correspondiente.

No causarán abandono las mercancías de la Administración Pública Federal centralizada y de los Poderes Legislativo y Judicial Federales.

ARTICULO 30. Los plazos a que se refiere la fracción II del artículo 29 de esta Ley, se computarán a partir del día siguiente a aquel en que las mercancías ingresen al almacén en el que queden en depósito ante la aduana, salvo en los siguientes casos:

Ⅰ. Tratándose de operaciones que se realicen en tráfico marítimo, el plazo se computará a partir del día siguiente a aquel en que se hubiera terminado la descarga del buque.

Ⅱ. Tratándose de mercancías pertenecientes a las embajadas y consulados extranjeros, a organismos internacionales de los que México sea miembro, y de equipajes y menajes de casa de los funcionarios y empleados de las referidas representaciones y organismos, los plazos de abandono se iniciarán tres meses después de que las mercancías hayan ingresado a depósito ante la aduana.

ARTICULO 31. El equipo especial que las embarcaciones utilicen para facilitar las maniobras de carga, descarga y que dejen en tierra, causará abandono tres meses después del día siguiente a aquel en que dichas embarcaciones hayan salido del puerto.

Durante ese lapso este equipo podrá permanecer en el puerto sin el pago de los impuestos al comercio exterior y utilizarse por otras embarcaciones de la empresa porteadora que lo haya dejado en el puerto.

ARTICULO 32. Cuando hubiera transcurrido el plazo a que se refiere el artículo 29 de esta Ley, las autoridades aduaneras notificarán personalmente o por correo certificado con acuse de recibo a los propietarios o consignatarios de las mercancías, en el domicilio que aparezca en el documento de transporte o en la factura comercial, que ha transcurrido el plazo de abandono y que cuentan con quince días para retirar las mercancías, previa la comprobación del cumplimiento de las obligaciones en materia de regulaciones y restricciones no arancelarias, así como del pago de los créditos fiscales causados y que, de no hacerlo, se entenderá que han pasado a ser propiedad del Fisco Federal. En los casos en que no se hubiera señalado domicilio o el señalado no corresponda a la persona, la notificación se efectuará por estrados en la aduana.

Tratándose de mercancías explosivas, inflamables, contaminantes o corrosivas, así como de mercancías perecederas o de fácil descomposición y de animales vivos, el plazo para retirar las mercancías a que se refiere el párrafo anterior será de tres días.

Una vez que la Secretaría determine el destino de las mercancías que hubieran pasado a propiedad del Fisco Federal de conformidad con lo establecido en el artículo 145 de esta Ley, las personas que presten los servicios señalados en el artículo 14 de la propia Ley, deberán vender, donar o destruir aquellas mercancías de las cuales no disponga dicha dependencia, para lo cual se deberá cumplir con el procedimiento que la Secretaría establezca mediante reglas. El costo de la venta o destrucción será a cargo de las personas que las lleven a cabo.

El adquirente de dichas mercancías podrá optar por retornarlas al extranjero o destinarlas a cualquiera de los regímenes aduaneros en los términos de esta Ley, calculando la base para el pago de las contribuciones de conformidad con las disposiciones del Título Tercero, Capítulo III de esta Ley. El producto de la venta se destinará a los fondos constituidos para el mantenimiento, reparación o ampliación de las instalaciones de las aduanas a que se refiere el artículo 202 de esta Ley, así como a pagar los cargos originados por el manejo, almacenaje, custodia y gastos de venta de las mercancías en los términos que mediante reglas establezca la Secretaría.

ARTICULO 33. Los plazos de abandono se interrumpirán:

I. Por la interposición del recurso administrativo que corresponda conforme al Código Fiscal de la Federación o la presentación de la demanda en el juicio que proceda.

El recurso o la demanda sólo interrumpirán los plazos de que se trata, cuando la resolución definitiva que recaiga no confirme, en todo o en parte, la que se impugnó.

II. Por consulta entre autoridades, si de dicha consulta depende la entrega de las mercancías a los interesados.

III. Por el extravío de mercancías que se encuentren en depósito ante la aduana.

ARTICULO 34. Cuando el recinto fiscal no cuente con lugares apropiados para la conservación de mercancías perecederas o de fácil descomposición o de animales vivos, las autoridades aduaneras procederán a su venta o donación dentro del plazo de tres días, contados a partir del día siguiente al que ingresen al recinto fiscal y se indemnizará al interesado en los términos que para tal efecto establezca el Reglamento.

Capítulo III
Despacho de mercancías

ARTICULO 35. Para los efectos de esta Ley, se entiende por despacho el conjunto de actos y formalidades relativos a la entrada de mercancías al territorio nacional y a su salida del mismo, que de acuerdo con los diferentes tráficos y regímenes aduaneros establecidos en el presente ordenamiento, deben realizar en la aduana las autoridades aduaneras y los consignatarios, destinatarios, propietarios, poseedores o tenedores en las importaciones y los remitentes en las exportaciones, así como los agentes o apoderados aduanales.

ARTICULO 36. Quienes importen o exporten mercancías están obligados a presentar ante la aduana, por conducto de agente o apoderado aduanal, un pedimento en la forma oficial aprobada por la Secretaría. En los casos de las mercancías sujetas a regulaciones y restricciones no arancelarias cuyo cumplimiento se demuestre a través de medios electrónicos, el pedimento deberá incluir la firma electrónica que demuestre el descargo total o parcial de esas regulaciones o restricciones. Dicho pedimento se deberá acompañar de:

I. En importación:

a) La factura comercial que reúna los requisitos y datos que mediante reglas establezca la Secretaría, cuando el valor en aduana de las mercancías se determine conforme al valor de transacción y el valor de dichas mercancías exceda de la cantidad que establezcan dichas reglas.

b) El conocimiento de embarque en tráfico marítimo o guía en tráfico aéreo.

c) Los documentos que comprueben el cumplimiento de las regulaciones y restricciones no arancelarias a la importación, que se hubieran expedido de acuerdo con la Ley de Comercio Exterior, siempre que las mismas se publiquen en el Diario Oficial de la Federación y se identifiquen en términos de la fracción arancelaria y de la nomenclatura que les corresponda conforme a la tarifa de la Ley del Impuesto General de Importación.

d) El documento con base en el cual se determine la procedencia y el origen de las mercancías para efectos de la aplicación de preferencias arancelarias, cuotas compensatorias, cupos, marcado de país de origen y otras medidas que al efecto se establezcan, de conformidad con las disposiciones aplicables.

e) El documento en el que conste la garantía otorgada mediante depósito efectuado en la cuenta aduanera de garantía a que se refiere el artículo 84-A de esta Ley, cuando el valor declarado sea inferior al precio estimado que establezca dicha dependencia.

f) El certificado de peso o volumen expedido por la empresa certificadora autorizada por la Secretaría mediante reglas, tratándose del despacho de mercancías a granel en aduanas de tráfico marítimo, en los casos que establezca el Reglamento.

g) La información que permita la identificación, análisis y control que señale la Secretaría mediante reglas.

En el caso de mercancías susceptibles de ser identificadas individualmente, deberán indicarse los números de serie, parte, marca, modelo o, en su defecto, las especificaciones técnicas o comerciales necesarias para identificar las mercancías y distinguirlas de otras similares, cuando dichos datos existan, así como la información a que se refiere el inciso g). Esta información podrá consignarse en el pedimento, en la factura, en el documento de embarque o en relación anexa que señale el número de pedimento correspondiente, firmada por el importador, agente o apoderado aduanal. No obstante lo anterior, las maquiladoras o las empresas con programas de exportación autorizados por la Secretaría de Economía, no estarán obligadas a identificar las mercancías cuando realicen importaciones temporales, siempre que los productos importados sean componentes, insumos y artículos semiterminados, previstos en el programa que corresponda, cuando estas empresas opten por cambiar al régimen de importación definitiva deberán cumplir con la obligación de citar los números de serie de las mercancías que hubieren importado temporalmente.

Tratándose de reexpediciones se estará a lo dispuesto en el artículo 39 de esta Ley.

Ⅱ. En exportación:

a) La factura o, en su caso, cualquier documento que exprese el valor comercial de las mercancías.

b) Los documentos que comprueben el cumplimiento de regulaciones y restricciones no arancelarias a la exportación, que se hubieran expedido de acuerdo con la Ley de Comercio Exterior, siempre que las mismas se publiquen en el Diario Oficial de la Federación y se identifiquen en términos de la fracción arancelaria y de la nomenclatura que les corresponda conforme a la tarifa de la Ley del Impuesto General de Exportación.

Para los efectos de las fracciones I y II de este artículo, el Servicio de Administración Tributaria podrá requerir que al pedimento o factura, tratándose de pedimentos consolidados, se acompañe la documentación aduanera que se requiera de conformidad con los acuerdos internacionales suscritos por México.

En el caso de exportación de mercancías que hubieran sido importadas en los términos del artículo 86 de esta Ley, así como de las mercancías que hubieran sido importadas temporalmente y que retornen en el mismo estado, susceptibles de ser identificadas individualmente, deberán indicarse los números de serie, parte, marca, modelo o, en su defecto, las especificaciones técnicas o comerciales necesarias para identificar las mercancías y distinguirlas de otras similares, cuando dichos datos existan. Esta información podrá consignarse en el pedimento, en la factura, o en relación anexa que señale el número de pedimento correspondiente, firmada por el exportador, agente o apoderado aduanal.

No se exigirá la presentación de facturas comerciales en las importaciones y exportaciones efectuadas por embajadas, consulados o miembros del personal diplomático y consular extranjero, las relativas a energía eléctrica, las de petróleo crudo, gas natural y sus derivados cuando se hagan por tubería o cables, así como cuando se trate de menajes de casa.

El agente o apoderado aduanal deberá imprimir en el pedimento su código de barras o usar otros medios de control, con las características que establezca la Secretaría mediante reglas.

Para los efectos de este artículo, los documentos que deben presentarse junto con las mercancías para su despacho, para acreditar el cumplimiento de regulaciones y restricciones no arancelarias, Normas Oficiales Mexicanas y de las demás obligaciones establecidas en esta Ley para cada régimen aduanero, el Servicio de Administración Tributaria, mediante reglas de carácter general, podrá señalar las obligaciones que pueden ser cumplidas en forma electrónica o mediante su envío en forma digital.

Tratándose del cumplimiento de regulaciones y restricciones no arancelarias en materia de sanidad animal y vegetal, la misma deberá verificarse en el recinto fiscal o fiscalizado de las aduanas que señale el Servicio de Administración Tributaria mediante reglas.

ARTICULO 37. Quienes exporten mercancías podrán presentar ante la aduana, por conducto de agente o apoderado aduanal, un sólo pedimento que ampare diversas operaciones de un solo exportador, al que se denominará pedimento consolidado.

Tratándose de las maquiladoras y las empresas con programas de exportación autorizados por la Secretaría de Comercio y Fomento Industrial, también podrán optar por promover el despacho aduanero de las mercancías mediante pedimento consolidado para su importación.

Quienes ejerzan las opciones a que se refiere este artículo, deberán cumplir con los requisitos que para tal efecto establezca el Reglamento.

ARTICULO 38. El despacho de las mercancías deberá efectuarse mediante el empleo de un sistema electrónico con grabación simultánea en medios magnéticos, en los términos que el Servicio de Administración Tributaria establezca mediante reglas. Las operaciones grabadas en los medios magnéticos en los que aparezca la firma electrónica avanzada y el código de validación generado por la aduana, se considerará que fueron efectuados por el agente aduanal, por el mandatario autorizado o por el apoderado aduanal a quien corresponda dicha firma, salvo prueba en contrario.

El empleo de la firma electrónica avanzada que corresponda a cada uno de los agentes aduanales, mandatarios autorizados y apoderados aduanales, equivaldrá a la firma autógrafa de éstos.

Los agentes o apoderados aduanales deberán validar previamente los pedimentos que presenten al sistema electrónico a que se refiere el primer párrafo de este artículo, con las personas autorizadas conforme al artículo 16-A de esta Ley.

ARTICULO 39. Quienes efectúen la reexpedición de mercancías están obligados a presentar ante la aduana un pedimento en la forma oficial aprobada por la Secretaría, debiendo llevar impreso el código de barras o cualquier otro medio de control que establezca mediante reglas la citada dependencia. A dicho pedimento se deberá acompañar:

I. Copia del pedimento mediante el cual se efectuó la importación a la franja o región fronteriza, o cuando sea persona distinta del importador, factura que reúna los requisitos establecidos en el Código Fiscal de la Federación.

II. Los documentos que comprueben el cumplimiento de las regulaciones y restricciones no arancelarias aplicables al resto del territorio nacional, de conformidad con las disposiciones sobre la materia. En los casos en que el documento original obre en poder de las autoridades aduaneras, bastará con la presentación de una copia al momento de efectuar la reexpedición.

ARTICULO 40. Unicamente los agentes aduanales que actúen como consignatarios o mandatarios de un determinado importador o exportador, así como los apoderados aduanales, podrán llevar a cabo los trámites relacionados con el despacho de las mercancías de dicho importador o exportador. No será necesaria la intervención de agentes o apoderados aduanales en los casos que esta Ley lo señale expresamente.

ARTICULO 41. - Los agentes y apoderados aduanales serán representantes legales de los importadores y exportadores, en los siguientes casos:

I. Tratándose de las actuaciones que deriven del despacho aduanero de las mercancías, siempre que se celebren dentro del recinto fiscal.

II. Tratándose de las notificaciones que deriven del despacho aduanero de las mercancías.

III. Cuando se trate del acta o del escrito a que se refieren los artículos 150 y 152 de esta Ley.

Los importadores y exportadores podrán manifestar por escrito a las autoridades aduaneras que ha cesado dicha representación, siempre que la misma se presente una vez notificadas el acta o el escrito correspondiente.

Las autoridades aduaneras notificarán a los importadores y exportadores, además de al representante a que se refiere este artículo, de cualquier procedimiento que se inicie con posterioridad al despacho aduanero.

ARTICULO 42. Si quien debe formular el pedimento ignora las características de las mercancías en depósito ante la aduana, podrá examinarlas para ese efecto.

ARTICULO 43. Elaborado el pedimento y efectuado el pago de las contribuciones y cuotas compensatorias determinadas por el interesado, se presentarán las mercancías con el pedimento ante la autoridad aduanera y se activará el mecanismo de selección automatizado que determinará si debe practicarse el reconocimiento aduanero de las mismas. En caso afirmativo, la autoridad aduanera efectuará el reconocimiento ante quien presente las mercancías en el recinto fiscal. Concluido el reconocimiento, se deberá activar nuevamente el mecanismo de selección automatizado, que determinará si las mercancías se sujetarán a un segundo reconocimiento.

En las aduanas que señale la Secretaría mediante reglas, tomando en cuenta su volumen de operaciones y cuando su infraestructura lo permita, independientemente del resultado que hubiera determinado el mecanismo de selección automatizado en la primera ocasión, el interesado deberá activarlo por segunda ocasión a efecto de determinar si las mercancías estarán sujetas a reconocimiento aduanero por parte de los dictaminadores aduaneros autorizados por la Secretaría. En caso negativo, se entregarán las mercancías de inmediato.

En los casos en que con motivo del reconocimiento aduanero de las mercancías se detecten irregularidades, los agentes o apoderados aduanales podrán solicitar sea practicado el segundo reconocimiento de las mercancías, excepto cuando con motivo de la activación por segunda ocasión del mecanismo de selección automatizado el reconocimiento aduanero de las mercancías hubiera sido practicado por parte de los dictaminadores aduaneros autorizados por la Secretaría.

Si no se detectan irregularidades en el reconocimiento aduanero o segundo reconocimiento que den lugar al embargo precautorio de las mercancías, se entregarán éstas de inmediato.

En el caso de que no se hubiera presentado el documento a que se refiere el artículo 36, fracción I, inciso e) de esta Ley, las mercancías se entregarán una vez presentado el mismo.

El segundo reconocimiento así como el reconocimiento aduanero que derive de la activación por segunda ocasión del mecanismo de selección automatizado, se practicarán por los dictaminadores aduaneros autorizados por la Secretaría, quienes emitirán un dictamen aduanero que tendrá el alcance que establece el artículo 52 del Código Fiscal de la Federación.

Tratándose de la exportación de mercancías por aduanas de tráfico marítimo, no será necesario presentar las mercancías ante el mecanismo de selección automatizado, siempre que las mercancías se encuentren dentro del recinto fiscal o fiscalizado, por lo que en caso de que el mecanismo de selección automatizado determine que deba practicarse el reconocimiento aduanero, éste deberá efectuarse en el recinto correspondiente.

En los supuestos en que no se requiera pedimento para activar el mecanismo de selección automatizado, se deberán presentar ante dicho mecanismo las mercancías con la documentación correspondiente, en los términos a que se refiere este artículo.

El reconocimiento aduanero y el segundo reconocimiento no limitan las facultades de comprobación de las autoridades aduaneras, respecto de las mercancías importadas o exportadas, no siendo aplicable en estos casos el artículo 36 del Código Fiscal de la Federación. Si las autoridades omiten al momento del despacho objetar el valor de las mercancías o los documentos o informaciones que sirvan de base para determinarlo, no se entenderá que el valor declarado ha sido aceptado o que existe resolución favorable al particular.

En los casos de mercancías destinadas a la exportación, de las importaciones y exportaciones efectuadas por pasajeros y del despacho de mercancías que se efectúe por empresas autorizadas de conformidad con los acuerdos internacionales de los que México sea parte y que para estos efectos dé a conocer la Secretaría mediante reglas, así como en las aduanas que señale la Secretaría, independientemente del tipo de régimen o de mercancía, el mecanismo de selección automatizado se activará una sola vez.

ARTICULO 44. El reconocimiento aduanero y segundo reconocimiento consisten en el examen de las mercancías de importación o de exportación, así como de sus muestras, para allegarse de elementos que ayuden a precisar la veracidad de lo declarado, respecto de los siguientes conceptos:

I. Las unidades de medida señaladas en las tarifas de las leyes de los impuestos generales de importación o exportación, así como el número de piezas, volumen y otros datos que permitan cuantificar la mercancía.

II. La descripción, naturaleza, estado, origen y demás características de las mercancías.

III. Los datos que permitan la identificación de las mercancías, en su caso.

ARTICULO 45. Cuando en el reconocimiento aduanero o segundo reconocimiento se requiera efectuar la toma de muestras de mercancías estériles, radiactivas, peligrosas o cuando sean necesarias instalaciones o equipos especiales para la toma de las mismas, los importadores o exportadores las deberán tomar previamente y las entregarán al agente o apoderado aduanal quien las presentará al momento del reconocimiento aduanero o segundo reconocimiento. En todo caso se podrán tomar las muestras al momento del reconocimiento aduanero o segundo reconocimiento en los términos que establezca el Reglamento.

Los importadores o exportadores que estén inscritos en el registro para la toma de muestras de mercancías estériles, radiactivas, peligrosas, o para las que se requiera de instalaciones o equipos especiales para la toma de las mismas, no estarán obligados a presentar las muestras a que se refiere el párrafo anterior.

Las autoridades aduaneras podrán suspender hasta por seis meses la inscripción en el registro a que se refiere este artículo, cuando en el ejercicio de sus facultades de comprobación detecten irregularidades entre lo declarado y la mercancía efectivamente importada o exportada. Asimismo, dichas autoridades podrán cancelar la citada inscripción, cuando el importador o exportador hubiera sido suspendido en tres ocasiones o cuando las autoridades competentes detecten cualquier maniobra tendiente a eludir el cumplimiento de las obligaciones fiscales. En ambos casos, se determinarán los créditos fiscales omitidos y se aplicará una multa equivalente del 8% al 10% del valor comercial de las mercancías que se hubieran importado al territorio nacional o exportado del mismo, declarándolas en los mismos términos que aquella en que se detectó alguna irregularidad en lo declarado y en lo efectivamente importado o exportado, realizadas en los seis meses anteriores o en el tiempo que lleve de operación si éste es menor, sin perjuicio de las demás sanciones que resulten aplicables.

Cuando se realice la toma de muestras, se procederá a levantar el acta de muestreo correspondiente.

ARTICULO 46. Cuando las autoridades aduaneras con motivo de la revisión de documentos presentados para el despacho de las mercancías, del reconocimiento aduanero, del segundo reconocimiento o de la verificación de mercancías en transporte, tengan conocimiento de cualquier irregularidad, la misma se hará constar por escrito o en acta circunstanciada que para el efecto se levante, de conformidad con el procedimiento que corresponda, en los términos de los artículos 150 a 153 de esta Ley. El acta a que se refiere este artículo tendrá el valor que establece la fracción I del artículo 46 del Código Fiscal de la Federación, y deberá contener los hechos u omisiones observados, además de asentar las irregularidades que se observen del dictamen aduanero.

ARTICULO 47. Los importadores, exportadores y agentes o apoderados aduanales, previa a la operación de comercio exterior que pretendan realizar, podrán formular consulta ante las autoridades aduaneras, sobre la clasificación arancelaria de las mercancías objeto de la operación de comercio exterior, cuando consideren que se pueden clasificar en más de una fracción arancelaria.

Dicha consulta podrá presentarse directamente por el interesado ante las autoridades aduaneras o por las confederaciones, cámaras o asociaciones, siempre que cumplan los requisitos establecidos en el artículo 18 del Código Fiscal de la Federación, señalen la fracción arancelaria que consideren aplicable, las razones que sustenten su apreciación y la fracción o fracciones con las que exista duda y anexen, en su caso, las muestras, catálogos y demás elementos que permitan identificar la mercancía para su correcta clasificación arancelaria.

Quienes hubieran formulado consulta en los términos del párrafo anterior, podrán realizar el despacho de las mercancías materia de la consulta, por conducto de su agente o apoderado aduanal, anexando al pedimento copia de la consulta, en la que conste su recepción por parte de las autoridades aduaneras. Para ejercer esta opción se efectuará el pago de las contribuciones de conformidad con la fracción arancelaria cuya tasa sea la más alta de entre las que considere que se pueden clasificar, así como pagar las cuotas compensatorias y cumplir con las demás regulaciones y restricciones no arancelarias aplicables a las distintas fracciones arancelarias motivo de la consulta.

Si con motivo del reconocimiento aduanero o segundo reconocimiento, se detectan irregularidades en la clasificación arancelaria de la mercancía declarada en el pedimento, los funcionarios adscritos a la aduana no emitirán las resoluciones a que se refieren los artículos 152 y 153 de esta Ley, hasta en tanto no se resuelva la consulta por las autoridades aduaneras.

Cuando de la resolución que emitan las autoridades aduaneras resulten diferencias de contribuciones y cuotas compensatorias a cargo del contribuyente, éste deberá pagarlas, actualizando las contribuciones y con recargos desde la fecha en que se realizó el pago y hasta aquella en que se cubran las diferencias omitidas sin que proceda la aplicación de sanción alguna derivada por dicha omisión. Si resultan diferencias en favor del contribuyente, éste podrá rectificar el pedimento para compensarlas o solicitar su devolución.

Las personas a que se refiere el primer párrafo de este artículo, podrán presentar consulta a las autoridades aduaneras, para conocer la clasificación arancelaria de las mercancías que pretendan importar o exportar, en los términos del artículo 34 del Código Fiscal de la Federación, anexando, en su caso, las muestras, catálogos y demás elementos que permitan identificar la mercancía para su correcta clasificación arancelaria.

ARTICULO 48. Para resolver las consultas que presenten los importadores, exportadores y agentes o apoderados aduanales sobre la correcta clasificación arancelaria a que se refiere el artículo 47 de esta Ley, las autoridades aduaneras escucharán previamente la opinión del Consejo de Clasificación Arancelaria, el cual estará integrado por la autoridad aduanera y los peritos que propongan las confederaciones, cámaras y asociaciones industriales e instituciones académicas. El Servicio de Administración Tributaria establecerá mediante reglas la conformación y las normas de operación del Consejo. Los dictámenes técnicos emitidos por el Consejo y respecto de los cuales el Servicio de Administración Tributaria se apoye para emitir sus resoluciones, deberán publicarse como criterios de clasificación arancelaria dentro de los 30 días siguientes a aquel en que la autoridad hubiere emitido la resolución.

Las autoridades aduaneras podrán resolver conjuntamente las consultas formuladas cuando la descripción arancelaria de las mercancías sea la misma. En estos casos se dictará una sola resolución, la que se notificará a los interesados. Las resoluciones sobre clasificación arancelaria que emitan las autoridades aduaneras, de carácter individual o dirigida a agrupaciones, surtirán efectos con relación a las operaciones de comercio exterior que se efectúen a partir del día siguiente a aquel en que se notifique la resolución de que se trate, salvo lo dispuesto en el tercer párrafo del artículo 47 de esta Ley.

Las resoluciones deberán dictarse en un plazo que no excederá de cuatro meses contados a partir de la fecha de su recepción. Transcurrido dicho plazo sin que se notifique la resolución que corresponda, se entenderá que la fracción arancelaria señalada como aplicable por el interesado es la correcta. En caso que se requiera al promovente para que cumpla los requisitos omitidos o proporcione elementos necesarios para resolver, el término comenzará a correr desde que el requerimiento haya sido cumplido.

La Secretaría podrá demandar ante el Tribunal Federal de Justicia Fiscal y Administrativa, la nulidad de la clasificación arancelaria favorable a un particular que resulte cuando transcurra el plazo a que se refiere el párrafo anterior sin que se notifique la resolución que corresponda y dicha clasificación ilegalmente lo favorezca.

La Secretaría mediante reglas dará a conocer los criterios de clasificación arancelaria y serán publicados en el Diario Oficial de la Federación.

Cuando las autoridades aduaneras modifiquen los criterios de clasificación arancelaria, estas modificaciones no comprenderán los efectos producidos con anterioridad a la nueva resolución.

ARTICULO 49. (Se deroga).

ARTICULO 50. - Tratándose de importaciones y exportaciones de mercancías que efectúen los pasajeros y cuyo valor no exceda del que para tales efectos establezca la Secretaría mediante reglas, no será necesario utilizar los servicios de agente o apoderado aduanal.

Cuando las mercancías a que se refiere el párrafo anterior estén sujetas a regulaciones y restricciones no arancelarias, tampoco será necesario utilizar los servicios de agente o apoderado aduanal en los casos que señale la Secretaría mediante reglas.

Los pasajeros están obligados a declarar si traen consigo mercancías distintas de su equipaje. Una vez presentada la declaración y efectuado el pago de las contribuciones determinadas conforme al procedimiento simplificado a que se refiere el artículo 88 de esta Ley, los pasajeros podrán optar por lo siguiente:

I. Solicitar que la autoridad aduanera practique el reconocimiento de las mercancías.

II. Activar el mecanismo de selección automatizado que determine si el reconocimiento a que se refiere la fracción anterior debe practicarse.

Las empresas que presten el servicio internacional de transporte de pasajeros tendrán la obligación de proporcionarles la forma oficial de declaración señalada en este artículo.

Título Tercero
Contribuciones, cuotas compensatorias y demás regulaciones y restricciones no arancelarias al comercio exterior

Capítulo I
Hechos gravados, contribuyentes y responsables

ARTICULO 51. Se causarán los siguientes impuestos al comercio exterior:

I. General de importación, conforme a la tarifa de la ley respectiva.

II. General de exportación, conforme a la tarifa de la ley respectiva.

ARTICULO 52. - Están obligadas al pago de los impuestos al comercio exterior las personas físicas y morales que introduzcan mercancías al territorio nacional o las extraigan del mismo, incluyendo las que estén bajo algún programa de devolución o diferimiento de aranceles, en los casos previstos en los artículos 63-A, 108, fracción III y 110 de esta Ley.

La Federación, Distrito Federal, estados, municipios, entidades de la administración pública paraestatal, instituciones de beneficencia privada y sociedades cooperativas, deberán pagar los impuestos al comercio exterior no obstante que conforme a otras leyes o decretos no causen impuestos federales o estén exentos de ellos.

Las personas y entidades a que se refieren los dos párrafos anteriores también estarán obligadas a pagar las cuotas compensatorias.

Se presume, salvo prueba en contrario, que la entrada al territorio nacional o la salida del mismo de mercancías, se realiza por:

I. El propietario o el tenedor de las mercancías.

II. El remitente en exportación o el destinatario en importación.

III. El mandante, por los actos que haya autorizado.

(Se deroga el último párrafo).

ARTICULO 53. Son responsables solidarios del pago de los impuestos al comercio exterior y de las demás contribuciones, así como de las cuotas compensatorias que se causen con motivo de la introducción de mercancías al territorio nacional o de su extracción del mismo, sin perjuicio de lo establecido por el Código Fiscal de la Federación:

I. Los mandatarios, por los actos que personalmente realicen conforme al mandato.

II. Los agentes aduanales y sus mandatarios autorizados, por los que se originen con motivo de las importaciones o exportaciones en cuyo despacho aduanero intervengan personalmente o por conducto de sus empleados autorizados.

III. Los propietarios y empresarios de medios de transporte, los pilotos, capitanes y en general los conductores de los mismos, por los que causen las mercancías que transporten, cuando dichas personas no cumplan las obligaciones que les imponen las leyes a que se refiere el artículo 1o. de esta Ley, o sus reglamentos. En los casos de tránsito de mercancías, los propietarios y empresarios de medios de transporte público únicamente serán responsables cuando no cuenten con la documentación que acredite la legal estancia en el país de las mercancías que transporten.

IV. Los remitentes de mercancías de la franja o región fronteriza al resto del país, por las diferencias de contribuciones que se deban pagar por este motivo.

V. Los que enajenen las mercancías materia de importación o exportación, en los casos de subrogación establecidos por esta Ley, por los causados por las citadas mercancías.

VI. Los almacenes generales de depósito o el titular del local destinado a exposiciones internacionales por las mercancías no arribadas o por las mercancías faltantes o sobrantes, cuando no presenten los avisos a que se refiere el penúltimo párrafo del artículo 119 de esta Ley.

VII. Las personas que hayan obtenido concesión o autorización para prestar los servicios de manejo, almacenaje y custodia de las mercancías de comercio exterior, cuando no cumplan con las obligaciones señaladas en las fracciones VII y VIII del artículo 26 de esta Ley.

La responsabilidad solidaria comprenderá los accesorios, con excepción de las multas.

ARTICULO 54. El agente aduanal será responsable de la veracidad y exactitud de los datos e información suministrados, de la determinación del régimen aduanero de las mercancías y de su correcta clasificación arancelaria, así como de asegurarse que el importador o exportador cuenta con los documentos que acrediten el cumplimiento de las demás obligaciones que en materia de regulaciones y restricciones no arancelarias rijan para dichas mercancías, de conformidad con lo previsto por esta Ley y por las demás leyes y disposiciones aplicables.

El agente aduanal no será responsable en los siguientes casos:

I. Por el pago de las diferencias de contribuciones, cuotas compensatorias, multas y recargos que se determinen, así como por el incumplimiento de regulaciones y restricciones no arancelarias, si éstos provienen de la inexactitud o falsedad de los datos y documentos que el contribuyente le hubiera proporcionado al citado agente aduanal, siempre que este último no hubiera podido conocer dicha inexactitud o falsedad al examinar las mercancías, por no ser apreciable a la vista y por requerir para su identificación de análisis químico, o de análisis de laboratorio tratándose de las mercancías que mediante reglas establezca la Secretaría.

II. De las contribuciones y, en su caso, cuotas compensatorias omitidas por la diferencia. Entre el valor declarado y el valor en aduana determinado por la autoridad, cuando se dé alguno de los siguientes supuestos:

a) Cuando el valor declarado en el pedimento sea inferior al valor de transacción de mercancías idénticas o similares determinado conforme a los artículos 72 y 73 de esta Ley, en menos de 40%.

b) Cuando las mercancías se encuentren sujetas a precios estimados por la Secretaría, siempre que el valor declarado sea igual o mayor al precio estimado o se haya otorgado la garantía a que se refiere el artículo 86-A, fracción I, de esta Ley.

III. De las contribuciones omitidas que se deriven de la aplicación de un arancel preferencial cuando de conformidad con algún tratado o acuerdo internacional del que México sea parte, se requiera de un certificado de origen para gozar de trato arancelario preferencial, siempre que conserve copia del certificado de origen que ampare las mercancías y se asegure que el certificado se encuentra en el formato oficial aprobado para tales efectos, que ha sido llenado en su totalidad conforme a su instructivo y que se encuentra vigente a la fecha de la importación.

IV. De las cuotas compensatorias omitidas cuando se importen mercancías idénticas o similares a aquellas que se encuentren sujetas a dichas cuotas, siempre que conserve copia del certificado de país de origen válido, expedido de conformidad con las disposiciones aplicables y cumpla con lo que establezca el Reglamento.

Las excluyentes de responsabilidad señaladas en este artículo, no serán aplicables cuando el agente aduanal utilice un Registro Federal de Contribuyentes de un importador que no le hubiera encargado el despacho de las mercancías.

ARTICULO 55. En los casos de subrogación autorizados por esta Ley, el adquirente de las mercancías asume las obligaciones derivadas de la importación o exportación establecidas en las leyes y el enajenante tendrá el carácter de responsable solidario.

ARTICULO 56. Las cuotas, bases gravables, tipos de cambio de moneda, cuotas compensatorias, demás regulaciones y restricciones no arancelarias, precios estimados y prohibiciones aplicables, serán los que rijan en las siguientes fechas:

Ⅰ. En importación temporal o definitiva; depósito fiscal; y elaboración, transformación o reparación en recinto fiscalizado:

a) La de fondeo, y cuando éste no se realice, la de amarre o atraque de la embarcación que transporte las mercancías al puerto al que vengan destinadas.

b) En la que las mercancías crucen la línea divisoria internacional.

c) La de arribo de la aeronave que las transporte, al primer aeropuerto nacional.

d) En vía postal, en las señaladas en los incisos anteriores, según que las mercancías hayan entrado al país por los litorales, fronteras o por aire.

e) En la que las mercancías pasen a ser propiedad del Fisco Federal, en los casos de abandono.

Cuando el Servicio de Administración Tributaria autorice instalaciones especiales para llevar a cabo operaciones adicionales al manejo, almacenaje y custodia de mercancías de comercio exterior en recintos fiscalizados, la fecha a que se refiere esta fracción será en la que las mercancías se presenten ante las autoridades aduaneras para su despacho, excepto tratándose de las regulaciones y restricciones no arancelarias expedidas en materia de sanidad animal y vegetal, salud pública, medio ambiente y seguridad nacional, en cuyo caso serán aplicables las que rijan en la fecha que corresponda conforme a los incisos anteriores.

Ⅱ. En exportación, la de presentación de las mercancías ante las autoridades aduaneras.

Ⅲ. En la que las mercancías entren o salgan del país por medio de tuberías o cables, o en la que se practique la lectura de los medidores si éstos no cuentan con indicador de fecha.

Ⅳ. En los casos de infracción:

a) En la de comisión de la infracción.

b) En la del embargo precautorio de las mercancías, cuando no pueda determinarse la de comisión.

c) En la que sea descubierta, cuando las mercancías no sean embargadas precautoriamente ni se pueda determinar la de comisión.

ARTICULO 57. Se presume realizada la exportación de mercancías procedentes del mar territorial o de la zona económica exclusiva adyacente al mismo, en el momento en que sean descubiertas, si fueron extraídas o capturadas sin las concesiones, permisos o autorizaciones de explotación correspondientes.

ARTICULO 58. - Para la reexpedición de mercancías de procedencia extranjera de la franja o región fronteriza al resto del país, las contribuciones se determinarán considerando el valor en aduana de las mercancías en la fecha en que se hubieran dado los supuestos a que se refiere la fracción I del artículo 56 de esta Ley, y se actualizarán en los términos del artículo 17-A del Código Fiscal de la Federación.

Tratándose de mercancías que hayan sido objeto de procesos de elaboración o transformación en dicha franja o región, se estará a lo siguiente:

I. Cuando al producto terminado le corresponda una fracción arancelaria diferente a las mercancías de procedencia extranjera empleadas o incorporadas en los procesos de elaboración o transformación, no le será aplicable el primer párrafo de este artículo. En este caso, las contribuciones se determinarán al momento de la reexpedición, considerando únicamente el valor en aduana de las mercancías extranjeras empleadas e incorporadas, así como la clasificación arancelaria del producto terminado.

II. Cuando las mercancías incorporadas al producto terminado puedan ser identificadas, el importador podrá optar por pagar los impuestos conforme a lo dispuesto en el primer párrafo o a lo señalado por la fracción l de este artículo.

Las obligaciones en materia de regulaciones y restricciones no arancelarias, excepto tratándose de cuotas compensatorias, en los casos a que se refieren las fracciones anteriores, serán las que correspondan a la fecha de la reexpedición.

Tratándose de mercancías usadas que se reexpidan al resto del territorio nacional que hubieran sido importadas como nuevas a la franja o región fronteriza, no requerirán permiso para su reexpedición, siempre que se pueda comprobar dicha circunstancia. Lo dispuesto en este párrafo no será aplicable a la reexpedición de mercancías usadas cuya importación como nueva a la franja o región fronteriza no requiera de permiso y sí lo requiera para su importación al resto del territorio nacional.

ARTICULO 59. Quienes importen mercancías deberán cumplir, sin perjuicio de las demás obligaciones previstas por esta Ley, con las siguientes:

I . Llevar los sistemas de control de inventarios en forma automatizada, que mantengan en todo momento el registro actualizado de los datos de control de las mercancías de comercio exterior, mismos que deberán estar a disposición de la autoridad aduanera.

Quienes introduzcan mercancías bajo el régimen de importación temporal para elaboración, transformación o reparación en programas de maquila o de exportación; el régimen de depósito fiscal; o el de elaboración, transformación o reparación en recinto fiscalizado, deberán llevar el sistema de control de inventarios a que se refiere el párrafo anterior, en forma automatizada.

(Se deroga el tercer párrafo).

En caso de incumplimiento a lo dispuesto en esta fracción se presumirá que las mercancías que sean propiedad del contribuyente o que se encuentren bajo su posesión o custodia y las que sean enajenadas por el contribuyente a partir de la fecha de la importación, análogas o iguales a las importadas, son de procedencia extranjera.

II . Obtener la información, documentación y otros medios de prueba necesarios para comprobar el país de origen y de procedencia de las mercancías, para efectos de preferencias arancelarias, marcado de país de origen, aplicación de cuotas compensatorias, cupos y otras medidas que al efecto se establezcan conforme a la Ley de Comercio Exterior y tratados internacionales de los que México sea parte, y proporcionarlos a las autoridades aduaneras cuando éstas lo requieran.

III . Entregar al agente o apoderado aduanal que promueva el despacho de las mercancías, una manifestación por escrito y bajo protesta de decir verdad con los elementos que en los términos de esta Ley permitan determinar el valor en aduana de las mercancías. El importador deberá conservar copia de dicha manifestación y obtener la información, documentación y otros medios de prueba necesarios para comprobar que el valor declarado ha sido determinado de conformidad con las disposiciones aplicables de esta Ley y proporcionarlos a las autoridades aduaneras, cuando éstas lo requieran.

Tratándose de despachos en los que intervenga un agente aduanal, igualmente deberá hacer entrega a la Administración General de Aduanas, junto a la documentación que se requiera para cumplir lo dispuesto por la fracción IV del presente artículo, el documento que compruebe el encargo conferido al o los agentes aduanales para realizar sus operaciones. Dicho documento deberá ser enviado en copia al o los agentes aduanales para su correspondiente archivo, pudiendo ser expedido para una o más operaciones o por periodos determinados. En este caso, únicamente los agentes aduanales que hayan sido encomendados, podrán tener acceso electrónico al sistema de automatización aduanera integral a cargo de la autoridad, a fin de utilizar los datos dados a conocer en el padrón por los importadores, según lo establece el artículo 40 de la presente Ley. En caso de que el agente aduanal no haya sido encomendado por un importador, pero actué como consignatario en una operación, no se observará lo dispuesto en el párrafo anterior, para lo cual se faculta al Administrador de la Aduana, por la que se pretenda despachar dicha mercancía, para que bajo su estricta responsabilidad directa autorice la operación.

El importador quedará exceptuado de la obligación a que se refiere el párrafo anterior, siempre y cuando adopte los medios electrónicos de seguridad para encomendar las operaciones de comercio exterior al agente aduanal que mediante reglas señale la Secretaría.

IV. Estar inscritos en el Padrón de Importadores y, en su caso, en el Padrón de Importadores de Sectores Específicos que están a cargo del Servicio de Administración Tributaria, para lo cual deberán encontrarse al corriente en el cumplimiento de sus obligaciones fiscales, así como acreditar ante las autoridades aduaneras que se encuentran inscritos en el Registro Federal de Contribuyentes y cumplir con los demás requisitos que establezca el Reglamento y los que establezca el Servicio de Administración Tributaria mediante reglas.

Lo dispuesto en este artículo no será aplicable a las importaciones efectuadas por pasajeros, por empresas de mensajería y paquetería y por vía postal, cuando se efectúe el despacho de las mismas conforme al procedimiento que se establece en el artículo 88 de esta Ley.

CAPITULO II
Afectación de mercancías y exenciones

SECCION PRIMERA
Afectación de las mercancías

ARTICULO 60. Las mercancías están afectas directa y preferentemente al cumplimiento de las obligaciones y créditos fiscales generados por su entrada o salida del territorio nacional.

En los casos previstos por esta Ley, las autoridades aduaneras procederán a retenerlas o embargarlas, en tanto se comprueba que han sido satisfechas dichas obligaciones y créditos.

Los medios de transporte quedan afectos al pago de las contribuciones causadas por la entrada o salida del territorio nacional, y de las cuotas compensatorias causadas por la entrada a territorio nacional, de las mercancías que transporten, si sus propietarios, empresarios o conductores no dan cumplimiento a las disposiciones mencionadas en el artículo 1o. de esta Ley.

SECCION SEGUNDA
Exenciones

ARTICULO 61. No se pagarán los impuestos al comercio exterior por la entrada al territorio nacional o la salida del mismo de las siguientes mercancías:

I. Las exentas conforme a las leyes de los impuestos generales de importación y de exportación y a los tratados internacionales, así como las mercancías que se importen con objeto de destinarlas a finalidades de defensa nacional o seguridad pública.

II. Los metales, aleaciones, monedas y las demás materias primas que se requieran para el ejercicio por las autoridades competentes, de las facultades constitucionales de emisión de monedas y billetes.

III. Los vehículos destinados a servicios internacionales para el transporte de carga o de personas, así como sus equipos propios e indispensables.

No quedan comprendidos en el párrafo anterior los vehículos que en el propio territorio nacional sean objeto de explotación comercial, los que se adquieran para usarse o consumirse en el país, ni los que se destinen a consumo o uso en el extranjero.

El Reglamento establecerá los requisitos que deberán cumplirse, así como el periodo y la distancia máxima en que podrán internarse dentro de la franja o región fronteriza, los vehículos a que se refiere esta fracción.

IV. Las nacionales que sean indispensables, a juicio de las autoridades aduaneras, para el abastecimiento de los medios de transporte que efectúen servicios internacionales, así como las de rancho para tripulantes y pasajeros, excepto los combustibles que tomen las embarcaciones de matrícula extranjera.

V. Las destinadas al mantenimiento de las aeronaves de las empresas nacionales de aviación que presten servicios internacionales y estén constituidas conforme a las leyes respectivas.

VI. Los equipajes de pasajeros en viajes internacionales.

VII. Los menajes de casa pertenecientes a inmigrantes y a nacionales repatriados o deportados, que los mismos hayan usado durante su residencia en el extranjero, así como los instrumentos científicos y las herramientas cuando sean de profesionales y las herramientas de obreros y artesanos, siempre que se cumpla con los plazos y las formalidades que señale el Reglamento. No quedan comprendidas en la presente exención las mercancías que los interesados hayan tenido en el extranjero para actividades comerciales o industriales, ni los vehículos.

VIII. Las que importen los habitantes de la franja fronteriza para su consumo, siempre que sean de la clase, valor y cantidad que establezca la Secretaría mediante reglas.

IX. Las que sean donadas para ser destinadas a fines culturales, de enseñanza, de investigación, de salud pública o de servicio social, que importen organismos públicos, así como personas morales no contribuyentes autorizadas para recibir donativos deducibles en el impuesto sobre la renta, siempre que cumplan con los siguientes requisitos:

a) Que formen parte de su patrimonio.

b) Que el donante sea extranjero.

c) Que cuenten con autorización de la Secretaría.

d) Que, en su caso, se cumpla con las demás obligaciones en materia de regulaciones y restricciones no arancelarias.

X. El material didáctico que reciban estudiantes inscritos en planteles del extranjero, exceptuando aparatos y equipos de cualquiera clase, ya sean armados o desarmados.

XI. Las remitidas por Jefes de Estado o gobiernos extranjeros a la Federación, estados y municipios, así como a establecimientos de beneficencia o de educación.

XII. Los artículos de uso personal de extranjeros fallecidos en el país y de mexicanos cuyo deceso haya ocurrido en el extranjero.

XIII. Las obras de arte destinadas a formar parte de las colecciones permanentes de los museos abiertos al público, siempre que obtengan autorización de la Secretaría.

XIV. Las destinadas a instituciones de salud pública, a excepción de los vehículos, siempre que únicamente se puedan usar para este fin, así como las destinadas a personas morales no contribuyentes autorizadas para recibir donativos deducibles en el impuesto sobre la renta. En estos casos deberán formar parte de su patrimonio y cumplir con las demás obligaciones en materia de regulaciones y restricciones no arancelarias. La Secretaría, previa opinión de la Secretaría de Comercio y Fomento Industrial, señalará las fracciones arancelarias que reúnan los requisitos a que se refiere esta fracción.

XV. Los vehículos especiales o adaptados y las demás mercancías que importen las personas con discapacidad que sean para su uso personal, así como aquellas que importen las personas morales no contribuyentes autorizadas para recibir donativos deducibles en el impuesto sobre la renta que tengan como actividad la atención de dichas personas, siempre que se trate de mercancías que por sus características suplan o disminuyan su discapacidad; permitan a dichas personas su desarrollo físico, educativo, profesional o social; se utilicen exclusiva y permanentemente por las mismas para esos fines, y cuenten con la autorización de la Secretaría.

Para los efectos de lo dispuesto en esta fracción, se considerará como persona con discapacidad la que debido a la pérdida o anormalidad de una estructura o función psicológica, fisiológica o anatómica, sufre la restricción o ausencia de la capacidad de realizar una actividad en la forma o dentro del margen que se considera normal para un ser humano, y acredite dicha circunstancia con una constancia expedida por alguna institución de salud con autorización oficial.

Tratándose de vehículos especiales o adaptados, las personas con discapacidad podrán importar sólo un vehículo para su uso personal cada cuatro años. Las personas morales a que se refiere el primer párrafo de esta fracción podrán importar hasta tres vehículos cada cuatro años. En ambos casos, el importador no podrá enajenar dichos vehículos sino después de cuatro años de haberlos importado.

XVI. - La maquinaria y equipo obsoleto que tenga una antigüedad mínima de tres años contados a partir de la fecha en que se realizó la importación temporal, así como los desperdicios, siempre que sean donados por las empresas maquiladoras o con programas de exportación autorizados por la Secretaría de Comercio y Fomento Industrial a organismos públicos o a personas morales no contribuyentes autorizadas para recibir donativos deducibles para efectos del impuesto sobre la renta. Además, las donatarias deberán contar con autorización de la Secretaría y, en su caso, cumplir con las regulaciones y restricciones no arancelarias.

XVII. Las donadas al Fisco Federal con el propósito de que sean destinadas al Distrito Federal, estados, municipios, o personas morales con fines no lucrativos autorizadas para recibir donativos deducibles en los términos de la Ley del Impuesto sobre la Renta, que en su caso expresamente señale el donante, para la atención de requerimientos básicos de subsistencia en materia de alimentación, vestido, vivienda, educación, y protección civil o de salud de las personas, sectores o regiones de escasos recursos.

En los casos en que las mercancías sean donadas al Fisco Federal, no se requerirá de la utilización de los servicios de agente o apoderado aduanal, debiendo utilizarse únicamente la forma que para esos efectos dé a conocer el Servicio de Administración Tributaria.

Si la importación de las mercancías de que se trate, requiere del cumplimiento de regulaciones o restricciones no arancelarias, o de normas oficiales mexicanas, las autoridades aduaneras de inmediato lo harán del conocimiento de la dependencia competente, quien contará con un plazo de tres días para determinar si las exime de su cumplimiento. Transcurrido dicho plazo sin que se comunique la resolución correspondiente, se entenderá que dicha dependencia resolvió positivamente y las autoridades aduaneras pondrán las mercancías a disposición del interesado, en la aduana correspondiente.

Para los efectos de las fracciones XV, tratándose de vehículos especialmente adaptados para personas con discapacidad, así como la de la XVII, tratándose de los donativos en materia de alimentación y vestido en caso de desastre natural o condiciones de extrema pobreza, únicamente podrán ser realizados en términos de las reglas de carácter general que al efecto emita el Servicio de Administración Tributaria.

ARTICULO 62. - Tratándose de importación de vehículos, sin perjuicio de lo establecido en los artículos 137 bis 1 al 137 bis 9, la Secretaría podrá:

I. Autorizar, en los casos en que exista reciprocidad, la importación en franquicia cuando pertenezcan a:

a) Gobiernos extranjeros, con los que el Gobierno Mexicano tenga relaciones diplomáticas.

b) Embajadores extranjeros acreditados en el país.

c) Miembros del personal diplomático y consular extranjero, que no sean nacionales.

También podrá autorizarse la importación en franquicia a funcionarios y empleados del servicio exterior mexicano que hayan permanecido en el extranjero cuando menos dos años continuos en el desempeño de comisión oficial, de un vehículo de su propiedad que hayan usado durante su residencia en el extranjero, siempre que se cumpla con los requisitos y condiciones que señale la Secretaría mediante reglas. Quedan comprendidos en lo previsto en este supuesto, los funcionarios mexicanos acreditados ante los organismos internacionales en los que el Gobierno Mexicano participe.

II. Determinar, previo acuerdo con otras autoridades competentes, mediante reglas que al efecto expida:

a) La naturaleza, cantidad y categoría de los vehículos que puedan importarse en franquicia, así como los requisitos necesarios para su enajenación libre del impuesto general de importación cuando hayan transcurrido los plazos correspondientes.

b) Los requisitos para la importación de vehículos en franquicia, destinados a permanecer definitivamente en la franja o región fronteriza.

En los casos a que se refiere este inciso, la propia Secretaría podrá autorizar la internación temporal del vehículo de que se trate al resto del país, por un plazo máximo hasta de 180 días naturales con entradas y salidas múltiples, dentro de un periodo de doce meses, contados a partir de la primera internación temporal, siempre que se cumplan los requisitos que establece el reglamento. Los vehículos internados temporalmente no podrán prestar el servicio de autotransporte de carga, pasajeros o turismo y deberán ser conducidos en territorio nacional por el propietario, su cónyuge sus hijos, padres o hermanos, o por cualquier otra persona, siempre que en este último caso el importador se encuentre en el vehículo; cuando el propietario del vehículo sea una persona moral, deberá ser conducido por una persona que tenga relación laboral con el propietario.

ARTICULO 63. Las mercancías importadas al amparo de alguna franquicia, exención o estímulo fiscal no podrán ser enajenadas ni destinadas a propósitos distintos de los que motivaron el beneficio. Su enajenación únicamente procederá cuando no se desvirtúen dichos propósitos.

Cuando proceda la enajenación de las mercancías el adquirente quedará subrogado en las obligaciones del importador.

Las autoridades aduaneras procederán al cobro del impuesto general de importación y de las cuotas compensatorias causados desde la fecha en que las mercancías fueron introducidas al territorio nacional, actualizándose el citado impuesto conforme al artículo 17-A del Código Fiscal de la Federación, cuando sean enajenadas o destinadas a finalidades diversas de las que motivaron el beneficio a que se refiere este artículo, independientemente de la imposición de las sanciones que correspondan.

SECCION TERCERA
Restricciones a la devolución o exención del impuesto general de importación, conforme a lo previsto en los Tratados de Libre Comercio

ARTICULO 63-A.- Quienes introduzcan mercancías al territorio nacional bajo un programa de diferimiento o de devolución de aranceles, estarán obligados al pago de los impuestos al comercio exterior que corresponda, de acuerdo con lo dispuesto en los Tratados de que México sea parte, en la forma que establezca la Secretaría mediante reglas.

Capítulo III
Base gravable

Sección Primera
Del impuesto general de importación

ARTICULO 64. La base gravable del impuesto general de importación es el valor en aduana de las mercancías, salvo los casos en que la ley de la materia establezca otra base gravable.

El valor en aduana de las mercancías será el valor de transacción de las mismas, salvo lo dispuesto en el artículo 71 de esta Ley.

Se entiende por valor de transacción de las mercancías a importar, el precio pagado por las mismas, siempre que concurran todas las circunstancias a que se refiere el artículo 67 de esta Ley, y que éstas se vendan para ser exportadas a territorio nacional por compra efectuada por el importador, precio que se ajustará, en su caso, en los términos de lo dispuesto en el artículo 65 de esta Ley.

Se entiende por precio pagado el pago total que por las mercancías importadas haya efectuado o vaya a efectuar el importador de manera directa o indirecta al vendedor o en beneficio de éste.

ARTICULO 65. El valor de transacción de las mercancías importadas comprenderá, además del precio pagado, el importe de los siguientes cargos:

I. Los elementos que a continuación se mencionan, en la medida en que corran a cargo del importador y no estén incluidos en el precio pagado por las mercancías:

a) Las comisiones y los gastos de corretaje, salvo las comisiones de compra.

b) El costo de los envases o embalajes que, para efectos aduaneros, se considere que forman un todo con las mercancías de que se trate.

c) Los gastos de embalaje, tanto por concepto de mano de obra como de materiales.

d) Los gastos de transporte, seguros y gastos conexos tales como manejo, carga y descarga en que se incurra con motivo del transporte de las mercancías hasta que se den los supuestos a que se refiere la fracción I del artículo 56 de esta Ley.

II. El valor, debidamente repartido, de los siguientes bienes y servicios, siempre que el importador, de manera directa o indirecta, los haya suministrado gratuitamente o a precios reducidos, para su utilización en la producción y venta para la exportación de las mercancías importadas y en la medida en que dicho valor no esté incluido en el precio pagado:

a) Los materiales, piezas y elementos, partes y artículos análogos incorporados a las mercancías importadas.

b) Las herramientas, matrices, moldes y elementos análogos utilizados para la producción de las mercancías importadas.

c) Los materiales consumidos en la producción de las mercancías importadas.

d) Los trabajos de ingeniería, creación y perfeccionamiento, trabajos artísticos, diseños, planos y croquis realizados fuera del territorio nacional que sean necesarios para la producción de las mercancías importadas.

III. Las regalías y derechos de licencia relacionados con las mercancías objeto de valoración que el importador tenga que pagar directa o indirectamente como condición de venta de dichas mercancías, en la medida en que dichas regalías y derechos no estén incluidos en el precio pagado.

IV. El valor de cualquier parte del producto de la enajenación posterior, cesión o utilización ulterior de las mercancías importadas que se reviertan directa o indirectamente al vendedor.

Para la determinación del valor de transacción de las mercancías, el precio pagado únicamente se incrementará de conformidad con lo dispuesto en este artículo, sobre la base de datos objetivos y cuantificables.

ARTICULO 66. El valor de transacción de las mercancías importadas no comprenderá los siguientes conceptos, siempre que se desglosen o especifiquen en forma separada del precio pagado:

I. Los gastos que por cuenta propia realice el importador, aun cuando se pueda estimar que benefician al vendedor, salvo aquellos respecto de los cuales deba efectuarse un ajuste conforme a lo dispuesto por el artículo 65 de esta Ley.

II. Los siguientes gastos, siempre que se distingan del precio pagado por las mercancías importadas:

a) Los gastos de construcción, instalación, armado, montaje, mantenimiento o asistencia técnica realizados después de la importación en relación con las mercancías importadas.

b) Los gastos de transporte, seguros y gastos conexos tales como manejo, carga y descarga en que se incurra con motivo del transporte de las mercancías, que se realicen con posterioridad a que se den los supuestos a que se refiere la fracción I del artículo 56 de esta Ley.

c) Las contribuciones y las cuotas compensatorias aplicables en territorio nacional, como consecuencia de la importación o enajenación de las mercancías.

III. Los pagos del importador al vendedor por dividendos y aquellos otros conceptos que no guarden relación directa con las mercancías importadas.

Para efectos de lo señalado en este artículo, se considera que se distinguen del precio pagado las cantidades que se mencionan, se detallan o especifican separadamente del precio pagado en la factura comercial o en otros documentos comerciales.

ARTICULO 67. Para los efectos de lo dispuesto por el artículo 64 de esta Ley, se considerará como valor en aduana el de transacción, siempre que concurran las siguientes circunstancias:

I. Que no existan restricciones a la enajenación o utilización de las mercancías por el importador, con excepción de las siguientes:

a) Las que impongan o exijan las disposiciones legales vigentes en territorio nacional.

b) Las que limiten el territorio geográfico en donde puedan venderse posteriormente las mercancías.

c) Las que no afecten el valor de las mercancías.

II. Que la venta para la exportación con destino al territorio nacional o el precio de las mercancías no dependan de alguna condición o contraprestación cuyo valor no pueda determinarse con relación a las mercancías a valorar.

III. Que no revierta directa ni indirectamente al vendedor parte alguna del producto de la enajenación posterior o de cualquier cesión o utilización ulterior de las mercancías efectuada por el importador, salvo en el monto en que se haya realizado el ajuste señalado en la fracción IV del artículo 65 de esta Ley.

IV. Que no exista vinculación entre el importador y el vendedor, o que en caso de que exista, la misma no haya influido en el valor de transacción.

En caso de que no se reúna alguna de las circunstancias enunciadas en las fracciones anteriores, para determinar la base gravable del impuesto general de importación, deberá estarse a lo previsto en el artículo 71 de esta Ley.

ARTICULO 68. Se considera que existe vinculación entre personas para los efectos de esta Ley, en los siguientes casos:

I. Si una de ellas ocupa cargos de dirección o responsabilidad en una empresa de la otra.

II. Si están legalmente reconocidas como asociadas en negocios.

III. Si tienen una relación de patrón y trabajador.

IV. Si una persona tiene directa o indirectamente la propiedad, el control o la posesión del 5% o más de las acciones, partes sociales, aportaciones o títulos en circulación y con derecho a voto en ambas.

V. Si una de ellas controla directa o indirectamente a la otra.

VI. Si ambas personas están controladas directa o indirectamente por una tercera persona.

VII. Si juntas controlan directa o indirectamente a una tercera persona.

VIII. Si son de la misma familia.

ARTICULO 69. En una venta entre personas vinculadas, se examinarán las circunstancias de la venta y se aceptará el valor de transacción cuando la vinculación no haya influido en el precio.

Para los efectos de este artículo, se considerará que la vinculación no ha influido en el precio, cuando se demuestre que:

I. El precio se ajustó conforme a las prácticas normales de fijación de precios seguidas por la rama de producción de que se trate o con la manera en que el vendedor ajusta los precios de venta a compradores no vinculados con él.

II. Con el precio se alcanza a recuperar todos los costos y se logra un beneficio congruente con los beneficios globales obtenidos por la empresa en un periodo representativo en las ventas de mercancías de la misma especie o clase.

ARTICULO 70. En una venta entre personas vinculadas se aceptará el valor de transacción cuando el importador demuestre que dicho valor se aproxima mucho a alguno de los valores criterio de los que a continuación se señalan, vigentes en el mismo momento o en un momento aproximado y se haya manifestado en la declaración a que se refiere el artículo 81 de esta Ley, que existe vinculación con el vendedor de las mercancías y que ésta no influyó en su precio:

I. El valor de transacción en las ventas de mercancías idénticas o similares efectuadas a importadores no vinculados con el vendedor, para ser exportadas con destino a territorio nacional.

II. El valor en aduana de mercancías idénticas o similares, determinado en los términos del artículo 74 de esta Ley.

III. El valor en aduana de mercancías idénticas o similares, determinado conforme a lo dispuesto en el artículo 77 de esta Ley.

En la aplicación de los criterios anteriores, deberán tenerse en cuenta las diferencias demostradas de nivel comercial y de cantidad, los elementos enumerados en el artículo 65 de esta Ley y los costos que soporte el vendedor en las ventas a importadores no vinculados con él, y que no soporte en las ventas a importadores con los que tiene vinculación.

La Secretaría establecerá mediante reglas, los criterios conforme a los cuales se determinará que un valor se aproxima mucho a otro.

ARTICULO 71. Cuando la base gravable del impuesto general de importación no pueda determinarse conforme al valor de transacción de las mercancías importadas en los términos del artículo 64 de esta Ley, o no derive de una compraventa para la exportación con destino a territorio nacional, se determinará conforme a los siguientes métodos, los cuales se aplicarán en orden sucesivo y por exclusión:

I. Valor de transacción de mercancías idénticas, determinado en los términos señalados en el artículo 72 de esta Ley.

II. Valor de transacción de mercancías similares, determinado conforme a lo establecido en el artículo 73 de esta Ley.

III. Valor de precio unitario de venta determinado conforme a lo establecido en el artículo 74 de esta Ley.

IV. Valor reconstruido de las mercancías importadas, determinado conforme a lo establecido en el artículo 77 de esta Ley.

V. Valor determinado conforme a lo establecido en el artículo 78 de esta Ley.

Como excepción a lo dispuesto en el primer párrafo de este artículo el orden de aplicación de los métodos para la determinación del valor en aduana de las mercancías, previstos en las fracciones III y IV de este artículo, se podrá invertir a elección del importador.

ARTICULO 72. El valor a que se refiere la fracción I del artículo 71 de esta Ley, será el valor de transacción de mercancías idénticas a las que son objeto de valoración, siempre que dichas mercancías hayan sido vendidas para la exportación con destino a territorio nacional e importadas en el mismo momento que estas últimas o en un momento aproximado, vendidas al mismo nivel comercial y en cantidades semejantes que las mercancías objeto de valoración.

Cuando no exista una venta en tales condiciones, se utilizará el valor de transacción de mercancías idénticas vendidas a un nivel comercial diferente o en cantidades diferentes, ajustado, para tener en cuenta las diferencias atribuibles al nivel comercial o a la cantidad, siempre que estos ajustes, se realicen sobre la base de datos comprobados que demuestren que son razonables y exactos, tanto si suponen un aumento, como una disminución del valor.

Si al aplicar lo dispuesto en este artículo se dispone de más de un valor de transacción de mercancías idénticas, se utilizará el valor de transacción más bajo.

Al aplicar el valor de transacción de mercancías idénticas a las que son objeto de valoración, deberá efectuarse un ajuste a dicho valor, para tener en cuenta las diferencias apreciables de los costos y gastos a que hace referencia el inciso d) de la fracción I del artículo 65 de esta Ley, entre las mercancías importadas y las mercancías idénticas consideradas, que resulten de diferencias de distancia y de forma de transporte.

Se entiende por mercancías idénticas, aquellas producidas en el mismo país que las mercancías objeto de valoración, que sean iguales en todo, incluidas sus características físicas, calidad, marca y prestigio comercial. Las pequeñas diferencias de aspecto no impedirán que se consideren como idénticas las mercancías que en todo lo demás se ajusten a lo establecido en este párrafo.

No se considerarán mercancías idénticas, las que lleven incorporados o contengan, según sea el caso, alguno de los elementos mencionados en el inciso d) de la fracción II del artículo 65 de esta Ley, por los cuales no se hayan efectuado los ajustes que se señalan, por haber sido realizados tales elementos en territorio nacional.

No se considerarán los valores de mercancías idénticas de importaciones respecto de las cuales se hayan realizado modificaciones de valor por el importador o por las autoridades aduaneras, salvo que se incluyan también dichas modificaciones.

ARTICULO 73. El valor a que se refiere la fracción II del artículo 71 de esta Ley, será el valor de transacción de mercancías similares a las que son objeto de valoración, siempre que dichas mercancías hayan sido vendidas para la exportación con destino al territorio nacional e importadas en el mismo momento que estas últimas o en un momento aproximado, vendidas al mismo nivel comercial y en cantidades semejantes que las mercancías objeto de valoración.

Cuando no exista una venta en tales condiciones, se utilizará el valor de transacción de mercancías similares vendidas a un nivel comercial diferente o en cantidades diferentes, ajustado, para tener en cuenta las diferencias atribuibles al nivel comercial o a la cantidad, siempre que estos ajustes se realicen sobre la base de datos comprobados que demuestren claramente que son razonables y exactos, tanto si suponen un aumento, como una disminución del valor.

Si al aplicar lo dispuesto en este artículo, se dispone de más de un valor de transacción de mercancías similares, se utilizará el valor de transacción más bajo.

Al aplicar el valor de transacción de mercancías similares a las que son objeto de valoración, deberá efectuarse un ajuste a dicho valor, para tener en cuenta las diferencias apreciables de los costos y gastos a que hace referencia el inciso d), fracción I del artículo 65 de esta Ley, entre las mercancías importadas y las mercancías similares consideradas, que resulten de diferencias de distancia y de forma de transporte.

Se entiende por mercancías similares, aquellas producidas en el mismo país que las mercancías objeto de valoración, que aun cuando no sean iguales en todo, tengan características y composición semejantes, lo que les permite cumplir las mismas funciones y ser comercialmente intercambiables. Para determinar si las mercancías son similares, habrá de considerarse entre otros factores, su calidad, prestigio comercial y la existencia de una marca comercial.

No se considerarán mercancías similares, las que lleven incorporados o contengan, según sea el caso, alguno de los elementos mencionados en el inciso d), fracción II del artículo 65 de esta Ley, por los cuales no se hayan efectuado los ajustes que se señalan, por haber sido realizados tales elementos en territorio nacional.

No se considerarán los valores de mercancías similares de importaciones respecto de las cuales se hayan realizado modificaciones de valor por el importador o por las autoridades aduaneras, salvo que se incluyan también dichas modificaciones.

ARTICULO 74. Se entiende por valor de precio unitario de venta, el que se determine en los siguientes términos:

I. Si las mercancías importadas sujetas a valoración, u otras mercancías importadas, idénticas o similares a ellas, se venden en territorio nacional en el mismo estado en que son importadas, el valor determinado según este artículo se basará en el precio unitario a que se venda en esas condiciones la mayor cantidad total de las mercancías importadas, o de otras mercancías importadas idénticas o similares a ellas, en el momento de la importación de las mercancías sujetas a valoración, o en un momento aproximado, a personas que no estén vinculadas con los vendedores de las mercancías, con las deducciones señaladas en el artículo 75 de esta Ley.

II. Si no se venden las mercancías importadas, ni otras mercancías importadas idénticas o similares a ellas, en el país, en el mismo estado en que son importadas, a elección del importador, el valor se podrá determinar sobre la base del precio unitario a que se venda la mayor cantidad total de las mercancías importadas, después de su transformación, a personas del territorio nacional, que no tengan vinculación con los vendedores de las mercancías, teniendo en cuenta el valor añadido en la transformación y las deducciones previstas en el artículo 75 de esta Ley, siempre que tal venta se efectúe antes de transcurridos noventa días desde la fecha de importación.

Para los efectos de este artículo, se entiende por precio unitario de venta, el precio a que se venda el mayor número de unidades en las ventas a personas que no estén vinculadas con los vendedores de las mercancías, al primer nivel comercial, después de la importación, a que se efectúen dichas ventas.

No deberá tomarse en consideración ninguna venta en territorio nacional, en la que el comprador hubiera suministrado directa o indirectamente, a título gratuito o a precio reducido, cualquier elemento de los mencionados en la fracción II del artículo 65 de esta Ley, que se hubiera utilizado en la producción de las mercancías importadas o estuviera relacionado con su venta para la exportación.

ARTICULO 75. Para los efectos del artículo 74 de esta Ley, se restarán los siguientes conceptos:

I. Las comisiones pagadas o convenidas usualmente, o los suplementos por beneficios y gastos generales directos o indirectos cobrados habitualmente, en relación con las ventas en territorio nacional, de mercancías importadas de la misma especie o clase.

II. Los gastos habituales de transporte, seguros y gastos conexos tales como manejo, carga y descarga en que se incurra con motivo del transporte de las mercancías, que se realicen con posterioridad a que se den los supuestos a que se refiere la fracción I del artículo 56 de esta Ley, no incluidos en el concepto de gastos generales de la fracción anterior.

III. Las contribuciones y cuotas compensatorias pagadas en territorio nacional, por la importación o venta de las mercancías.

ARTICULO 76. Para los efectos de los artículos 70, 72, 73, y 74 de esta Ley, la expresión momento aproximado comprende un periodo no mayor de noventa días anteriores o posteriores a la importación de las mercancías sujetas a valoración.

ARTICULO 77. Se entiende por valor reconstruido, el valor que resulte de la suma de los siguientes elementos:

I. El costo o valor de los materiales y de la fabricación u otras operaciones efectuadas para producir las mercancías importadas, determinado con base en la contabilidad comercial del productor, siempre que dicha contabilidad se mantenga conforme a los principios de contabilidad generalmente aceptados, aplicables en el país de producción.

El costo o valor a que se hace referencia en esta fracción, comprenderá lo siguiente:

a) El costo y gastos a que se refieren los incisos b) y c) de la fracción I del artículo 65 de esta Ley.

b) El valor debidamente repartido, de los bienes y servicios a que se refieren los incisos a) a c) de la fracción II, del artículo 65 de esta Ley, siempre que el importador de manera directa o indirecta los haya suministrado para su utilización en la producción de las mercancías importadas.

c) El valor debidamente repartido, de los trabajos a los que se refiere el inciso d), fracción II del artículo 65 de esta Ley, en la medida que corran a cargo del productor.

II. Una cantidad global por concepto de beneficios y gastos generales, igual a la que normalmente se adiciona tratándose de ventas de mercancías de la misma especie o clase que las mercancías sujetas a valoración, efectuadas por productores del país de exportación en operaciones de exportación a territorio nacional.

Los gastos generales a que se refiere esta fracción deberán comprender los costos directos e indirectos de producción y venta de las mercancías para la exportación, que sean distintos de los señalados en la fracción anterior.

III. Los gastos a que se hace referencia en el inciso d), fracción I del artículo 65 de esta Ley.

Para los efectos de este artículo, se entiende por mercancías de la misma especie o clase, las mercancías pertenecientes a un grupo o gama de mercancías producidas por una rama de producción determinada o por un sector de la mismas.

ARTICULO 78. Cuando el valor de las mercancías importadas no pueda determinarse con arreglo a los métodos a que se refieren los Artículos 64 y 71, fracciones I, II, III y IV, de esta Ley, dicho valor se determinará aplicando los métodos señalados en dichos artículos, en orden sucesivo y por exclusión, con mayor flexibilidad, o conforme a criterios razonables y compatibles con los principios y disposiciones legales, sobre la base de los datos disponibles en territorio nacional o la documentación comprobatoria de las operaciones realizadas en territorio extranjero.

Cuando la documentación comprobatoria del valor sea falsa o esté alterada o tratándose de mercancías usadas, la autoridad aduanera podrá rechazar el valor declarado y determinar el valor comercial de la mercancía con base en la cotización y avalúo que practique la autoridad aduanera.

Como excepción a lo dispuesto en los párrafos anteriores, tratándose de vehículos usados, para los efectos de lo dispuesto en el Artículo 64 de esta Ley, la base gravable será la cantidad que resulte de aplicar al valor de un vehículo nuevo, de características equivalentes, del año modelo que corresponda al ejercicio fiscal en el que se efectúe la importación, una disminución del 30% por el primer año inmediato anterior, sumando una disminución del 10% por cada año subsecuente, sin que en ningún caso exceda del 80%.

ARTICULO 78-A. La autoridad aduanera en la resolución definitiva que se emita en los términos de los procedimientos previstos en los artículos 150 a 153 de esta Ley, podrá rechazar el valor declarado y determinar el valor en aduana de las mercancías importadas con base en los métodos de valoración a que se refiere esta Sección, en los siguientes casos:

I. Cuando detecte que el importador ha incurrido en alguna de las siguientes irregularidades:

a) No lleve contabilidad, no conserve o no ponga a disposición de la autoridad la contabilidad o parte de ella, o la documentación que ampare las operaciones de comercio exterior.

b) Se oponga al ejercicio de las facultades de comprobación de las autoridades aduaneras.

c) Omita o altere los registros de las operaciones de comercio exterior.

d) Omita presentar la declaración del ejercicio de cualquier contribución hasta el momento en que se inicie el ejercicio de las facultades de comprobación y siempre que haya transcurrido más de un mes desde el día en que venció el plazo para la presentación de la declaración de que se trate.

e) Se adviertan otras irregularidades en su contabilidad que imposibiliten el conocimiento de sus operaciones de comercio exterior.

f) No cumpla con los requerimientos de las autoridades aduaneras para presentar la documentación e información, que acredite que el valor declarado fue determinado conforme a las disposiciones legales en el plazo otorgado en el requerimiento.

Ⅱ. Cuando la información o documentación presentada sea falsa o contenga datos falsos o inexactos o cuando se determine que el valor declarado no fue determinado de conformidad con lo dispuesto en esta Sección.

Ⅲ. En importaciones entre personas vinculadas, cuando se requiera al importador para que demuestre que la vinculación no afectó el precio y éste no demuestre dicha circunstancia.

ARTICULO 78-B. Los importadores podrán formular consulta ante las autoridades aduaneras sobre el método de valoración o los elementos para determinar el valor en aduana de las mercancías.

La consulta deberá presentarse antes de la importación de las mercancías, cumplir con los requisitos establecidos en el Código Fiscal de la Federación y contener toda la información y documentación que permita a la autoridad aduanera emitir la resolución.

Cuando no se cumpla con los requisitos mencionados o se requiera la presentación de información o documentación adicional, la autoridad podrá requerir al promovente para que en un plazo de 30 días cumpla con el requisito omitido o presente la información o documentación adicional. En caso de no cumplirse con el requerimiento en el plazo señalado, la promoción se tendrá por no presentada.

Las resoluciones deberán dictarse en un plazo no mayor a cuatro meses; transcurrido dicho plazo sin que se notifique la resolución, el interesado podrá considerar que la autoridad resolvió negativamente e interponer los medios de defensa en cualquier tiempo posterior a dicho plazo, mientras no se dicte la resolución, o esperar a que ésta se dicte. En caso de que se requiera al promovente para que cumpla los requisitos omitidos o proporcione los elementos necesarios para resolver, el término comenzará a correr desde que el requerimiento haya sido cumplido.

La resolución que se emita será aplicable a las importaciones que se efectúen con posterioridad a su notificación, durante el ejercicio fiscal de que se trate, en tanto no cambien los fundamentos de hecho y de derecho en que se haya basado, no sea revocada o modificada y siempre que la persona a la que se le haya expedido no haya manifestado falsamente u omitido hechos o circunstancias en los que se haya basado la resolución.

No obstante lo dispuesto en el párrafo anterior, el método o los elementos determinados en la resolución podrán aplicarse a las importaciones efectuadas antes de su notificación, durante el ejercicio fiscal en que se haya emitido la resolución, en los términos y condiciones que se señalen en la misma, siempre que no se hayan iniciado facultades de comprobación con relación a dichas operaciones.

ARTICULO 78-C. Los hechos que se conozcan con motivo del ejercicio de las facultades de comprobación de las autoridades aduaneras, que consten en los expedientes o documentos que lleven o tengan en su poder dichas autoridades, la información disponible en territorio nacional del valor en aduana de mercancías idénticas, similares o de la misma especie o clase, así como aquéllos proporcionados por otras autoridades, por terceros o por autoridades extranjeras, podrán servir para motivar las resoluciones en las que se determine el valor en aduana de las mercancías importadas, así como para proceder al embargo precautorio de las mercancías en los términos del artículo 151 fracción VII de esta Ley.

La información relativa a la identidad de terceros que importen o hayan importado mercancías idénticas, similares o de la misma especie o clase, cuyo valor en aduana se utilice para determinar el valor de las mercancías objeto de resolución, así como la información confidencial de dichas importaciones que se utilice para motivar la resolución, sólo podrá ser revelada a los tribunales ante los que, en su caso, se impugne el acto de autoridad.

No obstante lo dispuesto en el párrafo anterior, el interesado podrá designar un máximo de dos representantes, con el fin de tener acceso a la información confidencial proporcionada u obtenida de terceros respecto del valor en aduana en importaciones de mercancías idénticas, similares o de la misma especie o clase, en los términos de lo dispuesto en los artículos 46 y 48 del Código Fiscal de la Federación.

Sección Segunda
Del impuesto general de exportación

ARTICULO 79. La base gravable del impuesto general de exportación es el valor comercial de las mercancías en el lugar de venta, y deberá consignarse en la factura o en cualquier otro documento comercial, sin inclusión de fletes y seguros.

Cuando las autoridades aduaneras cuenten con elementos para suponer que los valores consignados en dichas facturas o documentos no constituyen los valores comerciales de las mercancías, harán la comprobación conducente para la imposición de las sanciones que procedan.

Capítulo IV
Determinación y pago

ARTICULO 80. Los impuestos al comercio exterior se determinarán aplicando a la base gravable determinada en los términos de las Secciones Primera y Segunda del Capítulo III del presente Título, respectivamente, la cuota que corresponda conforme a la clasificación arancelaria de las mercancías.

ARTICULO 81. Los agentes o apoderados aduanales determinarán en cantidad líquida por cuenta de los importadores y exportadores las contribuciones y, en su caso, las cuotas compensatorias, para lo cual manifestarán en la forma oficial aprobada por la Secretaría, bajo protesta de decir verdad:

I. La descripción de las mercancías y su origen.

II. El valor en aduana de las mercancías, así como el método de valoración utilizado y, en su caso, la existencia de vinculaciones a que se refiere el artículo 68 de esta Ley en el caso de importación, o el valor comercial tratándose de exportación.

III. La clasificación arancelaria que les corresponda.

IV. El monto de las contribuciones causadas con motivo de la importación o exportación y, en su caso, las cuotas compensatorias.

ARTICULO 82. La autoridad aduanera determinará las contribuciones relativas a las importaciones y exportaciones y, en su caso, las cuotas compensatorias cuando se realicen por vía postal.

(Se deroga el segundo párrafo).

El interesado podrá solicitar que la determinación de las contribuciones y de las cuotas compensatorias, la efectúe él mismo, por conducto de agente o apoderado aduanal.

ARTICULO 83. Las contribuciones se pagarán por los importadores y exportadores al presentar el pedimento para su trámite en las oficinas autorizadas, antes de que se active el mecanismo de selección automatizado. Dichos pagos se deberán efectuar en cualquiera de los medios que mediante reglas establezca la Secretaría. El pago en ningún caso exime del cumplimiento de las obligaciones en materia de regulaciones y restricciones no arancelarias.

Cuando las mercancías se depositen ante la aduana, en recintos fiscales o fiscalizados, el pago se deberá efectuar al presentar el pedimento, a más tardar dentro del mes siguiente a su depósito o dentro de los dos meses siguientes cuando se trate de aduanas de tráfico marítimo, de lo contrario se causarán recargos en los términos del Código Fiscal de la Federación, a partir del día siguiente a aquel en el que venza el plazo señalado en este párrafo, los impuestos al comercio exterior se actualizarán en los términos del artículo 17-A del Código Fiscal de la Federación, a partir de la fecha a que se refiere el artículo 56 de esta Ley y hasta que los mismos se paguen.

Tratándose de importaciones o exportaciones, el pago podrá efectuarse en una fecha anterior a la señalada por el artículo 56 de esta Ley, en el entendido que si se destinan al régimen de depósito fiscal el monto de las contribuciones y cuotas compensatorias a pagar podrá determinarse en los términos anteriores. En este caso, las cuotas, bases gravables, tipos de cambio de moneda, cuotas compensatorias, demás regulaciones y restricciones no arancelarias, precios estimados y prohibiciones aplicables serán las que rijan en la fecha de pago o de la determinación, sólo cuando las mercancías se presenten ante la aduana y se active el mecanismo de selección automatizado dentro de los tres días siguientes a aquél en que el pago se realice. Si las importaciones y exportaciones se efectúan por ferrocarril, el plazo será de veinte días.

ARTICULO 84. Quienes importen o exporten mercancías por medio de tuberías o cables, deberán presentar el pedimento a más tardar el día seis del mes de calendario siguiente a aquel de que se trate.

ARTICULO 84-A. Las cuentas aduaneras de garantía servirán para garantizar mediante depósitos en las instituciones del sistema financiero que autorice el Servicio de Administración Tributaria, el pago de las contribuciones y cuotas compensatorias que pudieran causarse con motivo de las operaciones de comercio exterior a que se refiere el artículo 86-A de esta Ley.

ARTICULO 85. - (Se deroga).

ARTICULO 86. - Los importadores podrán optar por pagar el impuesto general de importación, el impuesto al valor agregado y, en su caso, las cuotas compensatorias, efectuando el depósito correspondiente en las cuentas aduaneras de las instituciones de crédito o casas de bolsa autorizadas por la Secretaría, siempre que se trate de bienes que vayan a ser exportados en el mismo estado en un plazo que no exceda de un año, contado a partir del día siguiente a aquél en que se haya efectuado el depósito, prorrogable por dos años más, previo aviso del interesado presentado a la institución de crédito o casa de bolsa, antes del vencimiento del plazo de un año.

Los contribuyentes que ejerzan esta opción, al exportar las mercancías por las que se hubieran pagado los impuestos a que se refiere el párrafo anterior y, en su caso, las cuotas compensatorias en los términos de este artículo, tendrán derecho a recuperar los depósitos efectuados en las cuentas aduaneras y los rendimientos que se generen, a excepción de la proporción que en ellos represente el número de días en que el bien de que se trate permaneció en territorio nacional respecto del número de días en los que se deduce dicho bien, de conformidad con los artículos 44 y 45 de la Ley del Impuesto sobre la Renta. Cuando se trate de bienes que no tengan porcientos máximos autorizados en los artículos mencionados, se considerará que el número de días en los que el mismo se deduce es de 3,650.

En el supuesto de que el contribuyente no vaya a exportar la mercancía importada al amparo de este artículo, podrá dar aviso a la institución de crédito o casa de bolsa autorizada, para que transfiera a la cuenta de la Tesorería de la Federación el importe de las contribuciones y, en su caso, las cuotas compensatorias correspondientes a las mercancías que no vayan a ser exportadas, más sus rendimientos.

ARTICULO 86-A. Estarán obligados a garantizar mediante depósitos en las cuentas aduaneras de garantía o mediante alguna de las formas que señala el artículo 141, fracción II y VI del Código Fiscal de la Federación, quienes:

I. Efectúen la importación definitiva de mercancías y declaren en el pedimento un valor inferior al precio estimado que dé a conocer el Servicio de Administración Tributaria, mediante reglas de carácter general, por las contribuciones y cuotas compensatorias que correspondan a la diferencia entre el valor declarado y el precio estimado.

La garantía se cancelará a los seis meses de haberse efectuado la importación, salvo que las autoridades aduaneras hubieran iniciado el ejercicio de sus facultades de comprobación, en cuyo caso el plazo se ampliará hasta que se dicte resolución definitiva, así como cuando se determinen contribuciones o cuotas compensatorias omitidas, las que se harán efectivas contra la garantía otorgada, o se ordene su cancelación por las autoridades aduaneras en los términos que señale el Servicio de Administración Tributaria, mediante reglas de carácter general.

II. Efectúen el tránsito interno o internacional de mercancías, por el monto que corresponda a las contribuciones y cuotas compensatorias que se determinen provisionalmente en el pedimento o las que correspondan tomando en cuenta el valor de transacción de mercancías idénticas o similares conforme a los artículos 72 y 73 de esta Ley, en los casos que señale el Servicio de Administración Tributaria, mediante reglas de carácter general. Lo dispuesto en esta fracción no será aplicable a las importaciones temporales que efectúen las maquiladoras y empresas con programas de exportación autorizados por la Secretaría de Economía, siempre que las mercancías se encuentren previstas en los programas respectivos.

La garantía se cancelará cuando se tramite el pedimento correspondiente en la aduana de despacho o de salida, según se trate de tránsito interno o internacional y se paguen las contribuciones y cuotas compensatorias.

Cuando se cancele la garantía, el importador podrá recuperar las cantidades depositadas, con los rendimientos que se hayan generado a partir de la fecha en que se haya efectuado su depósito y hasta que se autorice su cancelación.

ARTICULO 87. Las instituciones de crédito o casas de bolsa autorizadas para operar cuentas aduaneras tendrán las siguientes obligaciones:

I. Presentar declaración semestral en la que manifiesten el nombre y Registro Federal de Contribuyentes de los usuarios de las cuentas aduaneras, así como las cantidades transferidas a la cuenta del importador y de la Tesorería de la Federación. La declaración a que se refiere esta fracción deberá presentarse durante los meses de julio del año de calendario de que se trate y de enero del siguiente año, por el semestre inmediato anterior, en los medios que señale la Secretaría mediante reglas.

II. Transferir el importe de los títulos depositados, más sus rendimientos a la cuenta de la Tesorería de la Federación, al día siguiente a aquél en que el importador hubiera dado el aviso de que no va a retornar las mercancías al extranjero o dentro de los cinco días hábiles siguientes a aquél en que se venzan los plazos a que se refieren los artículos 85 y 86 de esta Ley, en su caso.

III. Transferir el importe de los títulos depositados y sus rendimientos a la cuenta de la Tesorería de la Federación, cuando se lo solicite la autoridad competente, hasta por el importe del crédito fiscal determinado, en los casos a que se refiere el artículo 86-A de esta Ley.

En caso de incumplimiento de las obligaciones previstas en las fracciones II o III de este artículo, la institución de crédito o casa de bolsa autorizada deberá cubrir por concepto de resarcimiento, un monto equivalente a la cantidad que resulte de actualizar el importe de los títulos depositados más los rendimientos generados, en los términos del artículo 17-A del Código Fiscal de la Federación, adicionado con una cantidad equivalente a los recargos que se pagarían en los términos del artículo 21 del Código Fiscal de la Federación, a partir de la fecha en que debió hacerse la transferencia y hasta que la misma se efectúe. Lo anterior, sin perjuicio de las sanciones que resulten aplicables.

ARTICULO 88. Los pasajeros podrán optar por determinar y pagar las contribuciones por la importación o exportación de mercancías distintas de su equipaje, mediante el procedimiento simplificado, caso en el que aplicarán el factor que publique la Secretaría, sobre el valor en aduana de las mercancías o sobre el valor comercial, según corresponda, utilizando la forma oficial aprobada por dicha dependencia. Este factor se calculará considerando la tasa prevista en el artículo 1o. de la Ley del Impuesto al Valor Agregado; la correspondiente a los derechos de trámite aduanero y la mayor de las cuotas de las tarifas de las leyes de los impuestos generales de importación o de exportación, según se trate, sobre las bases gravables de las contribuciones mencionadas.

No se podrá ejercer la opción a que se refiere el párrafo anterior, tratándose de mercancías que estén sujetas a regulaciones y restricciones no arancelarias, con excepción de las que señale la Secretaría mediante reglas o que por su importación o exportación se causen además de las contribuciones antes citadas, otras distintas. El pasajero pagará las contribuciones correspondientes antes de accionar el mecanismo de selección automatizado.

Las personas que realicen exportaciones o importaciones de mercancías cuyo valor no rebase al que se refiere la fracción IX del artículo 160 de esta Ley, podrán optar por determinar y pagar las contribuciones en los términos a que se refiere el primer párrafo de este artículo, cuando dichas mercancías no estén sujetas a regulaciones y restricciones no arancelarias o cuando por su importación o exportación no se causen además de las contribuciones antes citadas, otras distintas, siempre que presenten el pedimento correspondiente por conducto de agente o apoderado aduanal. En el caso a que se refiere este párrafo no será necesario clasificar arancelariamente las mercancías.

Las importaciones o exportaciones de los pasajeros a que se refiere el artículo 50 de esta Ley, no serán deducibles para los efectos de la Ley del Impuesto sobre la Renta, cuando gocen de la franquicia a que se refiere el artículo 61, fracción VI de esta Ley o cuando se opte por el procedimiento simplificado a que se refiere el primer párrafo de este artículo. Tampoco serán deducibles las importaciones y exportaciones que realicen las empresas de mensajería a través de agente o apoderado aduanal en aquellos pedimentos que utilicen el procedimiento simplificado que establezca la Secretaría.

ARTICULO 89. - Los datos contenidos en el pedimento son definitivos y sólo podrán modificarse mediante la rectificación a dicho pedimento.

Los contribuyentes podrán rectificar los datos contenidos en el pedimento el número de veces que sea necesario, siempre que lo realicen antes de activar el mecanismo de selección automatizado. Una vez activado el mecanismo de selección automatizado, se podrá efectuar la rectificación de los datos declarados en el pedimento hasta en dos ocasiones, cuando de dicha rectificación se origine un saldo a favor o bien no exista saldo alguno, o el número de veces que sea necesario cuando existan contribuciones a pagar, siempre que en cualquiera de estos supuestos no se modifique alguno de los conceptos siguientes:

I. Las unidades de medida señaladas en las tarifas de las leyes de los impuestos generales de importación o exportación, así como el número de piezas, volumen y otros datos que permitan cuantificar las mercancías.

II. La descripción, naturaleza, estado y demás características de las mercancías que permitan su clasificación arancelaria.

III. Los datos que permitan la identificación de las mercancías, en su caso.

IV. Los datos que determinen el origen de las mercancías.

V. El registro federal de contribuyentes del importador o exportador.

VI. El régimen aduanero al que se destinen las mercancías, salvo que esta Ley permita expresamente su cambio.

VII. El número de candados oficiales utilizados en los vehículos o medios de transporte que contengan las mercancías cuyo despacho se promueva.

Se podrá presentar hasta en dos ocasiones, la rectificación de los datos contenidos en el pedimento para declarar o rectificar los números de serie de maquinaria, dentro de los noventa días siguientes a que se realice el despacho y dentro de quince días en otras mercancías, excepto cuando se trate de vehículos.

Tratándose de importaciones temporales efectuadas por las empresas maquiladoras o con programas de exportación autorizados por la Secretaría de Comercio y Fomento Industrial, se podrán rectificar dentro de los diez días siguientes a aquel en que se realice el despacho, los datos contenidos en el pedimento para aumentar el número de piezas, volumen y otros datos que permitan cuantificar las mercancías amparadas por dichos programas.

Cuando se exporten mercancías para ser enajenadas en el extranjero, se podrán rectificar los datos contenidos en el pedimento el número de veces que sean necesarias, con el objeto de disminuir el número, volumen o peso de las mercancías por mermas o desperdicios, o bien, para modificar el valor de las mismas cuando éste se conozca posteriormente con motivo de su enajenación o cuando la rectificación se establezca como una obligación por disposición de la Ley.

En ningún caso procederá la rectificación del pedimento, si el mecanismo de selección automatizado determina que debe practicarse el reconocimiento aduanero o, en su caso, el segundo reconocimiento, y hasta que éstos hubieran sido concluidos. Igualmente, no será aplicable dicha rectificación durante el ejercicio de las facultades de comprobación. La rectificación de pedimento no se debe entender como resolución favorable al particular y no limita las facultades de comprobación de las autoridades aduaneras.

Título Cuarto
Regímenes aduaneros

Capítulo I
Disposiciones comunes

ARTICULO 90. Las mercancías que se introduzcan al territorio nacional o se extraigan del mismo, podrán ser destinadas a alguno de los regímenes aduaneros siguientes:

A. Definitivos.

　I. De importación.

　II. De exportación.

B. Temporales.

　I. De importación.

a) Para retornar al extranjero en el mismo estado.

b) Para elaboración, transformación o reparación en programas de maquila o de exportación.

　II. De exportación.

a) Para retornar al país en el mismo estado.

b) Para elaboración, transformación o reparación.

C. Depósito Fiscal.

D. Tránsito de mercancías.

　I. Interno.

II. Internacional.

E. Elaboración, transformación o reparación en recinto fiscalizado.

F. Recinto fiscalizado estratégico.

ARTICULO 91. Los agentes y apoderados aduanales señalarán en el pedimento el régimen aduanero que solicitan para las mercancías y manifestarán bajo protesta de decir verdad el cumplimiento de las obligaciones y formalidades inherentes al mismo, incluyendo el pago de las cuotas compensatorias.

ARTICULO 92. Procederá el retorno al extranjero de mercancías en depósito ante la aduana hasta antes de activar el mecanismo de selección automatizado siempre que no se esté en alguno de los siguientes supuestos:

I. Se trate de mercancías de importación prohibida.

II. De armas o de substancias nocivas para la salud.

III. Existan créditos fiscales insolutos.

ARTICULO 93. El desistimiento de un régimen aduanero procederá hasta antes de que se active el mecanismo de selección automatizado, para el efecto de que retornen las mercancías de procedencia extranjera o se retiren de la aduana las de origen nacional. También procederá el desistimiento en el caso previsto en la fracción III del artículo 120 de esta Ley.

Tratándose de exportaciones que se realicen en aduanas de tráfico aéreo o marítimo, el desistimiento a que se refiere este artículo, procederá inclusive después de que se haya activado el mecanismo de selección automatizado. En este caso se podrá permitir el tránsito de las mercancías a una aduana distinta o a un almacén para su depósito fiscal.

El cambio de régimen aduanero sólo procederá en los casos en que esta Ley lo permita, siempre que se cumplan las obligaciones en materia de cuotas compensatorias, demás regulaciones y restricciones no arancelarias y precios estimados exigibles para el nuevo régimen solicitado en la fecha de cambio de régimen.

ARTICULO 94. Si por accidente se destruyen mercancías sometidas a alguno de los regímenes temporales de importación o de exportación, depósito fiscal o tránsito, no se exigirá el pago de los impuestos al comercio exterior, ni de las cuotas compensatorias, pero los restos seguirán destinados al régimen inicial, salvo que las autoridades aduaneras autoricen su destrucción o cambio de régimen. Asimismo, las personas que hubieran importado temporalmente mercancías que no puedan retornar al extranjero por haber sufrido algún daño, podrán considerar como retornadas dichas mercancías, siempre que cumplan con los requisitos de control que establezca la Secretaría mediante reglas.

Los contribuyentes a que se refieren los artículos 85 y 109 de esta Ley, deberán presentar el aviso señalado en el Reglamento, manifestando los desperdicios de las mercancías correspondientes que vayan a ser destruidos.

Capítulo II
Definitivos de importación y de exportación

ARTICULO 95. Los regímenes definitivos se sujetarán al pago de los impuestos al comercio exterior y, en su caso, cuotas compensatorias, así como al cumplimiento de las demás obligaciones en materia de regulaciones y restricciones no arancelarias y de las formalidades para su despacho.

Sección Primera
De importación

ARTICULO 96. Se entiende por régimen de importación definitiva la entrada de mercancías de procedencia extranjera para permanecer en el territorio nacional por tiempo ilimitado.

ARTICULO 97. Realizada la importación definitiva de las mercancías, se podrá retornar al extranjero sin el pago del impuesto general de exportación, dentro del plazo máximo de tres meses contados a partir del día siguiente a aquél en que se hubiera realizado el despacho para su importación definitiva, o de seis meses en el caso de maquinaria y equipo, siempre que se compruebe a las autoridades aduaneras que resultaron defectuosas o de especificaciones distintas a las convenidas.

El retorno tendrá por objeto la sustitución de las mercancías por otras de la misma clase, que subsanen las situaciones mencionadas.

Las mercancías sustitutas deberán llegar al país en un plazo de seis meses contados desde el retorno de las sustituidas y sólo pagarán las diferencias cuando causen un impuesto general de importación mayor que el de las retornadas. Si llegan después de los plazos autorizados o se comprueba que no son equivalentes a aquéllas, causarán el impuesto general de importación íntegro y se impondrán las sanciones establecidas por esta Ley.

Se podrá autorizar el retorno de las mercancías importadas en casos excepcionalmente similares a los previstos o la prórroga de los plazos que esta disposición establece, cuando existan causas debidamente justificadas.

ARTICULO 98. Las empresas podrán importar mercancías mediante el procedimiento de revisión en origen. Este procedimiento consiste en lo siguiente:

I. El importador verifica y asume como ciertos, bajo su responsabilidad, los datos sobre las mercancías que le proporcione su proveedor, necesarios para elaborar el pedimento correspondiente, mismos que deberá manifestar al agente o apoderado aduanal que realice el despacho.

II. El agente o apoderado aduanal que realice el despacho de las mercancías queda liberado de cualquier responsabilidad, inclusive de las derivadas por la omisión de contribuciones y cuotas compensatorias o por el incumplimiento de las demás regulaciones y restricciones no arancelarias, cuando hubiera asentado fielmente en el pedimento los datos que le fueron proporcionados por el importador y conserve a disposición de las autoridades aduaneras el documento por medio del cual le fueron manifestados dichos datos.

III. Cuando con motivo del reconocimiento aduanero, segundo reconocimiento, verificación de mercancías en transporte o visitas domiciliarias, las autoridades aduaneras determinen omisiones en el pago de las contribuciones y cuotas compensatorias que se causen con motivo de la importación de mercancías, se exigirá el pago de las mismas y de sus accesorios. En este caso no serán aplicables otras sanciones que por dichas omisiones se encuentren previstas en esta Ley o en el Código Fiscal de la Federación, a que puedan estar sujetos el importador o el agente o apoderado aduanal.

IV. El importador deberá, además, pagar las contribuciones y cuotas compensatorias que, en su caso, resulten a su cargo conforme a lo señalado en el artículo 99 de esta Ley.

V. El importador podrá pagar espontáneamente las contribuciones y cuotas compensatorias que haya omitido pagar derivadas de la importación de mercancías importadas bajo el procedimiento previsto en este artículo. Dichas contribuciones actualizadas causarán recargos a la tasa aplicable para el caso de prórroga de créditos fiscales del mes de que se trate, siempre que dicho pago se realice dentro de los treinta días naturales siguientes a aquél en el que se hubiera efectuado la importación correspondiente. Si el pago se efectúa con posterioridad a dicho plazo, los recargos sobre las contribuciones actualizadas se causarán a la tasa que corresponda de acuerdo con el artículo 21 del Código Fiscal de la Federación. En ambos supuestos las contribuciones se actualizarán por el periodo comprendido entre el penúltimo mes anterior a aquel en que se omitió la contribución y el mes inmediato anterior a aquél en que se efectúe el pago.

VI. El importador deberá registrar ante el Servicio de Administración Tributaria a los agentes o apoderados aduanales y transportistas designados que operarán bajo este esquema.

Las cuotas compensatorias causarán recargos a las tasas previstas en los dos supuestos del párrafo anterior, según se trate.

En el caso de que el pedimento presentado para el despacho de las mercancías de las empresas a que se refiere el presente artículo contenga datos inexactos, el agente o apoderado aduanal podrá rectificar los campos que a continuación se señalan, siempre que se presente el pedimento de rectificación, dentro del plazo a que se refiere el Reglamento.

a) Número de la secuencia de la fracción en el pedimento.

b) Fracción arancelaria.

c) Clave de la unidad de medida de comercialización señalada en la factura correspondiente.

d) Cantidad de mercancía conforme a la unidad de medida de comercialización.

e) Clave correspondiente a la unidad de medida de aplicación de la TIGIE.

f) Cantidad correspondiente conforme a la unidad de medida de la TIGIE.

g) Descripción de las mercancías.

h) Importe de precio unitario de la mercancía.

I) Marcas, números de identificación y cantidad total de bultos.

ARTICULO 99. Los importadores que realicen operaciones al amparo del procedimiento de revisión en origen calcularán, durante el mes de enero, las contribuciones y cuotas compensatorias que en los términos de este artículo deberán pagar por las importaciones efectuadas durante el ejercicio inmediato anterior, de acuerdo con lo siguiente:

I. Se determinará el margen de error en las importaciones a que tendrá derecho cada importador, dividiendo el monto total de las contribuciones y cuotas compensatorias pagadas por el importador mediante pago espontáneo que se efectúe con posterioridad al despacho de las mercancías durante el ejercicio inmediato anterior, entre el monto que resulte de sumar a dichas contribuciones y cuotas compensatorias el total que por dichos conceptos se declaró en los pedimentos de importación efectuados en el mismo periodo y que no fueron objeto del reconocimiento aduanero, segundo reconocimiento, verificación de mercancías en transporte o visitas domiciliarias.

donde

ME = Margen de error.

CE = Monto total de contribuciones y cuotas compensatorias pagadas por el importador de manera espontánea, conforme a la fracción V del artículo 98 de esta Ley, en el ejercicio inmediato anterior.

CDV = Monto total de contribuciones y cuotas compensatorias declaradas por el importador en los pedimentos que no fueron objeto de reconocimiento aduanero, segundo reconocimiento, verificación de mercancías en transporte o visitas domiciliarias, en el ejercicio inmediato anterior.

Ⅱ. Se determinará el porcentaje de contribuciones y cuotas compensatorias omitidas, dividiendo el monto total de las contribuciones y cuotas compensatorias omitidas detectadas con motivo del reconocimiento aduanero, segundo reconocimiento, verificación de mercancías en transporte o visitas domiciliarias, efectuadas en el ejercicio inmediato anterior, entre el monto que se obtenga de sumar a dichas contribuciones y cuotas compensatorias el total que por dichos conceptos se hubiera declarado en los pedimentos de importación que fueron objeto del reconocimiento aduanero, segundo reconocimiento, verificación de mercancías en transporte o visitas domiciliarias.

donde

PCO = Porcentaje de contribuciones y cuotas compensatorias omitidas.

CO = Monto total de las contribuciones y cuotas compensatorias omitidas detectadas con motivo del reconocimiento aduanero, segundo reconocimiento, verificación de mercancías en transporte o visitas domiciliarias, en el ejercicio inmediato anterior.

CDR = Monto total de contribuciones y cuotas compensatorias declaradas por el importador en los pedimentos que fueron objeto de reconocimiento aduanero, segundo reconocimiento, verificación de mercancías en transporte o visitas domiciliarias, en el ejercicio inmediato anterior.

Las cantidades que resulten de realizar las operaciones a que se refieren las fracciones anteriores se expresarán en porcientos.

Ⅲ. Si el porcentaje obtenido del cálculo de la fracción Ⅱ es mayor que el margen de error obtenido conforme a la fracción Ⅰ de este artículo, el porcentaje excedente se aplicará al total de contribuciones y cuotas compensatorias pagadas con motivo de la importación de mercancías efectuadas en el ejercicio inmediato anterior que no fueron objeto del reconocimiento aduanero, segundo reconocimiento, verificación de mercancías en transporte o visitas domiciliarias, incluyendo las contribuciones y cuotas compensatorias pagadas espontáneamente.

El resultado será el total de contribuciones y cuotas compensatorias que en los términos de este artículo deberán pagar las empresas a que se refiere el artículo 98 de esta Ley. Es decir si PCO $>$ ME, entonces el monto total por concepto de contribuciones y cuotas compensatorias a pagar por el importador será igual a

El pago que se realice conforme a esta fracción se considerará efectuado por concepto de los impuestos y derechos al comercio exterior, al valor agregado, especial sobre producción y servicios, y sobre automóviles nuevos, así como por cuotas compensatorias, en la misma proporción que representen las citadas contribuciones y cuotas compensatorias respecto al monto total de las cantidades que haya pagado el importador de que se trate por cada una de las mismas, en el ejercicio por el que se efectúe el cálculo a que se refiere este artículo.

El monto total de contribuciones y cuotas compensatorias que resulte en los términos de esta fracción se pagará a más tardar el día 17 del mes de febrero del año siguiente del ejercicio que se determina.

IV. En caso de que el porcentaje de contribuciones y cuotas compensatorias omitidas, sea igual o menor que el margen de error, calculados respectivamente en los términos de las dos primeras fracciones de este artículo, no habrá lugar al pago de contribuciones o de cuotas compensatorias en los términos del mismo, por el ejercicio de que se trate.

ARTICULO 100. Para efectuar la importación de mercancías mediante el procedimiento de revisión en origen a que se refiere el artículo 98 de esta Ley, los importadores deberán solicitar su inscripción en el registro del despacho de mercancías de las empresas, el cual estará a cargo de la Secretaría, siempre que cumplan con los siguientes requisitos:

I. Que se trate de empresas que hayan dictaminado sus estados financieros durante los últimos cinco años o a partir de que fueron constituidas, por encontrarse dentro de los supuestos establecidos en el artículo 32-A, fracción I del Código Fiscal de la Federación.

Ⅱ. Que sean empresas que en el año de calendario anterior a aquél en que soliciten su inscripción en el registro mencionado, hubieran tenido ingresos o importaciones en montos superiores a los que señale el Reglamento; dicho monto podrá variar en función del tipo de actividad que realicen las empresas o en función del tipo de mercancía que se importe.

Ⅲ. Los demás que establezca el Reglamento.

La inscripción en el registro del despacho de mercancías de las empresas deberá ser renovada anualmente por los importadores, mediante la presentación de un aviso dentro de los 30 días anteriores a que venza la vigencia de su registro, siempre que se acredite que continúan cumpliendo con los requisitos señalados en este artículo.

Las maquiladoras o las empresas con programas de exportación autorizados por la Secretaría de Comercio y Fomento Industrial, podrán solicitar su inscripción en el registro del despacho de mercancías de las empresas, sin que sea necesario cumplir con los requisitos anteriores.

Las autoridades aduaneras podrán suspender hasta por seis meses la inscripción en el registro a que se refiere este artículo, cuando con motivo del ejercicio de sus facultades de comprobación, detecten cualquier maniobra tendiente a eludir el cumplimiento de las obligaciones fiscales.

En ningún caso procederá la renovación de la inscripción o la autorización de una nueva inscripción, cuando al importador se le hubiere suspendido previamente del registro de empresas para el procedimiento de revisión en origen de mercancías en tres ocasiones.

Las empresas que presten servicios de mensajería no podrán solicitar la inscripción en el registro a que se refiere este artículo.

ARTICULO 100-A. El Servicio de Administración Tributaria podrá autorizar la inscripción en el registro de empresas certificadas, a las personas morales que cumplan con los siguientes requisitos:

Ⅰ. Que estén constituidas conforme a la legislación mexicana;

II. Que se encuentren al corriente en el cumplimiento de sus obligaciones fiscales;

III. Que hayan dictaminado sus estados financieros para efectos fiscales durante los últimos cinco años, o cuando la fecha de su constitución no sea anterior a cinco años, hubieran dictaminado sus estados financieros para efectos fiscales por los ejercicios transcurridos desde su constitución;

IV. Que demuestren el nivel de cumplimiento de sus obligaciones aduaneras en los términos que determine el Servicio de Administración Tributaria mediante reglas;

V. Que designen a los agentes o apoderados aduanales autorizados para promover sus operaciones de comercio exterior. Tratándose de agentes aduanales, la designación y, en su caso, revocación deberán efectuarse en los términos del artículo 59 de esta Ley, y

VI. Que designen a las empresas transportistas autorizadas para efectuar el traslado de las mercancías de comercio exterior, señalando su denominación, clave del Registro Federal de Contribuyentes y domicilio fiscal.

Para obtener la autorización prevista en el párrafo anterior, los interesados deberán presentar solicitud ante el Servicio de Administración Tributaria, acompañando la documentación que se establezca en reglas, con la cual se acredite el cumplimiento de los requisitos necesarios para su obtención.

La inscripción en el registro de empresas certificadas deberá ser renovada anualmente por las empresas, dentro de los 30 días anteriores a que venza el plazo de vigencia de su registro, mediante la presentación de una solicitud, siempre que se acredite que continúan cumpliendo con los requisitos señalados para su inscripción. La resolución deberá emitirse en un plazo no mayor a 30 días a partir de la fecha de recepción de la solicitud. Transcurrido dicho plazo sin que se notifique la resolución que corresponda, se entenderá que la misma es favorable.

En ningún caso procederá la renovación de la inscripción o la autorización de una nueva inscripción, cuando a la empresa le hubiera sido cancelada su autorización para estar inscrita en el registro de empresas certificadas, dentro de los cinco años anteriores.

ARTICULO 100-B. Las personas morales inscritas en el registro de empresas certificadas a que se refiere el artículo 100-A de esta Ley, tendrán derecho a las siguientes facilidades administrativas para el despacho aduanero de las mercancías:

I. Optar por promover el despacho aduanero de mercancías ante cualquier aduana, no obstante que el Servicio de Administración Tributaria señale aduanas específicas para practicar el despacho de determinado tipo de mercancías, en los términos de la fracción I del artículo 144 de la Ley;

II. Las que establezca el Servicio de Administración Tributaria mediante reglas, para la agilización del despacho aduanero de las mercancías;

III. El despacho a domicilio a la exportación de acuerdo con los lineamientos que emita el Servicio de Administración Tributaria mediante reglas;

IV. En la inscripción y ampliación en los padrones de sectores específicos;

V. Considerar como desperdicios los materiales que ya manufacturados en el país sean rechazados por control de calidad, así como los que se consideran obsoletos por avances tecnológicos;

VI. Las relativas a la rectificación de los datos contenidos en la documentación aduanera, reducción de multas y el cumplimiento en forma espontánea de sus obligaciones derivadas del despacho aduanero, en los términos y condiciones que establezca el Servicio de Administración Tributaria mediante reglas;

VII. Otras medidas de simplificación y fortalecimiento de la seguridad jurídica previstas en esta Ley o que establezca mediante reglas el Servicio de Administración Tributaria.

ARTICULO 101. Las personas que tengan en su poder por cualquier título, mercancías de procedencia extranjera, que se hubieran introducido al país sin haberse sometido a las formalidades del despacho que esta Ley determina para cualquiera de los regímenes aduaneros, podrán regularizarlas importándolas definitivamente, previo pago de las contribuciones y cuotas compensatorias que correspondan y previo cumplimiento de las demás obligaciones en materia de regulaciones y restricciones no arancelarias.

Las empresas a que se refiere el artículo 98 de esta Ley, podrán regularizar sus mercancías de acuerdo con lo previsto en este artículo.

No podrán ser regularizadas las mercancías en los siguientes casos:

I. Cuando haya ingresado bajo el régimen de importación temporal.

II. Cuando la omisión sea descubierta por las autoridades fiscales o la omisión haya sido corregida por el contribuyente después de que las autoridades aduaneras hubieran notificado una orden de visita domiciliaria, o haya mediado requerimiento o cualquiera otra gestión notificada por las mismas, tendientes a la comprobación del cumplimiento de las disposiciones fiscales.

ARTICULO 101-A. Las mercancías que hayan sido importadas temporalmente por las empresas certificadas a que se refiere el artículo 100-A de esta Ley, podrán regularizarlas cuando haya transcurrido el plazo de importación temporal, importándolas definitivamente, previo pago de las contribuciones y cuotas compensatorias que correspondan con las actualizaciones y recargos calculados en los términos de los artículos 17-A y 21 del Código Fiscal de la Federación, a partir del mes en que las mercancías se importaron temporalmente y hasta que se efectúe el pago, así como efectuar el pago de la multa prevista en el artículo 183, fracción II, primer párrafo de la Ley y previo cumplimiento de las demás obligaciones en materia de regulaciones y restricciones no arancelarias.

No podrán ser regularizadas las mercancías en los siguientes casos:

I. Cuando se trate de mercancías que determine el Servicio de Administración Tributaria mediante reglas.

II. Cuando la omisión sea descubierta por las autoridades fiscales o la omisión se pretenda corregir por el contribuyente después de que las autoridades aduaneras hubieran notificado una orden de visita domiciliaria, o haya mediado requerimiento o cualquiera otra gestión notificada por las mismas, tendientes a la comprobación del cumplimiento de las disposiciones fiscales.

Sección Segunda
De exportación

ARTICULO 102. El régimen de exportación definitiva consiste en la salida de mercancías del territorio nacional para permanecer en el extranjero por tiempo ilimitado.

ARTICULO 103.- Efectuada la exportación definitiva de las mercancías nacionales o nacionalizadas, se podrá retornar al país sin el pago del impuesto general de importación, siempre que no hayan sido objeto de modificaciones en el extranjero ni transcurrido más de un año desde su salida del territorio nacional. Las autoridades aduaneras podrán autorizar la prórroga de dicho plazo cuando existan causas debidamente justificadas y previa solicitud del interesado con anterioridad al vencimiento del mismo.

Cuando el retorno se deba a que las mercancías fueron rechazadas por alguna autoridad del país de destino o por el comprador extranjero en consideración a que resultaron defectuosas o de especificaciones distintas a las convenidas, se devolverá al interesado el impuesto general de exportación que hubiera pagado.

En ambos casos, antes de autorizarse la entrega de las mercancías que retornan se acreditará el reintegro de los beneficios fiscales que se hubieran recibido con motivo de la exportación.

No podrán acogerse a lo establecido en este artículo, las exportaciones temporales que se conviertan en definitivas de conformidad con el artículo 114, segundo párrafo de esta Ley.

Las maquiladoras o empresas con programa de exportación autorizado por la Secretaría de Economía que hubieran retornado al extranjero los productos resultantes de los procesos de transformación, elaboración o reparación, podrán retornar dichos productos a territorio nacional cuando hayan sido rechazados por las razones señaladas en este artículo, al amparo de su programa. En este caso, únicamente se pagará el impuesto general de importación que corresponda al valor de las materias primas o mercancías extranjeras que originalmente fueron importadas temporalmente al amparo del programa, de acuerdo con los porcentajes de incorporación en el producto que fue retornado, cuando se efectúe el cambio de régimen a la importación definitiva. El Servicio de Administración Tributaria establecerá mediante reglas las mercancías que pueden sujetarse a lo dispuesto en este párrafo y los requisitos de control.

Capítulo III
Temporales de importación y de exportación

Sección Primera
Importaciones temporales

I
Disposiciones generales

ARTICULO 104. Las importaciones temporales de mercancías de procedencia extranjera se sujetarán a lo siguiente:

I. No se pagarán los impuestos al comercio exterior ni las cuotas compensatorias.

Lo dispuesto en esta fracción no será aplicable en los casos previstos en los artículos 63-A, 105, 108, fracción III, 110 y 112 de esta Ley.

II. Se cumplirán las demás obligaciones en materia de regulaciones y restricciones no arancelarias y formalidades para el despacho de las mercancías destinadas a este régimen.

ARTICULO 105. La propiedad o el uso de las mercancías destinadas al régimen de importación temporal no podrá ser objeto de transferencia o enajenación, excepto entre maquiladoras, empresas con programas de exportación autorizados por la Secretaría de Comercio y Fomento Industrial y empresas de comercio exterior que cuenten con registro de esta misma dependencia, cuando cumplan con las condiciones que establezca el Reglamento.

II
Para retornar al extranjero en el mismo estado

ARTICULO 106. Se entiende por régimen de importación temporal, la entrada al país de mercancías para permanecer en él por tiempo limitado y con una finalidad específica, siempre que retornen al extranjero en el mismo estado, por los siguientes plazos:

I. Hasta por un mes, las de remolques y semirremolques, incluyendo las plataformas adaptadas al medio de transporte diseñadas y utilizadas exclusivamente para el transporte de contenedores, siempre que transporten en territorio nacional las mercancías que en ellos se hubieran introducido al país o las que se conduzcan para su exportación.

II. Hasta por seis meses, en los siguientes casos:

a) Las que realicen los residentes en el extranjero, siempre que sean utilizados directamente por ellos o por personas con las que tengan relación laboral, excepto tratándose de vehículos.

b) Las de envases de mercancías, siempre que contengan en territorio nacional las mercancías que en ellos se hubieran introducido al país.

c) Las de vehículos de las misiones diplomáticas y consulares extranjeras y de las oficinas de sede o representación de organismos internacionales, así como de los funcionarios y empleados del servicio exterior mexicano, para su importación en franquicia diplomática, siempre que cumplan con los requisitos que señale la Secretaría mediante reglas.

d) Las de muestras o muestrarios destinados a dar a conocer mercancías, siempre que cumplan con los requisitos que señale la Secretaría mediante reglas.

e) Las de vehículos, siempre que la importación sea efectuada por mexicanos con residencia en el extranjero o que acrediten estar laborando en el extranjero por un año o más, comprueben mediante documentación oficial su calidad migratoria que los autorice para tal fin y se trate de un solo vehículo en cada periodo de doce meses. En estos casos, los seis meses se computarán en entradas y salidas múltiples efectuadas dentro del periodo de doce meses contados a partir de la primera entrada. Los vehículos podrán ser conducidos en territorio nacional por el importador, su cónyuge, sus ascendientes, descendientes o hermanos siempre y cuando sean residentes permanentes en el extranjero, o por un extranjero con las calidades migratorias indicadas en el inciso a) de la fracción IV de este artículo. Cuando sea conducido por alguna persona distinta de las autorizadas, invariablemente deberá viajar a bordo el importador del vehículo. Los vehículos a que se refiere este inciso deberán cumplir con los requisitos que señale el Reglamento.

III. Hasta por un año, cuando no se trate de las señaladas en las fracciones I y IV de este artículo, y siempre que se reúnan las condiciones de control que establezca el Reglamento, en los siguientes casos:

a) Las destinadas a convenciones y congresos internacionales.

b) Las destinadas a eventos culturales o deportivos, patrocinados por entidades públicas, nacionales o extranjeras, así como por universidades o entidades privadas, autorizadas para recibir donativos deducibles en los términos de la Ley del Impuesto sobre la Renta.

c) Las de enseres, utilería y demás equipo necesario para la filmación, siempre que se utilicen en la industria cinematográfica y su internación se efectúe por residentes en el extranjero. En este caso el plazo establecido se podrá ampliar por un año más.

d) Las de vehículos de prueba, siempre que la importación se efectúe por un fabricante autorizado, residente en México.

e) Las de mercancías previstas por los convenios internacionales de los que México sea parte, así como las que sean para uso oficial de las misiones diplomáticas y consulares extranjeras cuando haya reciprocidad.

IV. Por el plazo que dure su calidad migratoria, incluyendo sus prórrogas, en los siguientes casos:

a) Las de vehículos propiedad de extranjeros que se internen al país con calidad de inmigrantes rentistas o de no inmigrantes, excepto tratándose de refugiados y asilados políticos, siempre que se trate de un solo vehículo.

Los vehículos que importen turistas y visitantes locales, incluso que no sean de su propiedad y se trate de un solo vehículo.

Los vehículos podrán ser conducidos en territorio nacional por el importador, su cónyuge, sus ascendientes, descendientes o hermanos, aun cuando éstos no sean extranjeros, por un extranjero que tenga alguna de las calidades migratorias a que se refiere este inciso, o por un nacional, siempre que en este último caso, viaje a bordo del mismo cualquiera de las personas autorizadas para conducir el vehículo y podrán efectuar entradas y salidas múltiples.

Los vehículos a que se refiere este inciso, deberán cumplir con los requisitos que señale el Reglamento.

b) Los menajes de casa de mercancía usada propiedad de visitantes, visitantes distinguidos, estudiantes e inmigrantes, siempre y cuando cumplan con los requisitos que señale el Reglamento.

Ⅴ. Hasta por diez años, en los siguientes casos:

a) Contenedores.

b) Aviones y helicópteros, destinados a ser utilizados en las líneas aéreas con concesión o permiso para operar en el país, así como aquellos de transporte público de pasajeros, siempre que, en este último caso, proporcionen, en febrero de cada año y en medios magnéticos, la información que señale mediante reglas la Secretaría.

c) Embarcaciones dedicadas al transporte de pasajeros, de carga y a la pesca comercial, las embarcaciones especiales y los artefactos navales, así como las de recreo y deportivas que sean lanchas, yates o veleros turísticos de más de cuatro y medio metros de eslora, incluyendo los remolques para su transporte, siempre que cumplan con los requisitos que establezca el Reglamento.

Las lanchas, yates o veleros turísticos a que se refiere este inciso, podrán ser objeto de explotación comercial, siempre que se registren ante una marina turística.

d) Las casas rodantes importadas temporalmente por residentes permanentes en el extranjero, siempre y cuando cumplan con los requisitos y condiciones que establezca el Reglamento. Las casas rodantes podrán ser conducidas o transportadas en territorio nacional por el importador, su cónyuge, sus ascendientes, descendientes o hermanos, siempre que sean residentes permanentes en el extranjero o por cualquier otra persona cuando viaje a bordo el importador.

e) Carros de ferrocarril.

La forma oficial que se utilice para efectuar importaciones temporales de las mercancías señaladas en esta fracción, amparará su permanencia en territorio nacional por el plazo autorizado, así como las entradas y salidas múltiples que efectúen durante dicho plazo. Los plazos a que se refiere esta fracción podrán prorrogarse mediante autorización, cuando existan causas debidamente justificadas.

(Se deroga el segundo párrafo).

Se podrá permitir la importación temporal de mercancías destinadas al mantenimiento y reparación de los bienes importados temporalmente conforme a este artículo, siempre que se incorporen a los mismos y no sean para automóviles o camiones, de conformidad con lo que establezca el Reglamento.

El Reglamento establecerá los casos y condiciones en los que deba garantizarse el pago de las sanciones que llegaran a imponerse en el caso de que las mercancías no se retornen al extranjero dentro de los plazos máximos autorizados por este artículo.

Las mercancías que hubieran sido importadas temporalmente de conformidad con este artículo, deberán retornar al extranjero en los plazos previstos, en caso contrario, se entenderá que las mismas se encuentran ilegalmente en el país, por haber concluido el régimen de importación temporal al que fueron destinadas.

ARTICULO 107. Tratándose de las importaciones temporales a que se refieren los incisos a), b) y d) de la fracción II, la fracción III, el inciso b) de la fracción IV y los incisos a), primer párrafo del inciso c) y e) de la fracción V del artículo 106 de esta Ley, en el pedimento se señalará la finalidad a la que se destinarán las mercancías y, en su caso, el lugar en donde cumplirán la citada finalidad y mantendrán las propias mercancías. Quienes importen las mercancías a que se refieren los incisos a), c) y e) de la fracción V del artículo 106 mencionado, no estarán obligados a tramitar el pedimento respectivo, siempre que proporcionen la información que establezca la Secretaría mediante reglas.

En los demás casos, no se requerirá pedimento para la importación temporal de mercancías ni para su retorno, asimismo, no será necesario utilizar los servicios de agente o apoderado aduanal, pero se deberá presentar la forma oficial que mediante reglas establezca la Secretaría.

Tampoco serán necesarios la presentación de pedimento y la utilización de los servicios de agente o apoderado aduanal, cuando se presente otro documento con el mismo fin previsto en algún tratado internacional del que México sea parte. La Secretaría establecerá mediante reglas, los casos y condiciones en que procederá la utilización de ese documento, de conformidad con lo dispuesto en dicho tratado internacional.

III
Para elaboración, transformación o reparación en programas de maquila o de exportación

ARTICULO 108. Las maquiladoras y las empresas con programas de exportación autorizados por la Secretaría de Comercio y Fomento Industrial, podrán efectuar la importación temporal de mercancías para retornar al extranjero después de haberse destinado a un proceso de elaboración, transformación o reparación, así como las mercancías para retornar en el mismo estado, en los términos del programa autorizado, siempre que tributen de acuerdo con lo dispuesto en el Título II de la Ley del Impuesto sobre la Renta y cumplan con los requisitos de control que establezca la Secretaría mediante reglas.

La importación temporal de las mercancías a que se refiere la fracción I, incisos a), b) y c) de este artículo, se sujetará al pago del impuesto general de importación en los casos previstos en el artículo 63-A de esta Ley y, en su caso, de las cuotas compensatorias aplicables.

Las mercancías importadas temporalmente por las maquiladoras o empresas con programas de exportación autorizados por la Secretaría de Comercio y Fomento Industrial, al amparo de sus respectivos programas, podrán permanecer en el territorio nacional por los siguientes plazos:

I. Hasta por dieciocho meses, en los siguientes casos:

a) Combustibles, lubricantes y otros materiales que se vayan a consumir durante el proceso productivo de la mercancía de exportación.

b) Materias primas, partes y componentes que se vayan a destinar totalmente a integrar mercancías de exportación.

c) Envases y empaques.

d) Etiquetas y folletos.

II. Hasta por dos años, tratándose de contenedores y cajas de trailers.

III. Por la vigencia del programa de maquila o de exportación, en los siguientes casos:

a) Maquinaria, equipo, herramientas, instrumentos, moldes y refacciones destinados al proceso productivo.

b) Equipos y aparatos para el control de la contaminación; para la investigación o capacitación, de seguridad industrial, de telecomunicación y cómputo, de laboratorio, de medición, de prueba de productos y control de calidad; así como aquéllos que intervengan en el manejo de materiales relacionados directamente con los bienes de exportación y otros vinculados con el proceso productivo.

c) Equipo para el desarrollo administrativo.

En los casos en que residentes en el país les enajenen productos a las maquiladoras y empresas que tengan programas de exportación autorizados por la Secretaría de Comercio y Fomento Industrial, así como a las empresas de comercio exterior que cuenten con registro de la Secretaría de Comercio y Fomento Industrial, se considerarán efectuadas en importación temporal y perfeccionada la exportación definitiva de las mercancías del enajenante, siempre que se cuente con constancia de exportación.

Las mercancías que hubieran sido importadas temporalmente de conformidad con este artículo deberán retornar al extranjero o destinarse a otro régimen aduanero en los plazos previstos. En caso contrario, se entenderá que las mismas se encuentran ilegalmente en el país, por haber concluido el régimen de importación temporal al que fueron destinadas.

ARTICULO 109. Las maquiladoras y las empresas con programas de exportación autorizados por la Secretaría de Comercio y Fomento Industrial, deberán presentar ante las autoridades aduaneras, declaración en la que proporcionen información sobre las mercancías que retornen, la proporción que representan de las importadas temporalmente, las mermas y los desperdicios que no se retornen, así como aquellas que son destinadas al mercado nacional, conforme a lo que establezca el Reglamento.

Los contribuyentes a que se refiere este artículo, podrán convertir la importación temporal en definitiva, siempre que paguen las cuotas compensatorias vigentes al momento del cambio de régimen, el impuesto general de importación actualizado en los términos del artículo 17-A del Código Fiscal de la Federación, a partir del mes en que las mercancías se importaron temporalmente y hasta que se efectúe el cambio de régimen.

No se considerarán importadas definitivamente, las mermas y los desperdicios de las mercancías importadas temporalmente, siempre que los desperdicios se destruyan y se cumpla con las disposiciones de control que establezca el Reglamento.

Para los efectos del párrafo anterior, las empresas con programas de maquila o de exportación, podrán transferir los desperdicios de las mercancías que hubieran importado temporalmente, a otras maquiladoras o empresas con programas de exportación, que vayan a llevar a cabo los procesos de transformación, elaboración o reparación, o realizar el retorno de dichas mercancías, siempre que tramiten un pedimento de exportación por el desperdicio o material obsoleto a nombre de la persona que realice la transferencia, y conjuntamente se tramite un pedimento de importación temporal a nombre de la empresa que recibe las mercancías, cumpliendo con los requisitos que señale el Servicio de Administración Tributaria.

ARTICULO 110. Las maquiladoras y empresas con programas de exportación deberán pagar el impuesto general de importación que se cause en los términos de los artículos 56 y 104 de esta Ley, los derechos y, en su caso, las cuotas compensatorias aplicables, al efectuar la importación temporal de la maquinaria y el equipo a que se refiere el artículo 108, fracción III de esta Ley, y podrán cambiar al régimen de importación definitiva dichos bienes, dentro de los plazos a que se refiere el artículo 108 de esta Ley, efectuando el pago de las contribuciones que correspondan.

ARTICULO 111. Los productos resultantes de los procesos de transformación, elaboración o reparación, que retornen al extranjero darán lugar al pago del impuesto general de exportación correspondiente a las materias primas o mercancías nacionales o nacionalizadas que se les hubieren incorporado conforme a la clasificación arancelaria del producto terminado.

Para calcular el impuesto general de exportación se determinará el porcentaje que del peso y valor del producto terminado corresponda a las citadas materias primas o mercancías que se le hubieren incorporado.

Cuando no se lleve a cabo la transformación, elaboración o reparación proyectada de las mercancías importadas temporalmente, se permitirá el retorno de las mismas sin el pago del impuesto general de importación, siempre y cuando las maquiladoras, así como las empresas con programas de exportación autorizados por la Secretaría de Comercio y Fomento Industrial comprueben los motivos que han dado lugar al retorno de las mercancías en los casos en que la autoridad así lo requiera.

ARTICULO 112. Las maquiladoras o las empresas con programas de exportación autorizados por la Secretaría de Comercio y Fomento Industrial, podrán transferir las mercancías que hubieran importado temporalmente, a otras maquiladoras o empresas con programas de exportación autorizados por la Secretaría de Comercio y Fomento Industrial, que vayan a llevar a cabo los procesos de transformación, elaboración o reparación, o realizar el retorno de dichas mercancías, siempre que tramiten un pedimento de exportación a nombre de la persona que realice la transferencia, en el que se efectúe la determinación y pago del impuesto general de importación correspondiente a las mercancías de procedencia extranjera conforme a su clasificación arancelaria, en los términos del artículo 56 de esta Ley, considerando el valor de las mercancías, al tipo de cambio vigente en la fecha en que se efectúe el pago, y conjuntamente se tramite un pedimento de importación temporal a nombre de la empresa que recibe las mercancías, cumpliendo con los requisitos que señale la Secretaría mediante reglas.

Cuando la empresa que recibe las mercancías presente conjuntamente con el pedimento de importación a que se refiere el párrafo anterior, un escrito en el que asuma la responsabilidad solidaria por el pago del impuesto general de importación correspondiente a las mercancías de procedencia extranjera importadas temporalmente por la persona que efectúa la transferencia y sus proveedores, el pago del impuesto general de importación causado por la mercancía transferida se diferirá en los términos del artículo 63-A de esta Ley. Cuando la persona que reciba las mercancías, a su vez las transfiera a otra maquiladora o empresas con programas de exportación autorizados por la Secretaría de Comercio y Fomento Industrial, pagará el impuesto respecto del que se haya hecho responsable solidario, salvo que la persona a la que le transfirió las mercancías a su vez asuma la responsabilidad solidaria por el que le transfiera y sus proveedores.

Los procesos de transformación, elaboración o reparación de las mercancías podrán llevarse a cabo por persona distinta de las señaladas en el primer párrafo de este artículo, cuando cumplan con las condiciones de control que establezca el Reglamento.

Sección Segunda
Exportaciones temporales

I
Disposiciones generales

ARTICULO 113. La exportación temporal de mercancías nacionales o nacionalizadas se sujetará a lo siguiente:

I. No se pagarán los impuestos al comercio exterior.

II. Se cumplirán las obligaciones en materia de regulaciones y restricciones no arancelarias y formalidades para el despacho de las mercancías destinadas a este régimen.

ARTICULO 114. Los contribuyentes podrán cambiar el régimen de exportación temporal a definitiva cumpliendo con los requisitos que establezcan esta Ley y la Secretaría mediante reglas.

Cuando las mercancías exportadas temporalmente no retornen a territorio nacional dentro del plazo concedido, se considerará que la exportación se convierte en definitiva a partir de la fecha en que se venza el plazo y se deberá pagar el impuesto general de exportación actualizado desde que se efectuó la exportación temporal y hasta que el mismo se pague.

II
Para retornar al país en el mismo estado

ARTICULO 115. Se entiende por régimen de exportación temporal para retornar al país en el mismo estado, la salida de las mercancías nacionales o nacionalizadas para permanecer en el extranjero por tiempo limitado y con una finalidad específica, siempre que retornen del extranjero sin modificación alguna.

ARTICULO 116. Se autoriza la salida del territorio nacional de las mercancías bajo el régimen a que se refiere el artículo 115 de esta Ley por los siguientes plazos:

I. Hasta por tres meses, las de remolques y semirremolques, incluyendo aquellos diseñados y utilizados exclusivamente para el transporte de contenedores.

II. Hasta por seis meses, en los siguientes casos:

a) Las de envases de mercancías.

b) Las que realicen los residentes en México sin establecimiento permanente en el extranjero.

c) Las de muestras y muestrarios destinados a dar a conocer mercancías.

d) Las de enseres, utilería, y demás equipo necesario para la filmación, siempre que se utilicen en la industria cinematográfica y su exportación se efectúe por residentes en el país.

III. Hasta por un año, las que se destinen a exposiciones, convenciones, congresos internacionales o eventos culturales o deportivos.

IV. Por el periodo que mediante reglas determine la Secretaría y por las mercancías que en las mismas se señalen, cuando las circunstancias económicas así lo ameriten, previa opinión de la Secretaría de Comercio y Fomento Industrial. En estos casos la Secretaría podrá autorizar que la obligación de retorno se cumpla con la introducción al país de mercancías que no fueron las que se exportaron temporalmente, siempre que se trate de mercancías fungibles, que no sean susceptibles de identificarse individualmente y se cumpla con las condiciones de control que establezca dicha dependencia.

(Se deroga el segundo párrafo).

Los plazos a que se refieren las fracciones I a IV de este artículo, podrán prorrogarse hasta por un lapso igual al previsto en la fracción de que se trate, mediante rectificación al pedimento de exportación temporal, antes del vencimiento del plazo respectivo. En caso de que se requiera un plazo adicional, se deberá solicitar autorización de conformidad con los requisitos que señale la Secretaría mediante reglas. Tratándose de lo señalado en la fracción IV podrá prorrogarse el período establecido, previa opinión de la Secretaría de Comercio y Fomento Industrial.

Tratándose de las fracciones II, III y IV de este artículo en el pedimento se señalará la finalidad a que se destinarán las mercancías y, en su caso, el lugar donde cumplirán la citada finalidad y mantendrán las propias mercancías.

En los demás casos, no se requerirá pedimento, ni será necesario utilizar los servicios de agente o apoderado aduanal, pero se deberá presentar la forma oficial que mediante reglas señale la Secretaría.

Tampoco serán necesarios la presentación del pedimento y la utilización de los servicios de agente o apoderado aduanal para la exportación temporal, cuando se presente otro documento con el mismo fin previsto en algún tratado internacional del que México sea parte. La Secretaría establecerá mediante reglas, los casos y condiciones en que procederá la utilización de ese documento, de conformidad con lo dispuesto en dicho tratado internacional.

III
Para elaboración, transformación o reparación

ARTICULO 117. Se autoriza la salida del territorio nacional de mercancías para someterse a un proceso de transformación, elaboración o reparación hasta por dos años. Este plazo podrá ampliarse hasta por un lapso igual, mediante rectificación al pedimento que presente el exportador por conducto de agente o apoderado aduanal, o previa autorización cuando se requiera de un plazo mayor, de conformidad con los requisitos que establezca el Reglamento.

Al retorno de las mercancías se pagará el impuesto general de importación que correspondan al valor de las materias primas o mercancías extranjeras incorporadas, así como el precio de los servicios prestados en el extranjero para su transformación, elaboración o reparación, de conformidad con la clasificación arancelaria de la mercancía retornada.

ARTICULO 118. Por las mermas resultantes de los procesos de transformación, elaboración o reparación, no se causará el impuesto general de exportación. Respecto de los desperdicios, se exigirá el pago de dicho impuesto conforme a la clasificación arancelaria que corresponda a las mercancías exportadas, salvo que se demuestre que han sido destruidos o que retornaron al país.

Las mermas y los desperdicios no gozarán de estímulos fiscales.

Capítulo IV
Depósito fiscal

ARTICULO 119. El régimen de depósito fiscal consiste en el almacenamiento de mercancías de procedencia extranjera o nacional en almacenes generales de depósito que puedan prestar este servicio en los términos de la Ley General de Organizaciones y Actividades Auxiliares del Crédito y además sean autorizados para ello, por las autoridades aduaneras. El régimen de depósito fiscal se efectúa una vez determinados los impuestos al comercio exterior, así como las cuotas compensatorias.

Los almacenes generales de depósito que cuenten con la autorización a que se refiere el párrafo anterior, deberán cumplir en cada local en que mantengan las mercancías en depósito fiscal, con los siguientes requisitos:

I. Deberán destinar, dentro del almacén, instalaciones que reúnan las especificaciones que señale la Secretaría para mantener aisladas las mercancías destinadas al régimen de depósito fiscal, de las mercancías nacionales o extranjeras que se encuentren en dicho almacén.

II. Deberán contar con equipo de cómputo y de transmisión de datos que permita su enlace con el de la Secretaría, así como llevar un registro permanente y simultáneo de las operaciones de mercancías en depósito fiscal, en el momento en que se tengan por recibidas o sean retiradas, mismo que deberá vincularse electrónicamente con la dependencia mencionada. Para los efectos de esta fracción, la Secretaría establecerá las condiciones que deberán observarse para la instalación de los equipos, así como para llevar a cabo el registro de las operaciones realizadas y el enlace de los medios de cómputo del almacén general de depósito con la Secretaría.

El incumplimiento a lo dispuesto en las fracciones I y II de este artículo dará lugar a que la Secretaría, previa audiencia, suspenda temporalmente la autorización al local de que se trate, hasta que se cumplan los requisitos que correspondan. En caso de reincidencia, la Secretaría cancelará la autorización a que se refiere este artículo.

Para destinar las mercancías al régimen de depósito fiscal será necesario cumplir en la aduana de despacho con las regulaciones y restricciones no arancelarias aplicables a este régimen, así como acompañar el pedimento con la carta de cupo. Dicha carta se expedirá por el almacén general de depósito o por el titular del local destinado a exposiciones internacionales a que se refiere la fracción III del artículo 121 de esta Ley, según corresponda, y en ella se consignarán los datos del agente o apoderado aduanal que promoverá el despacho.

Se entenderá que las mercancías se encuentran bajo la custodia, conservación y responsabilidad del almacén general de depósito en el que quedarán almacenadas bajo el régimen de depósito fiscal, desde el momento en que éste expida la carta de cupo mediante la cual acepta almacenar la mercancía. Debiendo transmitir la carta de cupo mediante su sistema electrónico al del Servicio de Administración Tributaria, informando los datos del agente o apoderado aduanal que promoverá el despacho.

Las mercancías que estén en depósito fiscal, siempre que no se altere o modifique su naturaleza o las bases gravables para fines aduaneros, podrán ser motivo de actos de conservación, exhibición, colocación de signos de identificación comercial, empaquetado, examen, demostración y toma de muestras. En este último caso, se pagarán las contribuciones y cuotas compensatorias que correspondan a las muestras.

El almacén general de depósito o el titular del local destinado a exposiciones internacionales que haya expedido la carta de cupo, informará a la Secretaría dentro del plazo de veinte días siguientes al de la expedición de dicha carta, los sobrantes o faltantes de las mercancías manifestadas en el pedimento respecto de las efectivamente recibidas en sus instalaciones procedentes de la aduana del despacho. En caso de que dichas mercancías no arriben en el plazo señalado, se deberá informar a más tardar al día siguiente en que venza el mismo. De no rendir dicho aviso se entenderá que recibió de conformidad las mercancías descritas en el pedimento respectivo.

Las personas físicas o morales residentes en el extranjero, podrán promover el régimen de depósito fiscal por conducto de agente o apoderado aduanal, conforme a los requisitos de llenado del pedimento que establezca la Secretaría mediante reglas.

En caso de cancelación de la carta de cupo, ésta deberá realizarse por el almacén general de depósito o por el titular del local destinado a exposiciones internacionales que la hubiera expedido, mismo que deberá de comunicarlo a la autoridad aduanera dentro de los cinco días siguientes al de su cancelación.
A partir de la fecha en que las mercancías nacionales queden en depósito fiscal para su exportación, se entenderán exportadas definitivamente.

ARTICULO 120. Las mercancías en depósito fiscal podrán retirarse del lugar de almacenamiento para:

I. Importarse definitivamente, si son de procedencia extranjera.

II. Exportarse definitivamente, si son de procedencia nacional.

III. Retornarse al extranjero las de esa procedencia o reincorporarse al mercado las de origen nacional, cuando los beneficiarios se desistan de este régimen.

IV. Importarse temporalmente por maquiladoras o por empresas con programas de exportación autorizados por la Secretaría de Comercio y Fomento Industrial.

Las mercancías podrán retirarse total o parcialmente para su importación o exportación pagando previamente los impuestos al comercio exterior y el derecho de trámite aduanero, para lo cual deberán optar al momento del ingreso de la mercancía al depósito fiscal, si la determinación del importe a pagar se actualizará en los términos del artículo 17-A del Código Fiscal de la Federación o conforme a la variación cambiaria que hubiere tenido el peso frente al dólar de los Estados Unidos de América, durante el período comprendido entre la entrada de las mercancías al territorio nacional de conformidad con lo establecido en el artículo 56 de esta Ley, o al almacén en el caso de exportaciones, y su retiro del mismo; así como pagar previamente las demás contribuciones y cuotas compensatorias que, en su caso, correspondan.

Los almacenes generales de depósito recibirán las contribuciones y cuotas compensatorias que se causen por la importación y exportación definitiva de las mercancías que tengan en depósito fiscal y estarán obligados a enterarlas en las oficinas autorizadas, al día siguiente a aquél en que las reciban.

En los casos a que se refieren las fracciones I y II de este artículo, al efectuarse el retiro deberán satisfacerse, además, los requisitos que establezca la Secretaría mediante reglas. En el caso de la fracción III, el retorno al extranjero podrá realizarse por la aduana que elija el interesado sin el pago de los impuestos al comercio exterior y de las cuotas compensatorias. El traslado de las mercancías del almacén a la citada aduana deberá realizarse mediante el régimen de tránsito interno.

ARTICULO 121. La Secretaría, como excepción a lo dispuesto en el artículo 119 de esta Ley y siempre que se cumplan los requisitos de control que señale el Reglamento, podrá autorizar el establecimiento de depósitos fiscales de conformidad con lo siguiente:

I. Para la exposición y venta de mercancías extranjeras y nacionales en puertos aéreos internacionales, fronterizos y marítimos de altura. En este caso las mercancías no se sujetarán al pago de impuesto al comercio exterior y de cuotas compensatorias, siempre que las ventas se hagan a pasajeros que salgan del país directamente al extranjero y la entrega de dichas mercancías se realice en los puntos de salida del territorio nacional, debiendo llevarlas consigo al extranjero.

Cuando la venta se haga a los pasajeros que arriben al país directamente del extranjero en puertos aéreos internacionales y dicha venta así como la entrega de las mercancías se realice en los establecimientos autorizados por el Servicio de Administración Tributaria, cumpliendo los requisitos de control que se establezcan mediante reglas, las mercancías no se sujetarán al pago de impuestos al comercio exterior y de cuotas compensatorias, siempre que se trate de las que comprenden el equipaje de pasajeros en viajes internacionales, de conformidad con lo previsto en el Artículo 61, fracción VI, de la Ley y demás disposiciones aplicables.

Las autoridades aduaneras controlarán los establecimientos mencionados en los dos párrafos anteriores, sus instalaciones, vías de acceso y oficinas.

La autorización a que se refiere esta fracción sólo se otorgará a personas morales constituidas de conformidad con las leyes mexicanas, siempre que otorguen las garantías y cumplan con los demás requisitos que establezca el Servicio de Administración Tributaria mediante reglas. Las personas autorizadas responderán directamente ante el Fisco Federal por el importe de los créditos fiscales que corresponda pagar por las mercancías faltantes en sus inventarios, las que hubiesen entregado sin cumplir con los requisitos que establece la Ley.

En el caso de los aeropuertos, se requerirá que los establecimientos se encuentren ubicados en zonas posteriores al control de acceso de pasajeros internacionales y en el caso de los puertos marítimos y fronterizos, deberán encontrarse en el recinto fiscal o contiguo al mismo. Tratándose de los establecimientos a que se refiere el segundo párrafo de esta fracción, se requerirá que los establecimientos se encuentren en la zona reservada para pasajeros internacionales. Dentro del aeropuerto internacional de que se trate antes de la zona de declaración y revisión aduanal correspondiente. Procederá la autorización de los establecimientos siempre que se encuentren dentro del recinto fiscal o, en el caso de puertos marítimos y fronterizos, contiguo al mismo.

La autorización podrá otorgarse hasta por un plazo de diez años, el cual podrá prorrogarse por un plazo igual si lo solicita el interesado durante la vigencia de la autorización, siempre que se cumpla con los requisitos que establezca el Servicio de Administración Tributaria mediante reglas y los interesados se encuentren al corriente en el cumplimiento de sus obligaciones fiscales.

Los particulares que obtengan la autorización a que se refiere esta fracción estarán obligados a:

a) Pagar en las oficinas autorizadas, a más tardar el día diecisiete del mes de que se trate un aprovechamiento del 5% sobre los ingresos brutos obtenidos por la venta de las mercancías en el mes inmediato anterior.

b) Contar con equipo de cómputo y de transmisión de datos enlazado con el del SAT.

c) Llevar un registro diario de las operaciones realizadas, mediante un sistema automatizado de control de inventarios, debiendo otorgar a la autoridad aduanera acceso electrónico en línea de manera permanente e ininterrumpida.

d) Instalar y mantener en funcionamiento permanente un sistema de circuito cerrado a través del cual la autoridad aduanera tenga acceso a los puntos de venta y entrega de la mercancía, así como de los puntos de salida del territorio nacional poniendo a disposición del SAT terminales de monitoreo.

e) Transmitir al sistema electrónico a cargo de la autoridad aduanera, dentro de los diez días naturales al mes siguiente, la información relativa a la venta de las mercancías realizadas en el mes inmediato anterior, en los términos que se establezcan mediante reglas, especificando cantidades, descripción y código del producto, fracción arancelaria y valor de la venta de la mercancía.

f) Presentar ante la Administración General de Aduanas la documentación comprobatoria que acredite el pago del aprovechamiento del 5% de sus ingresos brutos obtenido por la venta de mercancías efectuadas mensualmente y la que acredite que se ha efectuado el pago del derecho por el otorgamiento de la autorización del establecimiento respectivo, conforme al Artículo 40, inciso k) de la Ley Federal de Derechos.

g) Cumplir con los mecanismos de control de ventas y entrega de mercancías que se establezcan mediante reglas.

h) Cumplir con las demás condiciones y lineamientos que establezca el SAT.

Procederá la cancelación de la autorización conforme al procedimiento previsto en el Artículo 144-A de esta Ley, cuando los locales objeto de la autorización dejen de encontrarse en las zonas establecidas o se incurra en alguna otra causa de cancelación establecida en esta Ley o en la autorización.

II. (Se deroga).

III. Temporalmente, para locales destinados a exposiciones internacionales de mercancías.

IV. Para someterse al proceso de ensamble y fabricación de vehículos, a empresas de la industria automotriz terminal, cumpliendo los requisitos y formalidades que para tales efectos establezca la Secretaría mediante reglas.

Los particulares que obtengan la autorización a que se refiere esta fracción deberán mantener los controles que establezca la Secretaría mediante reglas.

Cuando se extraigan los productos resultantes de los procesos de ensamble y fabricación de vehículos para su retorno al extranjero, en los casos previstos en el artículo 63-A de esta Ley, se pagará el impuesto general de importación y, en su caso, de las cuotas compensatorias aplicables.

ARTICULO 122. Las mercancías destinadas al régimen de depósito fiscal, que se encuentren en almacenes generales de depósito autorizados, podrán ser adquiridas por terceros y residentes en el extranjero, siempre que el almacén manifieste su conformidad. El adquirente quedará subrogado en los derechos y obligaciones correspondientes.

ARTICULO 123. La Secretaría señalará mediante reglas, las mercancías que no podrán ser objeto de este régimen y las medidas de control que los almacenes generales de depósito deberán observar para mantener una separación material completa de los locales que se destinen para el depósito, manejo y custodia de las mercancías sometidas a este régimen.

Capítulo V
Tránsito de mercancías

ARTICULO 124. El régimen de tránsito consiste en el traslado de mercancías, bajo control fiscal, de una aduana nacional a otra.

Sección Primera
Tránsito interno de mercancías

ARTICULO 125. Se considerará que el tránsito de mercancías es interno cuando se realice conforme a alguno de los siguientes supuestos:

Ⅰ. La aduana de entrada envíe las mercancías de procedencia extranjera a la aduana que se encargará del despacho para su importación.

Ⅱ. La aduana de despacho envíe las mercancías nacionales o nacionalizadas a la aduana de salida, para su exportación.

Ⅲ. La aduana de despacho envíe las mercancías importadas temporalmente en programas de maquila o de exportación a la aduana de salida, para su retorno al extranjero.

ARTICULO 126. El tránsito interno para la importación de bienes de consumo final sólo procederá en los términos y con las condiciones que señale el Reglamento.

ARTICULO 127. El régimen de tránsito interno se promoverá por conducto de agente o apoderado aduanal.

Tratándose del tránsito interno a la exportación se deberá formular el pedimento de exportación, efectuar el pago de las contribuciones correspondientes y cumplir con las regulaciones y restricciones no arancelarias aplicables al régimen de exportación, en la aduana de despacho.

Para realizar el tránsito interno a la importación se deberá cumplir con los siguientes requisitos:

Ⅰ. Formular el pedimento de tránsito interno.

Ⅱ. Determinar provisionalmente las contribuciones, aplicando la tasa máxima señalada en la tarifa de la Ley del Impuesto General de Importación y la que corresponda tratándose de las demás contribuciones que se causen, así como las cuotas compensatorias.

III. Anexar al pedimento la documentación que acredite el cumplimiento de regulaciones y restricciones no arancelarias, aplicables al régimen de importación y, en su caso, el documento en el que conste el depósito efectuado en la cuenta aduanera de garantía a que se refiere el artículo 84-A de esta Ley, excepto en los casos que establezca la Secretaría mediante reglas.

Tratándose de regulaciones y restricciones no arancelarias cuyo cumplimiento se demuestre a través de medios electrónicos, no se requerirá imprimir la firma electrónica que demuestre su descargo total o parcial en el pedimento de tránsito interno.

IV. Pagar las contribuciones actualizadas desde la entrada de las mercancías al país y hasta que se efectúe dicho pago, así como las cuotas compensatorias, antes de activar el mecanismo de selección automatizado en la aduana de despacho.

V. Efectuar el traslado de las mercancías utilizando los servicios de las empresas inscritas en el registro de empresas transportistas a que se refiere el artículo 170 del Reglamento.

El tránsito interno para el retorno de mercancías importadas temporalmente en programas de maquila o de exportación, se efectuará de conformidad con el procedimiento que establezca la Secretaría mediante reglas.

ARTICULO 128. El tránsito interno de mercancías deberá efectuarse dentro de los plazos máximos de traslado que establezca la Secretaría mediante reglas.

Si las mercancías en tránsito interno a la importación no arriban a la aduana de despacho en el plazo señalado, la determinación provisional de contribuciones y cuotas compensatorias se considerará como definitiva. Si las mercancías en tránsito interno para su exportación o retorno al extranjero no arriban a la aduana de salida en el plazo señalado, no se considerarán exportadas o retornadas y se deberán reintegrar los beneficios fiscales que se hubieran obtenido con motivo de la exportación.

Cuando por razones de caso fortuito o fuerza mayor las mercancías no puedan arribar en los plazos a que se refiere el párrafo anterior, el agente o apoderado aduanal o el transportista, deberá presentar aviso por escrito a las autoridades aduaneras de conformidad con lo que establezca el Reglamento, exponiendo las razones que impiden el arribo oportuno de las mercancías. En este caso, podrá permitirse el arribo extemporáneo de las mercancías por un periodo igual al plazo máximo de traslado establecido.

ARTICULO 129. Serán responsables solidarios ante el Fisco Federal del pago de las contribuciones y cuotas compensatorias omitidas, de sus accesorios y de las infracciones que se cometan durante el traslado de las mercancías, cualesquiera de las siguientes personas:

I. El agente o apoderado aduanal cuando incurra en las causales de cancelación previstas en el artículo 165, fracción III de esta Ley o no pueda ser localizado en el domicilio por él señalado para oír y recibir notificaciones.

II. La empresa transportista inscrita en el registro que establezca el Reglamento que realice el traslado de las mercancías. Dicho registro será cancelado por la Secretaría, procediendo la suspensión provisional, hasta en tanto no exista una resolución firme que determina dicha cancelación, cuando con motivo del ejercicio de las facultades de comprobación, las autoridades aduaneras detecten cualquier maniobra tendiente a eludir el cumplimiento de las obligaciones fiscales.

Las empresas transportistas deberán mantener los medios de control y seguridad que señale la Secretaría mediante reglas y deberán proporcionar la información y documentación que les sea requerida por las autoridades aduaneras.

Independientemente de lo dispuesto en este artículo, el agente o apoderado aduanal que promueva el despacho tendrá la responsabilidad prevista en esta Ley, por las irregularidades que se deriven de la formulación del pedimento y que se detecten con motivo del ejercicio de las facultades de comprobación de la autoridad aduanera.

Sección Segunda
Tránsito internacional de mercancías

ARTICULO 130. Se considerará que el tránsito de mercancías es internacional cuando se realice conforme a alguno de los siguientes supuestos:

I. La aduana de entrada envíe a la aduana de salida las mercancías de procedencia extranjera que lleguen al territorio nacional con destino al extranjero.

II. Las mercancías nacionales o nacionalizadas se trasladen por territorio extranjero para su reingreso al territorio nacional.

ARTICULO 131. El tránsito internacional de mercancías por territorio nacional se promoverá por conducto de agente aduanal, siempre que se cumplan los siguientes requisitos:

I. Formular el pedimento de tránsito internacional y anexar, en su caso, el documento en el que conste el depósito efectuado en la cuenta aduanera de garantía a que se refiere el artículo 84-A de esta Ley.

II. Determinar provisionalmente las contribuciones, aplicando la tasa máxima señalada en la tarifa de la Ley del Impuesto General de Importación, y la que corresponda tratándose de las demás contribuciones que se causen, así como las cuotas compensatorias.

III. Efectuarse por las aduanas autorizadas y por las rutas fiscales que para tal efecto establezca la Secretaría mediante reglas. El traslado de las mercancías se deberá efectuar utilizando los servicios de las empresas inscritas en el Registro de empresas transportistas a que se refiere el artículo 170 del Reglamento.

Sólo procederá el tránsito internacional de mercancías por territorio nacional en los casos y bajo las condiciones que señale la Secretaría mediante reglas.

ARTICULO 132. El tránsito internacional de mercancías deberá efectuarse en los plazos máximos de traslado que establezca la Secretaría mediante reglas.

Si las mercancías en tránsito internacional por territorio nacional no arriban a la aduana de salida en el plazo señalado, la determinación provisional de contribuciones y de cuotas compensatorias se considerará como definitiva.

Cuando por razones de caso fortuito o fuerza mayor las mercancías no puedan arribar en los plazos a que se refiere el párrafo anterior, el agente aduanal, el transportista o la persona física o moral que efectúe el tránsito internacional de mercancías, deberá presentar aviso por escrito a las autoridades aduaneras de conformidad con lo que establezca el Reglamento, exponiendo las razones que impiden el arribo oportuno de las mercancías. En este caso, podrá permitirse el arribo extemporáneo de las mercancías a la aduana de salida por un periodo igual al plazo máximo de traslado establecido o, que se efectúe el desistimiento al régimen en la aduana de entrada, siempre que en este último caso se presenten físicamente las mercancías ante la autoridad aduanera en dicha aduana.

ARTICULO 133. La persona física o moral que efectúe el tránsito internacional de mercancías por territorio nacional será responsable ante el Fisco Federal del pago de los créditos fiscales.

Serán responsables solidarios ante el Fisco Federal del pago de las contribuciones y cuotas compensatorias omitidas, de sus accesorios y de las infracciones que se cometan durante el traslado de las mercancías, cualesquiera de las siguientes personas:

I. El agente aduanal, cuando acepte expresamente dicha responsabilidad.

II. La empresa transportista inscrita en el registro que establezca el Reglamento cuando realice el traslado de las mercancías. Dicho registro podrá ser cancelado por la Secretaría, cuando con motivo del ejercicio de las facultades de comprobación, las autoridades aduaneras detecten cualquier maniobra tendiente a eludir el cumplimiento de las obligaciones fiscales.

Independientemente de lo dispuesto en este artículo, el agente aduanal que promueva el despacho tendrá la responsabilidad prevista en esta Ley, por las irregularidades que se deriven de la formulación del pedimento y que se detecten durante el despacho en la aduana de entrada.

ARTICULO 134. El tránsito internacional por territorio extranjero deberá promoverse por conducto de agente o apoderado aduanal.

Capítulo VI
Elaboración, transformación o reparación en recinto fiscalizado

ARTICULO 135. El régimen de elaboración, transformación o reparación en recinto fiscalizado consiste en la introducción de mercancías extranjeras o nacionales, a dichos recintos para su elaboración, transformación o reparación, para ser retornadas al extranjero o para ser exportadas, respectivamente.

La introducción de mercancías extranjeras bajo este régimen se sujetará al pago del impuesto general de importación en los casos previstos en el artículo 63-A de esta Ley y de las cuotas compensatorias aplicables a este régimen. El impuesto general de importación se deberá determinar al destinar las mercancías a este régimen.

En ningún caso podrán retirarse del recinto fiscalizado las mercancías destinadas a este régimen, si no es para su retorno al extranjero o exportación.

Las autoridades aduaneras podrán autorizar que dentro de los recintos fiscalizados, las mercancías en ellos almacenadas puedan ser objeto de elaboración, transformación o reparación en los términos de este artículo.

Las mercancías nacionales se considerarán exportadas para los efectos legales correspondientes, al momento de ser destinadas al régimen previsto en este artículo.

Las mermas resultantes de los procesos de elaboración, transformación o reparación no causarán el impuesto general de importación. Los desperdicios no retornados no causarán el citado impuesto siempre que se demuestre que han sido destruidos cumpliendo con las disposiciones de control que para tales efectos establezca el Reglamento.

Cuando se retornen al extranjero los productos resultantes de los procesos de elaboración, transformación o reparación, en los casos previstos en el artículo 63-A de esta Ley, se pagará el impuesto general de importación.

Por los faltantes de las mercancías destinadas al régimen previsto en este artículo, se causarán los impuestos al comercio exterior que correspondan.

Podrán introducirse al país a través del régimen previsto en este artículo, la maquinaria y el equipo que se requiera para la elaboración, transformación o reparación de mercancías en recinto fiscalizado, siempre que se pague el impuesto general de importación y se cumplan las regulaciones y restricciones no arancelarias aplicables a este régimen.

Capítulo VII
Recinto Fiscalizado Estratégico

ARTICULO 135-A. Las personas que tengan el uso o goce de inmuebles ubicados dentro del recinto fiscalizado estratégico habilitado en los términos del artículo 14-D de esta Ley, podrán solicitar la autorización para destinar mercancías al régimen de recinto fiscalizado estratégico. No podrán obtener la autorización a que se refiere este artículo, las personas que cuenten con la autorización para administrar el recinto fiscalizado estratégico.

Para que proceda la autorización a que se refiere este artículo, se deberá acreditar ser persona moral constituida de conformidad con las leyes mexicanas, su solvencia económica, su capacidad técnica, administrativa y financiera, así como la de sus accionistas, estar al corriente en el cumplimiento de sus obligaciones fiscales, y cumplir con los requisitos que señale el Servicio de Administración Tributaria mediante reglas.

La autorización se podrá otorgar hasta por un plazo de veinte años, el cual podrá prorrogarse a solicitud del interesado hasta por un plazo igual, siempre que la solicitud se presente durante los últimos dos años de la autorización y se sigan cumpliendo los requisitos previstos para su otorgamiento, así como de las obligaciones derivadas de la misma. En ningún caso, el plazo original de vigencia o de la prórroga de la autorización será mayor a aquél por el que el autorizado tenga el legal uso o goce del inmueble.

Las personas que obtengan la autorización a que se refiere este artículo, deberán adoptar las medidas necesarias y cumplir con los lineamientos que determine el Servicio de Administración Tributaria mediante reglas, para el control, vigilancia y seguridad del recinto fiscalizado y de las mercancías de comercio exterior y deberán contar con los sistemas que permitan el enlace y la transmisión automatizada de la información relativa a las mercancías. La transmisión de la información se deberá efectuar en los términos que señale el Servicio de Administración Tributaria mediante reglas.

Quienes obtengan la autorización a que se refiere este artículo, deberán cumplir con las obligaciones y tendrán las mismas responsabilidades que las previstas en los artículos 15, 26 y demás relativos de esta Ley para quienes cuenten con autorización o concesión para el manejo, almacenaje y custodia de mercancías en depósito ante la aduana. El Servicio de Administración Tributaria mediante reglas podrá otorgar las facilidades necesarias.

El Servicio de Administración Tributaria cancelará la autorización a que se refiere este artículo conforme al procedimiento previsto en el artículo 144-A de esta Ley, a quienes dejen de cumplir los requisitos previstos para el otorgamiento de la autorización, incumplan con las obligaciones previstas en esta Ley o la autorización o incurran en alguna causal de cancelación establecida en esta Ley o en la autorización.

ARTICULO 135-B. El régimen de recinto fiscalizado estratégico consiste en la introducción, por tiempo limitado, de mercancías extranjeras, nacionales o nacionalizadas, a los recintos fiscalizados estratégicos, para ser objeto de manejo, almacenaje, custodia, exhibición, venta, distribución, elaboración, transformación o reparación y se sujetará a lo siguiente:

I. No se pagarán los impuestos al comercio exterior ni las cuotas compensatorias, salvo tratándose de mercancías extranjeras, en los casos previstos en el artículo 63-A de esta Ley.

II. No estarán sujetas al cumplimiento de las regulaciones y restricciones no arancelarias y normas oficiales mexicanas, excepto las expedidas en materia de sanidad animal y vegetal, salud pública, medio ambiente y seguridad nacional.

III. Las mermas resultantes de los procesos de elaboración, transformación o reparación no causarán contribución alguna ni cuotas compensatorias.

IV. Los desperdicios no retornados no causarán contribuciones siempre que se demuestre que han sido destruidos cumpliendo con las disposiciones de control que para tales efectos establezca el Servicio de Administración Tributaria mediante reglas.

Para destinar las mercancías al régimen de recinto fiscalizado estratégico, se deberá tramitar el pedimento respectivo o efectuar el registro a través de medios electrónicos que señale el Servicio de Administración Tributaria mediante reglas, determinando las contribuciones y cuotas compensatorias que correspondan.

A partir de la fecha en que las mercancías nacionales o nacionalizadas queden bajo este régimen, se entenderán exportadas definitivamente.

ARTICULO 135-C. Las mercancías extranjeras que se introduzcan a este régimen podrán permanecer en los recintos fiscalizados por un tiempo limitado de hasta dos años, salvo en los siguientes casos, en los que el plazo será no mayor al previsto en la Ley del Impuesto sobre la Renta para su depreciación:

Ⅰ. Maquinaria, equipo, herramientas, instrumentos, moldes y refacciones destinados al proceso productivo;

Ⅱ. Equipos y aparatos para el control de la contaminación; para la investigación o capacitación, de seguridad industrial, de telecomunicación y cómputo, de laboratorio, de medición, de prueba de productos y control de calidad; así como aquellos que intervengan en el manejo de materiales relacionados directamente con los bienes objeto de elaboración, transformación o reparación y otros vinculados con el proceso productivo.

Ⅲ. Equipo para el desarrollo administrativo.

ARTICULO 135-D. Las mercancías que se introduzcan al régimen de recinto fiscalizado estratégico podrán retirarse de dicho recinto para:

Ⅰ. Importarse definitivamente, si son de procedencia extranjera.

Ⅱ. Exportarse definitivamente, si son de procedencia nacional.

Ⅲ. Retornarse al extranjero las de esa procedencia o reincorporarse al mercado las de origen nacional, cuando los beneficiarios se desistan de este régimen.

Ⅳ. Importarse temporalmente por maquiladoras o por empresas con programas de exportación autorizados por la Secretaría de Economía.

Ⅴ. Destinarse al régimen de depósito fiscal.

Durante el plazo de vigencia del régimen, las mercancías podrán retirarse para su importación cumpliendo con las disposiciones que determine el Servicio de Administración Tributaria mediante reglas.

Las mercancías sujetas a este régimen se podrán transferir de un inmueble ubicados dentro del recinto fiscalizado a otro ubicado dentro del mismo recinto, o a otro recinto fiscalizado habilitado en los términos del artículo 14-D de esta Ley, siempre que se cumplan con las formalidades que para tales efectos establezca el Servicio de Administración Tributaria mediante reglas.

Los productos resultantes de los procesos de elaboración, transformación o reparación que retornen al extranjero darán lugar al pago del impuesto general de exportación.

Las personas que hayan obtenido la autorización a que se refiere el artículo 135-A de esta Ley, responderán directamente ante el Fisco Federal por el importe de los créditos fiscales que corresponda pagar por las mercancías que sean retiradas del recinto fiscalizado sin cumplir con las obligaciones y formalidades que para tales se requieran o cuando incurran en infracciones o delitos relacionados con la introducción, extracción, manejo, almacenaje o custodia de las mercancías. Dicha responsabilidad comprenderá el pago de los impuestos al comercio exterior y de las demás contribuciones, así como de las cuotas compensatorias que en su caso se causen, y sus accesorios, así como las multas aplicables. Las personas que hayan obtenido la autorización a que se refiere el artículo 14-D de esta Ley, serán responsables solidarios en los mismos términos y condiciones.

Título Quinto
Franja y región fronteriza

Capítulo Unico

ARTICULO 136. Para los efectos de esta Ley, se considera como franja fronteriza al territorio comprendido entre la línea divisoria internacional y la línea paralela ubicada a una distancia de veinte kilómetros hacia el interior del país.

Por región fronteriza se entenderá al territorio que determine el Ejecutivo Federal.

ARTICULO 137. Con independencia de lo dispuesto en los artículos siguientes, la Secretaría de Comercio Industrial, previa opinión de la Secretaría determinará, por medio de disposiciones de carácter general, las mercancías que estarán total o parcialmente desgravadas de los impuestos al comercio exterior en la franja o región fronteriza. La propia Secretaría de Comercio y Fomento Industrial con base en la Ley de Comercio Exterior, determinará las mercancías cuya importación o exportación a dicha franja o región quedarán sujetas a regulaciones y restricciones no arancelarias.

Las bebidas alcohólicas, la cerveza, el tabaco labrado en cigarrillos o puros y los caballos de carrera que se importen a la franja o región fronteriza, causarán el impuesto general de importación sin reducción alguna.

ARTICULO 137 bis 1. Las personas físicas que acrediten su residencia en la Franja Fronteriza Norte, así como en los Estados de Baja California y Baja California Sur, en la región parcial del Estado de Sonora y en el Municipio Fronterizo de Cananea, Estado de Sonora, podrán efectuar la importación definitiva de vehículos automotores usados, siempre y cuando estén destinados a permanecer en estos lugares.

ARTICULO 137 bis 2. Para efecto del artículo anterior y de los siguientes, se entiende por:

Ⅰ. Persona Física: El ciudadano al que la Ley ha dotado de derechos y obligaciones.

Ⅱ. Franja Fronteriza Norte: La comprendida entre la Línea Divisoria Internacional con los Estados Unidos de América y la línea paralela a una distancia de 20 kilómetros hacia el interior del país, en el tramo comprendido entre el límite de la región parcial del Estado de Sonora y el Golfo de México.

Ⅲ. Región Parcial del Estado de Sonora: La comprendida entre los siguientes límites al norte, la línea divisoria internacional, desde el cauce del Río Colorado hasta el punto situado en esa línea a 10 kilómetros del Oeste de Sonora, de ese punto, una línea recta hasta llegar a la costa a un punto situado a 10 kilómetros al este de Puerto Peñasco, de allí siguiendo el cauce de ese Río, hacia el norte, hasta encontrar la línea divisoria internacional.

Ⅳ. Año Modelo: El periodo comprendido entre el 1o. de noviembre de un año, al 31 de octubre del año siguiente.

V. Automóvil: El vehículo destinado al transporte hasta de diez personas, incluyéndose a las vagonetas y a las camionetas denominadas "VAN", que tengan instalado convertidor catalítico de fábrica.

VI. Vehículo comercial: Al vehículo con o sin chasis para el transporte de mercancías o de más de diez personas, con peso bruto vehicular de más de 2,727, pero no mayor de 7,272 kilogramos.

VII. Camión mediano: Al vehículo con o sin chasis para el transporte de mercancías o de más de diez personas, con peso bruto vehicular de más de 2,272 kilogramos, pero no mayor de 8,864 kilogramos.

VIII. Vehículo usado: Al vehículo de cinco o más años-modelos anteriores a la fecha en que se realice la importación.

ARTICULO 137 bis 3. La importación a que se refiere el artículo anterior podrá efectuarse pagando exclusivamente el 50% del Impuesto General de Importación que corresponda a los vehículos a importar, conforme a su clasificación arancelaria.

Las fracciones arancelarias aplicables según la tarifa de la Ley del Impuesto General de Importación, serán las que correspondan al valor de la compra-venta en dólares de los Estados Unidos de América, de los vehículos automotores usados.

Asimismo, se exime del requisito de permiso previo, por parte de la Secretaría de Comercio y Fomento Industrial, la importación de vehículos automotores usados a que se refieren los artículos anteriores.

ARTICULO 137 bis 4. Los vehículos que podrán importarse bajo el amparo de las disposiciones legales anteriores, son los siguientes:

I. Automóviles cuyo valor no exceda de doce mil dólares de los Estados Unidos de América, excluyendo los vehículos deportivos, de lujo y convertibles.

II. Camiones comerciales ligeros y medianos, propulsados por motor de gasolina.

Los vehículos señalados en el presente artículo, deberán ser similares a los de las marcas de fabricación nacional, de conformidad con la lista que publique la Secretaría del Ramo competente en el Diario Oficial de la Federación, dentro del tercer trimestre de cada año, con la previa opinión de la Comisión Intersecretarial de Industria Automotriz.

ARTICULO 137 bis 5. Las personas físicas que pretendan efectuar la importación de los vehículos en los términos de los artículos anteriores deberán cumplir con lo siguiente:

I. Acreditarse como ciudadano mexicano con el Acta de Nacimiento o de naturalización correspondiente.

II. Comprobar su residencia en la franja y regiones fronterizas referidas, de seis meses anteriores a la fecha de la importación del vehículo, mediante cualquiera de los documentos oficiales expedidos a nombre del interesado, en donde conste el domicilio ubicado en la franja o región fronteriza de que se trate.

III. Presentar el pedimento de importación correspondiente, que deberá contener las características, marca, tipo, línea, modelo y número de serie, con el objeto de que una vez realizada la importación, se pueda comprobar su legal estancia en el país.

IV. Presentar al momento del despacho aduanero conjuntamente con los documentos aduaneros respectivos, la constancia que acredite que el vehículo a importar cumple con las normas técnicas de emisión máxima permisible de contaminantes en su país de origen.

ARTICULO 137 bis 6. La importación de vehículos automotores usados que se realice en los términos de los artículos anteriores, se limitará a una unidad por persona.

Asimismo, la persona física que afecte la importación de una unidad vehicular usada, no podrá volver a efectuar la importación de otra unidad vehicular, en los términos de los artículos precedentes, sino después de haber transcurrido un año de la primer importación, siendo aplicables a su comercialización las limitaciones que derivan de las disposiciones aduaneras vigentes.

ARTICULO 137 bis 7. La internación al resto del territorio nacional de los vehículos importados al amparo de las disposiciones legales que preceden, se regirá por lo dispuesto en la Ley Aduanera, en especial por el párrafo final de su artículo 62, por las normas contenidas en el Reglamento de la Ley Aduanera y por las demás disposiciones normativas aplicables.

ARTICULO 137 bis 8. A partir del año 2009, la importación de autos usados a las franjas y regiones fronterizas a que se refieren los artículos anteriores, se realizará de conformidad con lo establecido en el apéndice 300-A.2 del Tratado de Libre Comercio de América del Norte.

ARTICULO 137 bis 9. En lo conducente, serán aplicables a las importaciones de vehículos usados, a que se refieren los artículos anteriores, las disposiciones contenidas en la Ley Aduanera, su Reglamento y demás.

ARTICULO 138. Se entiende por reexpedición, la internación al resto del país de mercancías de procedencia extranjera importadas a la franja o región fronteriza. Dicha reexpedición podrá realizarse en los siguientes casos:

I. Cuando se trate de mercancías importadas en forma temporal o definitiva a la franja o región fronteriza, y en este último caso se hubieran cubierto las contribuciones aplicables al resto del país.

II. Cuando se trate de mercancías importadas que hayan sido objeto de procesos de elaboración o transformación en la franja o región fronteriza.

III. Cuando las mercancías importadas se internen temporalmente al resto del país para ser sometidas a un proceso de transformación, elaboración o reparación.

ARTICULO 139. Para efectuar la reexpedición de mercancías, los contribuyentes deberán cumplir, además de los requisitos señalados en el artículo 36 de esta Ley, con los siguientes:

I. Cubrir, en su caso, las diferencias que correspondan al impuesto general de importación y demás contribuciones que se causen de conformidad con los ordenamientos respectivos.

II. Cumplir con los requisitos en materia de regulaciones y restricciones no arancelarias a la importación aplicables al resto del territorio nacional.

ARTICULO 140. La Secretaría establecerá puntos de revisión en los lugares que se fijen, cerca de los límites de la franja o región fronteriza, para que los pasajeros y las mercancías procedentes de dichas zonas puedan introducirse al resto del territorio nacional.

Las mercancías destinadas al interior del país y cuya importación se efectúe a través de una franja o región fronteriza, para transitar por éstas, deberán utilizar las mismas cajas y remolques en que sean presentadas para su despacho, conservando íntegros los precintos, sellos, marcas y demás medios de control que se exijan para éste. Lo anterior no será aplicable tratándose de maniobras de consolidación o desconsolidación de mercancías, así como en los demás casos que establezca la Secretaría mediante reglas.

ARTICULO 141. El aprovisionamiento de las embarcaciones con mercancías de procedencia extranjera legalizadas en la región fronteriza, se permitirá sin el pago de los impuestos al comercio exterior en los términos del artículo 61, fracción IV de esta Ley, pero si se dirigen a otros puertos nacionales fuera de la región fronteriza serán inspeccionadas por las autoridades aduaneras, con el objeto de que el citado aprovisionamiento sólo incluya los elementos necesarios para llegar al próximo puerto de escala.

ARTICULO 142. Las mercancías a que se refiere el artículo 61, fracción VIII de esta Ley, podrán ser consumidas por los habitantes de las poblaciones ubicadas en la franja fronteriza.

Las autoridades aduaneras podrán autorizar a residentes en la franja o región fronteriza que cambien su casa habitación a poblaciones del resto del país, la internación de su menaje de casa usado sin el pago del impuesto general de importación, siempre y cuando comprueben haber residido en dicha franja o región fronteriza por más de un año y que los bienes hayan sido adquiridos cuando menos seis meses antes de que pretendan internarlos.

Título Sexto
Atribuciones del Poder Ejecutivo Federal y de las autoridades fiscales

Capítulo Unico

ARTICULO 143. Además de las que le confieren otras leyes, son atribuciones del Poder Ejecutivo Federal en materia aduanera:

I. Establecer o suprimir aduanas fronterizas, interiores y de tráfico aéreo y marítimo, así como designar su ubicación y funciones.

II. Suspender los servicios de las oficinas aduaneras por el tiempo que juzgue conveniente, cuando así lo exija el interés de la nación.

III. Autorizar que el despacho de mercancías por las aduanas fronterizas nacionales, pueda hacerse conjuntamente con las oficinas aduaneras de países vecinos.

IV. Establecer o suprimir regiones fronterizas.

ARTICULO 144. La Secretaría tendrá, además de las conferidas por el Código Fiscal de la Federación y por otras leyes, las siguientes facultades:

I. Señalar la circunscripción territorial de las aduanas, de las administraciones regionales de aduanas y de las secciones aduaneras.

La propia Secretaría señalará, dentro de los recintos fiscales, el lugar donde se encuentren las oficinas administrativas de la aduana y sus instalaciones complementarias y establecerá la coordinación con otras dependencias y organismos que lleven a cabo sus funciones en los aeropuertos, puertos marítimos y cruces fronterizos autorizados para el tráfico internacional, en relación a las medidas de seguridad y control que deben aplicarse en los mismos, y señalará, en su caso, las aduanas por las cuales se deberá practicar el despacho de determinado tipo de mercancías que al efecto determine la citada dependencia mediante reglas.

II. Comprobar que la importación y exportación de mercancías, la exactitud de los datos contenidos en los pedimentos, declaraciones o manifestaciones, el pago correcto de las contribuciones y aprovechamientos y el cumplimiento de las regulaciones y restricciones no arancelarias, se realicen conforme a lo establecido en esta Ley.

III. Requerir de los contribuyentes, responsables solidarios y terceros, los documentos e informes sobre las mercancías de importación o exportación y, en su caso, sobre el uso que hayan dado a las mismas.

IV. Recabar de los funcionarios públicos, fedatarios y autoridades extranjeras los datos y documentos que posean con motivo de sus funciones o actividades relacionadas con la importación, exportación o uso de mercancías.

V. Cerciorarse que en los despachos los agentes y apoderados aduanales, cumplan los requisitos establecidos por esta Ley y por las reglas que dicte la Secretaría, respecto del equipo y medios magnéticos.

VI. Practicar el reconocimiento aduanero de las mercancías de importación o exportación en los recintos fiscales y fiscalizados o, a petición del contribuyente, en su domicilio o en las dependencias, bodegas, instalaciones o establecimientos que señale, cuando se satisfagan los requisitos previstos en el Reglamento, así como conocer de los hechos derivados del segundo reconocimiento a que se refiere el artículo 43 de esta Ley, verificar y supervisar dicho reconocimiento, así como autorizar y cancelar la autorización a los dictaminadores aduaneros y revisar los dictámenes formulados por éstos en los términos del artículo 175.

VII. Verificar que las mercancías por cuya importación fue concedido algún estímulo fiscal, franquicia, exención o reducción de impuestos o se haya eximido del cumplimiento de una regulación o restricción no arancelaria, estén destinadas al propósito para el que se otorgó, se encuentren en los lugares señalados al efecto y sean usadas por las personas a quienes fue concedido, en los casos en que el beneficio se haya otorgado en razón de dichos requisitos o de alguno de ellos.

VIII. Fijar los lineamientos para las operaciones de carga, descarga, manejo de mercancías de comercio exterior y para la circulación de vehículos dentro de los recintos fiscales y fiscalizados y señalar dentro de dichos recintos las áreas restringidas para el uso de aparatos de telefonía celular, o cualquier otro medio de comunicación; así como ejercer en forma exclusiva el control y vigilancia sobre la entrada y salida de mercancías y personas en dichos lugares, en los aeropuertos y puertos marítimos autorizados para el tráfico internacional y en las aduanas fronterizas.

IX. Inspeccionar y vigilar permanentemente en forma exclusiva, el manejo, transporte o tenencia de las mercancías en los recintos fiscales y fiscalizados.

X. Perseguir y practicar el embargo precautorio de las mercancías y de los medios en que se transporten en los casos a que se refiere el artículo 151 de esta Ley.

XI. Verificar en forma exclusiva durante su transporte, la legal importación o tenencia de mercancías de procedencia extranjera en todo el territorio nacional, para lo cual podrá apoyarse en el dictamen aduanero a que se refiere el artículo 43 de esta Ley.

XII. Corregir y determinar el valor en aduana de las mercancías declarado en el pedimento, u otro documento que para tales efectos autorice la Secretaría, utilizando el método de valoración correspondiente en los términos de la Sección Primera del Capítulo III del Título Tercero de esta Ley, cuando el importador no determine correctamente el valor en términos de la sección mencionada, o cuando no hubiera proporcionado, previo requerimiento, los elementos que haya tomado en consideración para determinar dicho valor, o lo hubiera determinado con base en documentación o información falsa o inexacta.

XIII. Establecer precios estimados para mercancías que se importen y retenerlas hasta que se presente la garantía a que se refiere el artículo 36, fracción I, inciso e) de esta Ley.

XIV. Establecer la naturaleza, características, clasificación arancelaria, origen y valor de las mercancías de importación y exportación.

Para ejercer las facultades a que se refiere el párrafo anterior, la Secretaría podrá solicitar el dictamen que requiera, al agente aduanal, al dictaminador aduanero o a cualquier otro perito.

XV. Determinar las contribuciones y aprovechamientos omitidos por los contribuyentes o responsables solidarios.

XVI. Comprobar la comisión de infracciones e imponer las sanciones que correspondan.

XVII. Exigir el pago de las cuotas compensatorias y aplicar el procedimiento administrativo de ejecución para hacer efectivas dichas cuotas, los impuestos al comercio exterior y los derechos causados.

XVIII. Determinar el destino de las mercancías que hayan pasado a ser propiedad del Fisco Federal, las previstas en el artículo 157 de esta Ley y mantener la custodia de las mismas en tanto procede a su entrega.

XIX. Dictar, en caso fortuito o fuerza mayor, naufragio, o cualquiera otra causa que impida el cumplimiento de alguna de las prevenciones de esta Ley, las medidas administrativas que se requieran para subsanar la situación.

XX. Establecer marbetes o sellos especiales para las mercancías o sus envases, destinados a la franja o región fronteriza, que determine la propia Secretaría, siempre que hayan sido gravados con un impuesto general de importación inferior al del resto del país, así como establecer sellos con el objeto de determinar el origen de las mercancías.

XXI. Otorgar, suspender y cancelar las patentes de los agentes aduanales, así como otorgar, suspender, cancelar y revocar las autorizaciones de los apoderados aduanales.

XXII. Dictar las reglas correspondientes para el despacho conjunto a que se refiere la fracción III del artículo 143 de esta Ley.

XXIII. Expedir, previa opinión de la Secretaría de Comercio y Fomento Industrial, reglas para la aplicación de las disposiciones en materia aduanera de los tratados o acuerdos internacionales de los que México sea parte.

XXIV. Cancelar las garantías a que se refiere el artículo 36, fracción I, inciso e) y las demás que se constituyan en los términos de esta Ley.

XXV. Las que le sean conferidas en tratados o acuerdos internacionales de los que México sea parte.

XXVl. Dar a conocer la información contenida en los pedimentos, a las Cámaras y Asociaciones Industriales agrupadas por la Confederación, en términos de la Ley de Cámaras Empresariales y sus Confederaciones, que participen con el Servicio de Administración Tributaria en el Programa de Control Aduanero y Fiscalización por Sector Industrial. Asimismo, podrá dar a conocer a los contribuyentes la información de los pedimentos de las operaciones que hayan efectuado.

XXVII. Establecer, para efectos de la información que deben manifestar los importadores o exportadores en el pedimento que corresponda, unidades de medida diferentes a las señaladas en las leyes de los impuestos generales de importación y exportación.

XXVIII. Suspender la libre circulación de las mercancías de procedencia extranjera dentro del recinto fiscal, una vez activado el mecanismo de selección automatizado, previa resolución que emita la autoridad administrativa o judicial competente en materia de propiedad intelectual, y ponerla de inmediato a su disposición en el lugar que las citadas autoridades señalen.

XXIX. Microfilmar, grabar en discos ópticos o en cualquier otro medio que autorice la propia Secretaría mediante reglas, los documentos que se hayan proporcionado a la misma en cumplimiento de las disposiciones de esta Ley.

XXX. Ordenar y practicar el embargo precautorio en los términos del Código Fiscal de la Federación, de las cantidades en efectivo, en cheques nacionales o extranjeros, órdenes de pago o cualquier otro documento por cobrar o una combinación de ellos, superiores al equivalente en la moneda o monedas de que se trate, a diez mil dólares de los Estados Unidos de América, cuando se omita declararlas a las autoridades aduaneras, al entrar o salir del territorio nacional, conforme a lo dispuesto en el artículo 9o. de esta Ley.

XXXI. Promover la enajenación para la exportación de las mercancías que hayan pasado a propiedad del Fisco Federal, mediante licitaciones internacionales. En los casos a que se refiere la fracción II del artículo 145 de esta Ley.

XXXII. Las demás que sean necesarias para hacer efectivas las facultades a que este precepto se refiere.

ARTICULO 144-A. El Servicio de Administración Tributaria podrá revocar las concesiones o cancelar las autorizaciones otorgadas en los términos de esta Ley, por cualquiera de las siguientes causas:

I. Cuando el titular no cubra o entere a la Secretaría las contribuciones o aprovechamientos correspondientes, no esté al corriente en el cumplimiento de sus obligaciones fiscales o no otorgue la garantía a que esté obligado.

II. Cuando el titular no mantenga los registros, inventarios o medios de control a que esté obligado.

III. Cuando se graven, cedan o transmitan parcial o totalmente los derechos derivados de la concesión o autorización.

IV. Cuando se declare por autoridad competente la quiebra o suspensión de pagos del titular de la concesión o autorización.

V. Las demás que establezca esta Ley y las que se señalen en la concesión o autorización.

Para tales efectos, la autoridad aduanera emitirá una resolución en la que determine el inicio del procedimiento, señalando las causas que lo motivan, ordene la suspensión de operaciones del concesionario o de la persona autorizada y le otorgue un plazo de diez días para ofrecer las pruebas y alegatos que a su derecho convengan. Las autoridades aduaneras deberán dictar la resolución que corresponda en un plazo que no excederá de cuatro meses a partir de la notificación del inicio del procedimiento. Transcurrido dicho plazo sin que se notifique la resolución, el interesado podrá considerar que la autoridad aduanera puso fin a dicho procedimiento resolviendo en el sentido de revocar la concesión o cancelar la autorización y podrá interponer los medios de defensa en cualquier tiempo posterior a dicho plazo o esperar a que se dicte la resolución.

La autoridad aduanera, podrá levantar provisionalmente la suspensión a que se refiere el párrafo anterior, cuando la suspensión afecte la operación aduanera o de comercio exterior del país, hasta en tanto se adopten las medidas necesarias para resolver dicha situación.

Durante el plazo que dure la suspensión, el titular de la concesión o autorización únicamente podrá concluir las operaciones que tuviera iniciadas a la fecha en que le sea notificada la orden de suspensión, sin que pueda iniciar nuevas operaciones.

Cuando se revoque la concesión o se cancele la autorización, las autoridades aduaneras lo notificarán a los propietarios o consignatarios de las mercancías que se encuentren en el recinto fiscalizado o en el almacén general de depósito, para que en un plazo de quince días transfieran las mercancías a otro recinto fiscalizado o almacén general de depósito o las destinen a algún régimen aduanero. De no efectuarse la transferencia o de no destinarse a algún régimen en el plazo señalado, las mercancías causarán abandono a favor del Fisco Federal en el primer caso y en el segundo se entenderá que se encuentran ilegalmente en el país.

En los casos en que se cancele la autorización a que se refiere el artículo 121 de esta Ley, la persona autorizada deberá importar definitivamente o retornar al extranjero las mercancías de procedencia extranjera y exportar definitivamente o reincorporar al mercado nacional las de origen nacional.

ARTICULO 144-B. La Secretaría podrá cancelar la inscripción en el registro de empresas transportistas a que se refieren los artículos 119, 127, 129 y 133 de la Ley Aduanera, cuando se presente cualquiera de los siguientes supuestos:

I. El no arribo de las mercancías a la aduana o al almacén general de depósito.

II. Cuando con motivo del ejercicio de facultades de comprobación la autoridad aduanera detecte que la empresa transportista no lleva la contabilidad o registros de sus operaciones de comercio exterior, ni conserve la documentación que acredite las mismas, o altere datos consignados en la documentación de comercio exterior.

III. Cuando no cumpla con los requerimientos de documentación relativa al comercio exterior formulados por la autoridad aduanera.

IV. Cuando presente irregularidades o inconsistencias en el Registro Federal de Contribuyentes.

V. Cuando la empresa transportista inscrita no sea localizable en los domicilios señalados para el efecto.

VI. Cuando no cubra los créditos fiscales que hubieran quedado firmes cuando para su cobro se hubiera seguido el procedimiento administrativo de ejecución.

VII. Cuando utilicen medios de transporte que no cuenten con los requisitos de control o cuando no cuente con los mecanismos de control que determine la Secretaría mediante reglas.

VIII. Cuando no se encuentre al corriente en sus obligaciones fiscales.

ARTICULO 145. Para determinar el destino de las mercancías que pasen a ser propiedad del Fisco Federal, la Secretaría deberá asesorarse de un Consejo integrado por instituciones filantrópicas y representantes de las Cámaras y asociaciones de contribuyentes interesadas en la producción y comercialización de mercancías idénticas o similares a aquellas. La citada dependencia deberá observar los siguientes lineamientos:

I. Que el producto de la enajenación sea suficiente para cubrir los gastos relacionados con el almacenamiento, traslado y demás que sean necesarios para efectuar el destino de las mercancías. La diferencia deberá invertirse en Certificados de la Tesorería, a fin de que en los supuestos de dictarse alguna resolución posterior o de los señalados en los artículos 28 y 34 de esta Ley, se disponga la aplicación del producto y rendimientos citados, conforme proceda.

A más tardar dentro del mes de enero del año siguiente a aquel en que se enajenaron las mercancías, deberá enterarse el remanente a la Tesorería de la Federación. Se dejará una reserva en cantidad suficiente que sirva para iniciar la operación del ejercicio siguiente.

II. Que en la enajenación de las mercancías se eviten perjuicios a los sectores de la economía, la seguridad nacional, la salud pública, y el medio ambiente, para lo cual se podrán enajenar para su exportación.

III. Las mercancías y sus envases podrán tener los sellos y marcas que las identifiquen como propiedad del Fisco Federal y no estarán sujetas a requisitos adicionales.

IV. En su caso, destruir la mercancía.

A las enajenaciones a que se refiere este artículo no les será aplicable lo dispuesto por la Sección Cuarta del Capítulo III del Título Quinto del Código Fiscal de la Federación.

El Servicio de Administración Tributaria podrá asignar las mercancías a que se refiere este artículo para uso del propio Servicio o bien para otras dependencias del Gobierno Federal, entidades paraestatales, entidades federativas, Distrito Federal y municipios, así como a los poderes Legislativo y Judicial. En este caso no se requerirá la opinión previa del Consejo. El Servicio de Administración Tributaria deberá enviar mensualmente un reporte de las asignaciones al Consejo y a la Cámara de Diputados del Honorable Congreso de la Unión y en periodo de receso a la Comisión Permanente. También podrá donarlas a las personas morales con fines no lucrativos autorizadas para recibir donativos deducibles en los términos de la Ley del Impuesto sobre la Renta, previa opinión del Consejo establecido en este artículo.

Tratándose de mercancías que hayan pasado a propiedad del Fisco Federal como consecuencia de excedentes detectados a maquiladoras o empresas con programas de exportación autorizados por la Secretaría de Comercio y Fomento Industrial, la Secretaría podrá enajenar de inmediato estas mercancías a la propia empresa objeto del embargo, siempre que se encuentren comprendidas dentro de su programa autorizado. En este caso tampoco se requerirá la opinión previa del Consejo.

ARTICULO 146. La tenencia, transporte o manejo de mercancías de procedencia extranjera, a excepción de las de uso personal, deberá ampararse en todo tiempo, con cualquiera de los siguientes documentos:

I. Documentación aduanera que acredite su legal importación.

Tratándose de la enajenación de vehículos importados en definitiva, el importador deberá entregar el pedimento de importación al adquirente. En enajenaciones posteriores, el adquirente deberá exigir dicho pedimento y conservarlo para acreditar la legal estancia del vehículo en el país.

II. Nota de venta expedida por autoridad fiscal federal o institución autorizada por ésta, o la documentación que acredite la entrega de las mercancías por parte de la Secretaría.

III. Factura expedida por empresario establecido e inscrito en el Registro Federal de Contribuyentes, la cual deberá reunir los requisitos que señale el Código Fiscal de la Federación.

Las empresas porteadoras legalmente autorizadas, cuando transporten las mercancías de procedencia extranjera fuera de la franja o región fronteriza, podrán comprobar la legal tenencia de las mismas con la carta de porte y los documentos que establezca mediante reglas la Secretaría.

ARTICULO 147. Las mercancías nacionales que sean transportadas dentro de la franja o región fronteriza del país, deberán ampararse en la forma siguiente:

I. Las de exportación prohibida o restringida que sean conducidas hacia los litorales o fronteras, con los pedidos, facturas, contratos y otros documentos comerciales que acrediten que serán destinadas a dichas zonas, o con los permisos de exportación correspondientes.

II. Las confundibles con las extranjeras que sean transportadas hacia el interior del país, con las marcas registradas en México que ostenten o con las facturas o notas de remisión expedidas por empresarios inscritos en el Registro Federal de Contribuyentes, si reúnen los requisitos señalados por las disposiciones fiscales.

El origen de los artículos agropecuarios producidos en las zonas a que se refiere este precepto podrá acreditarse con las constancias del comisariado ejidal, del representante de los colonos o comuneros, de la asociación agrícola o ganadera a que pertenezca el pequeño propietario o de la Secretaría de Agricultura, Ganadería y Desarrollo Rural, en cualquiera de los casos anteriores, cuando las autoridades aduaneras lo requieran, sin que la documentación tenga que acompañar a las mercancías.

ARTICULO 148. Tratándose de mercancías de procedencia extranjera objeto de una resolución de suspensión de libre circulación emitida por la autoridad administrativa o judicial competente en materia de propiedad intelectual, las autoridades aduaneras procederán a retener dichas mercancías y a ponerlas a disposición de la autoridad competente en el almacén que la autoridad señale para tales efectos.

Al momento de practicar la retención a que se refiere el párrafo anterior, las autoridades aduaneras levantarán acta circunstanciada en la que se deberá hacer constar lo siguiente:

I. La identificación de la autoridad que practica la diligencia.

II. La resolución en la que se ordena la suspensión de libre circulación de las mercancías de procedencia extranjera que motiva la diligencia y la notificación que se hace de la misma al interesado.

III. La descripción, naturaleza y demás características de las mercancías.

IV. El lugar en que quedarán depositadas las mercancías, a disposición de la autoridad competente.

Deberá requerirse a la persona con quien se entienda la diligencia para que designe dos testigos de asistencia. Si los testigos no son designados o los designados no aceptan fungir como tales, la autoridad que practique la diligencia los designará.

Se entregará copia del acta a la persona con quien se hubiera entendido la diligencia y copia de la resolución de suspensión de libre circulación de las mercancías emitida por la autoridad administrativa o judicial competente, con el objeto de que continúe el procedimiento administrativo o judicial conforme a la legislación de la materia.

ARTICULO 149. Lo dispuesto en el artículo 148 de esta Ley solamente será aplicable cuando la resolución en la que la autoridad administrativa o judicial competente ordene la suspensión de la libre circulación de las mercancías de procedencia extranjera, contenga la siguiente información:

I. El nombre del importador.

II. La descripción detallada de las mercancías.

III. La aduana por la que se tiene conocimiento que van a ingresar las mercancías.

Ⅳ. El periodo estimado para el ingreso de las mercancías, el cual no excederá de quince días.

Ⅴ. El almacén en el que deberán quedar depositadas las mercancías a disposición de la autoridad competente, el cual deberá estar ubicado dentro de la circunscripción territorial de la aduana que corresponda.

Ⅵ. La designación o aceptación expresa del cargo de depositario.

ARTICULO 150. Las autoridades aduaneras levantarán el acta de inicio del procedimiento administrativo en materia aduanera, cuando con motivo del reconocimiento aduanero, del segundo reconocimiento, de la verificación de mercancías en transporte o por el ejercicio de las facultades de comprobación, embarguen precautoriamente mercancías en los términos previstos por esta Ley.

En dicha acta se deberá hacer constar:

Ⅰ. La identificación de la autoridad que practica la diligencia.

Ⅱ. Los hechos y circunstancias que motivan el inicio del procedimiento.

Ⅲ. La descripción, naturaleza y demás características de las mercancías.

Ⅳ. La toma de muestras de las mercancías, en su caso, y otros elementos probatorios necesarios para dictar la resolución correspondiente.

Deberá requerirse al interesado para que designe dos testigos y señale domicilio para oír y recibir notificaciones dentro de la circunscripción territorial de la autoridad competente para tramitar y resolver el procedimiento correspondiente, salvo que se trate de pasajeros, en cuyo caso, podrán señalar un domicilio fuera de dicha circunscripción.

Se apercibirá al interesado de que si los testigos no son designados o los designados no aceptan fungir como tales, quien practique la diligencia los designará; que de no señalar el domicilio, de señalar uno que no le corresponda a él o a su representante, de desocupar el domicilio señalado sin aviso a la autoridad competente o señalando un nuevo domicilio que no le corresponda a él o a su representante, de desaparecer después de iniciadas las facultades de comprobación o de oponerse a las diligencias de notificación de los actos relacionados con el procedimiento, negándose a firmar las actas que al efecto se levanten, las notificaciones que fueren personales se efectuarán por estrados, siempre que, en este último caso y tratándose del reconocimiento aduanero, segundo reconocimiento o de la verificación de mercancías en transporte, se cuente con visto bueno del administrador de la aduana.

Dicha acta deberá señalar que el interesado cuenta con un plazo de diez días hábiles, contados a partir del día siguiente a aquel en que surta efectos la notificación, a fin de ofrecer las pruebas y formular los alegatos que a su derecho convenga.

Cuando el embargo precautorio se genere con motivo de una inexacta clasificación arancelaria podrá ofrecerse, dentro del plazo señalado, la celebración de una junta técnica consultiva para definir si es correcta o no la clasificación arancelaria manifestada en el pedimento; dicha junta deberá realizarse dentro de los tres días hábiles siguientes a su ofrecimiento. En caso de ser correcta la clasificación arancelaria manifestada en el pedimento la autoridad aduanera que inició el procedimiento acordará el levantamiento del embargo y la entrega de las mercancías, dejando sin efectos el mismo, en caso contrario, el procedimiento continuará su curso legal. Lo dispuesto en este párrafo no constituye instancia.

La autoridad que levante el acta respectiva deberá entregar al interesado, copia del acta de inicio del procedimiento, momento en el cual se considerará notificado.

ARTICULO 151. Las autoridades aduaneras procederán al embargo precautorio de las mercancías y de los medios en que se transporten, en los siguientes casos:

I. Cuando las mercancías se introduzcan a territorio nacional por lugar no autorizado o cuando las mercancías extranjeras en tránsito internacional se desvíen de las rutas fiscales o sean transportadas en medios distintos a los autorizados tratándose de tránsito interno.

II. Cuando se trate de mercancías de importación o exportación prohibida o sujeta a las regulaciones y restricciones no arancelarias a que se refiere la fracción II, del artículo 176 de esta Ley y no se acredite su cumplimiento o sin acreditar el cumplimiento de las normas oficiales mexicanas o, en su caso, se omita el pago de cuotas compensatorias. Tratándose de las normas oficiales mexicanas de información comercial, sólo procederá el embargo cuando el incumplimiento se detecte en el ejercicio de visitas domiciliarias o verificación de mercancías en transporte.

III. Cuando no se acredite con la documentación aduanera correspondiente, que las mercancías se sometieron a los trámites previstos en esta Ley para su introducción al territorio nacional o para su internación de la franja o región fronteriza al resto del país y cuando no se acredite su legal estancia o tenencia, o se trate de vehículos conducidos por personas no autorizadas. En el caso de pasajeros, el embargo precautorio procederá sólo respecto de las mercancías no declaradas, así como del medio de transporte, siempre que se trate de vehículo de servicio particular, o si se trata de servicio público, cuando esté destinado a uso exclusivo del pasajero o no preste el servicio normal de ruta.

IV. Cuando con motivo del reconocimiento aduanero, del segundo reconocimiento o de la verificación de mercancías en transporte, se detecte mercancía no declarada o excedente en más de un 10% del valor total declarado en la documentación aduanera que ampare las mercancías.

V. Cuando se introduzcan dentro del recinto fiscal vehículos de carga que transporten mercancías de importación sin el pedimento que corresponda para realizar el despacho de las mismas.

VI. Cuando el nombre o domicilio fiscal del proveedor o importador, señalado en el pedimento o en la factura, sean falsos o inexistentes o cuando en el domicilio fiscal señalado en dichos documentos, no se pueda localizar al proveedor o la factura sea falsa.

VII. Cuando el valor declarado en el pedimento sea inferior en un 50% o más al valor de transacción de mercancías idénticas o similares determinado conforme a los artículos 72 y 73 de esta Ley, salvo que se haya otorgado la garantía a que se refiere el artículo 86-A fracción I de esta Ley.

En los casos a que se refieren las fracciones VI y VII se requerirá una orden emitida por el administrador general o el administrador central de investigación aduanera de la Administración General de Aduanas del Servicio de Administración Tributaria, para que proceda el embargo precautorio durante el reconocimiento aduanero, segundo reconocimiento o verificación de mercancías en transporte.

En los casos a que se refieren las fracciones I, II, III, IV, VI y VII el medio de transporte quedará como garantía del interés fiscal, salvo que se cumpla con los requisitos y las condiciones que establezca el Reglamento.

Por lo que se refiere a las fracciones III y IV, el resto del embarque quedará como garantía del interés fiscal, salvo que se trate de maquiladoras o empresas con programas de exportación autorizados por la Secretaría de Comercio y Fomento Industrial, en este caso, sólo se procederá al embargo de la totalidad del excedente, permitiéndose inmediatamente la salida del medio de transporte y del resto de la mercancía correctamente declarada.

(Se deroga el último párrafo).

ARTICULO 152. En los casos en que con motivo del reconocimiento aduanero, del segundo reconocimiento, de la verificación de mercancías en transporte, de la revisión de los documentos presentados durante el despacho o del ejercicio de las facultades de comprobación, en que proceda la determinación de contribuciones omitidas, cuotas compensatorias y, en su caso, la imposición de sanciones y no sea aplicable el Artículo 151 de esta Ley, las autoridades aduaneras procederán a su determinación, sin necesidad de sustanciar el procedimiento establecido en el Artículo 150 de esta Ley.

En este caso la autoridad aduanera dará a conocer mediante escrito o acta circunstanciada los hechos u omisiones que impliquen la omisión de contribuciones, cuotas compensatorias y, en su caso, la imposición de sanciones, y deberá señalarse que el interesado cuenta con un plazo de diez días hábiles, contados a partir del día siguiente a aquel en que surta efectos la notificación del escrito o acta, a fin de ofrecer las pruebas y formular los alegatos que a su derecho convenga.

El ofrecimiento, desahogo y valoración de las pruebas se hará de conformidad con lo dispuesto en los Artículos 123 y 130 del Código Fiscal de la Federación.

Las autoridades aduaneras emitirán resolución en un plazo que no excederá de cuatro meses, contados a partir del día siguiente a aquél en que se encuentre debidamente integrado el expediente.

Se entiende que el expediente se encuentra debidamente integrado cuando hayan vencido los plazos para la presentación de todos los escritos de pruebas y alegatos o, en caso de resultar procedente, la autoridad encargada de emitir la resolución haya llevado a cabo las diligencias necesarias para el desahogo de las pruebas ofrecidas por los promoventes.

En los demás casos la determinación del crédito fiscal se hará por la autoridad aduanera.

En el escrito o acta de inicio del procedimiento se deberá requerir al interesado para que señale domicilio para oír y recibir notificaciones, apercibido que de no señalar el domicilio, de señalar uno que no le corresponda a él o a su representante, de desocupar el domicilio señalado sin aviso a la autoridad competente o señalando un nuevo domicilio que no le corresponda a él o a su representante, de desaparecer después de iniciadas las facultades de comprobación o de oponerse a las diligencias de notificación de los actos relacionados con el procedimiento, negándose a firmar las actas que al efecto se levanten, las notificaciones que fueren personales se efectuarán por estrados, siempre que, en este último caso y tratándose del reconocimiento aduanero, segundo reconocimiento o de la verificación de mercancías en transporte, se cuente con visto bueno del administrador de la aduana.

ARTICULO 153. El interesado deberá ofrecer por escrito, las pruebas y alegatos que a su derecho convenga, ante la autoridad aduanera que hubiera levantado el acta a que se refiere el artículo 150 de esta Ley, dentro de los diez días siguientes a aquel en que surta efectos la notificación de dicha acta. El ofrecimiento, desahogo y valoración de las pruebas se hará de conformidad con lo dispuesto por los Artículos 123 y 130 del Código Fiscal de la Federación. Tratándose de la valoración de los documentos con los que se pretenda comprobar la legal estancia o tenencia de las mercancías, cuando la información en ellos contenida deba transmitirse en el sistema electrónico previsto en el Artículo 38 de esta Ley para su despacho, se dará pleno valor probatorio a la información transmitida.

Cuando el interesado presente pruebas documentales que acrediten la legal estancia o tenencia de las mercancías en el país; desvirtúen los supuestos por los cuales fueron objeto de embargo precautorio o acrediten que el valor declarado fue determinado de conformidad con el Título III, Capítulo III, Sección Primera de esta Ley en los casos a que se refiere el artículo 151, fracción VII de esta Ley, la autoridad que levantó el acta a que se refiere el artículo 150 de esta Ley, dictará de inmediato la resolución, sin que en estos casos se impongan sanciones; de existir mercancías embargadas se ordenará su devolución. Cuando el interesado no presente las pruebas o éstas no desvirtúen los supuestos por los cuales se embargó precautoriamente la mercancía, las autoridades aduaneras deberán de dictar resolución definitiva, en un plazo que no excederá de cuatro meses, contados a partir del día siguiente a aquél en que se encuentre debidamente integrado el expediente. Se entiende que el expediente se encuentra debidamente integrado cuando hayan vencido los plazos para la presentación de todos los escritos de pruebas y alegatos o, en caso de resultar procedente, la autoridad encargada de emitir la resolución haya llevado a cabo las diligencias necesarias para el desahogo de las pruebas ofrecidas por los promoventes. De no emitirse la resolución definitiva en el término de referencia, quedarán sin efectos las actuaciones de la autoridad que dieron inicio al procedimiento.

Tratándose de mercancías excedentes o no declaradas embargadas a maquiladoras y empresas con programas de exportación autorizados por la Secretaría de Economía, cuando dentro de los diez días siguientes a la notificación del acta a que se refiere este artículo, el interesado presente escrito en el que manifieste su consentimiento con el contenido del acta, la autoridad aduanera que hubiera iniciado el procedimiento podrá emitir una resolución provisional en la que determine las contribuciones y cuotas compensatorias omitidas y las sanciones que procedan. Cuando el interesado en un plazo de cinco días a partir de que surta efectos la notificación de la resolución provisional acredite el pago de las contribuciones, accesorios y multas correspondientes y, en su caso, el cumplimiento de las regulaciones y restricciones no arancelarias, la autoridad aduanera ordenará la devolución de las mercancías.

ARTICULO 154. El embargo precautorio de las mercancías podrá ser sustituido por las garantías que establece el Código Fiscal de la Federación, excepto en los casos señalados en el artículo 183-A de esta Ley.

En los casos a que se refiere el artículo 151, fracción VII de esta Ley, el embargo precautorio sólo podrá ser sustituido mediante depósito efectuado en las cuentas aduaneras de garantía en los términos del artículo 86-A, fracción I de esta Ley. Cuando las mercancías embargadas no se encuentren sujetas a precios estimados por la Secretaría de

Hacienda y Crédito Público, el embargo precautorio podrá ser sustituido por depósito efectuado en las cuentas aduaneras de garantía, por un monto igual a las contribuciones y cuotas compensatorias que se causarían por la diferencia entre el valor declarado y el valor de transacción de las mercancías idénticas o similares determinado conforme a los artículos 72 y 73 de esta Ley, que se haya considerado para practicar el embargo precautorio.

En los casos en que el infractor cumpla con las regulaciones y restricciones no arancelarias en un plazo de treinta días a partir de la notificación del acta de inicio del procedimiento administrativo en materia aduanera, podrá autorizarse la sustitución del embargo precautorio de las mercancías embargadas, conforme a lo señalado en el primer párrafo de este artículo.

ARTICULO 155. Si durante la práctica de una visita domiciliaria se encuentra mercancía extranjera cuya legal estancia en el país no se acredite, los visitadores procederán a efectuar el embargo precautorio en los casos previstos en el artículo 151 y cumpliendo con las formalidades a que se refiere el artículo 150 de esta Ley. El acta de embargo, en estos casos, hará las veces de acta final en la parte de la visita que se relaciona con los impuestos al comercio exterior y las cuotas compensatorias de las mercancías embargadas. En este supuesto, el visitado contará con un plazo de diez días para acreditar la legal estancia en el país de las mercancías embargadas y ofrecerá las pruebas dentro de este plazo. El ofrecimiento, desahogo y valoración de las pruebas se hará de conformidad con los artículos 123 y 130 del Código Fiscal de la Federación. Desahogadas las pruebas se dictará la resolución determinando, en su caso, las contribuciones y cuotas compensatorias omitidas e imponiendo las sanciones que procedan, en un plazo que no excederá de cuatro meses a partir de la fecha en que se efectúa el embargo.

En los casos de visita domiciliaria, no serán aplicables las disposiciones de los artículos 152 y 153 de esta Ley.

ARTICULO 156. Se entregarán a las autoridades correspondientes las mercancías cuya importación esté prohibida o que sean objeto de ilícitos contemplados por otras leyes distintas de las fiscales.

ARTICULO 157. Tratándose de mercancías perecederas, de fácil descomposición o deterioro, de animales vivos o de automóviles y camiones, que sean objeto de embargo precautorio y que dentro de los diez días siguientes a su embargo, o de los cuarenta y cinco tratándose de automóviles y camiones no se hubiere comprobado su legal estancia o tenencia en el país, el Servicio de Administración Tributaria podrá proceder a su destrucción, donación, asignación o venta, cuyo producto se invertirá en Certificados de la Tesorería de la Federación a fin de que al dictarse la resolución correspondiente, se disponga la aplicación del producto y rendimientos citados, conforme proceda. Lo dispuesto en este artículo también será aplicable tratándose de las mercancías a que se refiere el artículo 151, fracciones VI y VII de esta Ley cuando, dentro de los diez días siguientes a su embargo, no se hubieran desvirtuado los supuestos que hayan dado lugar al embargo precautorio o no se hubiera acreditado que el valor declarado fue determinado de conformidad con el Título III, Capítulo III, Sección Primera de esta Ley.

Cuando la resolución definitiva ordene la devolución de las mercancías y la autoridad aduanera haya comunicado al particular que existe imposibilidad para devolver las mismas, el particular podrá optar por solicitar la entrega de un bien sustituto con valor similar, salvo que se trate de mercancías perecederas, de fácil descomposición, de animales vivos o de las mercancías a que se refiere el artículo 151, fracciones VI y VII de esta Ley, o el valor del bien, actualizado conforme lo establece el párrafo siguiente.

En el caso de que el Servicio de Administración Tributaria haya procedido a la destrucción, donación, asignación o venta de la mercancía, la resolución definitiva que ordene la devolución de la misma, considerará el valor determinado en la clasificación arancelaria, cotización y avalúo practicado por la autoridad aduanera competente con motivo del procedimiento administrativo en materia aduanera, actualizándolo en los términos establecidos en el artículo 17-A del Código Fiscal de la Federación hasta que se dicte la resolución que autoriza el pago.

El particular que obtenga una resolución administrativa o judicial firme, que ordene la devolución o el pago del valor de la mercancía o, en su caso, que declare la nulidad de la resolución que determinó que la mercancía pasó a propiedad del Fisco Federal, podrá solicitar al Servicio de Administración Tributaria la devolución de la mercancía, o en su caso, el pago del valor de la mercancía, dentro del plazo de dos años, de acuerdo con lo establecido en este artículo.

Tratándose de las mercancías a que se refiere el artículo 151, fracciones VI y VII de esta

Ley, la resolución definitiva que ordene la devolución del valor de las mercancías, considerará el valor declarado en el pedimento, adicionado con el coeficiente de utilidad a que se refiere el artículo 90 de la Ley del Impuesto sobre la Renta, que corresponda conforme al giro de actividades del interesado.

ARTICULO 158. Las autoridades aduaneras, con motivo del ejercicio de sus facultades de comprobación, procederán a la retención de las mercancías o de los medios de transporte, en los siguientes casos:

I. Cuando con motivo del reconocimiento aduanero, segundo reconocimiento o verificación de mercancía en transporte, no se presente el documento en el que conste el depósito efectuado en la cuenta aduanera de garantía en el caso de que el valor declarado sea inferior al precio estimado.

II. Cuando con motivo del reconocimiento aduanero o segundo reconocimiento, no se acredite el cumplimiento de normas oficiales mexicanas de información comercial.

Asimismo, procederá la retención de los medios de transporte de las mercancías que hubieran ocasionado daños en los recintos fiscales, en este supuesto las mercancías no serán objeto de retención.

Las autoridades aduaneras en el acta de retención que para tal efecto se levante, harán constar la fundamentación y motivación que dan lugar a la retención de la mercancía o de los medios de transporte, debiendo señalarse al interesado que tiene un plazo de quince días, para que presente la garantía a que se refiere el artículo 36, fracción I, inciso e) de esta Ley, o de treinta días para que dé cumplimiento a las normas oficiales mexicanas de información comercial o se garanticen o paguen los daños causados al recinto fiscal por el medio de transporte, apercibiéndolo que de no hacerlo, la mercancía o el medio de transporte, según corresponda, pasarán a propiedad del Fisco Federal, sin que para ello se requiera notificación de resolución alguna. Los plazos señalados en este párrafo se computarán a partir del día siguiente a aquél en que surta efectos la notificación del acta de retención.

Título Séptimo
Agentes aduanales, apoderados aduanales y dictaminadores aduaneros

Capítulo Unico

Sección Primera
Agentes aduanales

ARTICULO 159. Agente aduanal es la persona física autorizada por la Secretaría, mediante una patente, para promover por cuenta ajena el despacho de las mercancías, en los diferentes regímenes aduaneros previstos en esta Ley.

Para obtener la patente de agente aduanal se requiere:

I. Ser mexicano por nacimiento en pleno ejercicio de sus derechos.

II. No haber sido condenado por sentencia ejecutoriada por delito doloso y en el caso de haber sido agente o apoderado aduanal, su patente o autorización no hubieran sido canceladas.

III. Gozar de buena reputación personal.

IV. No ser servidor público, excepto tratándose de cargos de elección popular, ni militar en servicio activo.

V. No tener parentesco por consanguinidad en línea recta sin limitación de grado y colateral hasta el cuarto grado, ni por afinidad, con el administrador de la aduana de adscripción de la patente.

VI. Tener título profesional o su equivalente en los términos de la ley de la materia.

VII. Tener experiencia en materia aduanera, mayor de tres años.

VIII. Exhibir constancia de su inscripción en el Registro Federal de Contribuyentes.

IX. Aprobar el examen de conocimientos que practique la autoridad aduanera y un examen psicotécnico.

Cubiertos los requisitos, la Secretaría otorgará la patente al interesado en un plazo no mayor de cuatro meses. La patente es personal e intransferible.

La Secretaría podrá expedir, a petición del interesado, patentes de agente aduanal que legitimen a su titular para promover únicamente el despacho de mercancías cuyas fracciones arancelarias se autoricen en forma expresa. Para obtener dicha patente se deberá cumplir con los requisitos a que se refiere este artículo.

ARTICULO 160. El agente aduanal deberá cubrir los siguientes requisitos para operar:

I. Haber efectuado el despacho por cuenta de un mínimo de cinco personas que realicen actividades empresariales, en el mes anterior al de que se trate.

El requisito será exigible en los primeros veinticuatro meses en que opere como agente aduanal.

II. Proporcionar a las autoridades aduaneras, en la forma y periodicidad que éstas determinen, la información estadística de los pedimentos que formule, grabada en un medio magnético.

III. Residir y mantener su oficina principal en el lugar de su adscripción para la atención de los asuntos propios de su actividad, salvo en el caso del artículo 161, segundo párrafo de esta Ley.

IV. Manifestar a las autoridades aduaneras el domicilio de su oficina para oír y recibir notificaciones en la circunscripción de la aduana de su adscripción, y las que se realicen en ese lugar surtirán sus efectos en los términos legales; asimismo, dar aviso a las mismas del cambio de domicilio, aun en el caso de suspensión voluntaria de actividades. Igual obligación tendrá en el supuesto del segundo párrafo del artículo 161 de esta Ley, por cada aduana en la que esté autorizado para operar.

V. Ocuparse personal y habitualmente de las actividades propias de su función y no suspenderlas en caso alguno, excepto cuando lo ordene la Secretaría o cuando haya obtenido la autorización a que se refiere el siguiente párrafo.

Las autoridades aduaneras podrán autorizar la suspensión voluntaria de actividades de un agente aduanal, previa solicitud que éste presente por escrito y en la que señale las causas que justifiquen la suspensión. Dicha suspensión se podrá autorizar por un plazo de tres meses prorrogables cuando exista causa justificada para ello a juicio de la autoridad aduanera. El agente aduanal podrá reanudar sus actividades en cualquier momento, para lo cual deberá presentar el aviso correspondiente por escrito.

El agente aduanal deberá firmar en forma autógrafa como mínimo el 35% de los pedimentos originales y la copia del transportista presentados mensualmente para el despacho, durante once meses de cada año de calendario, utilizando además su clave confidencial de identidad. Esta obligación deberá cumplirla, tanto en la aduana de su adscripción, como en las distintas aduanas en que tenga autorización para actuar conforme a lo establecido en el segundo párrafo del artículo 161 de esta Ley.

VI. Dar a conocer a la aduana en que actúe, los nombres de los empleados o dependientes autorizados para auxiliarlo en los trámites de todos los actos del despacho, así como los nombres de los mandatarios que lo representen al promover y tramitar el despacho. El agente aduanal será ilimitadamente responsable por los actos de sus empleados o dependientes autorizados y de sus mandatarios.

Para ser mandatario de agente aduanal se requiere contar con poder notarial y con experiencia aduanera mayor a dos años, aprobar el examen que, mediante reglas determine el Servicio de Administración Tributaria y que solamente promueva el despacho en representación de un agente aduanal.

Se entenderá que el agente aduanal es notificado personalmente cuando la notificación de los actos derivados del reconocimiento aduanero y segundo reconocimiento se efectúe con cualquiera de sus empleados o dependientes autorizados o de sus mandatarios.

Asimismo, deberá usar el gafete de identificación personal en los recintos fiscales en que actúe; obligación que también deben cumplir sus empleados o dependientes autorizados y sus mandatarios.

VII. Realizar los actos que le correspondan conforme a esta Ley en el despacho de las mercancías, empleando el sistema electrónico y la firma electrónica avanzada que le asigne el Servicio de Administración Tributaria.

VIII. Contar con el equipo necesario para promover el despacho electrónico, conforme a las reglas que emita la Secretaría y utilizarlo en las actividades propias de su función.

IX. Ocuparse, por lo menos, del 15% de las operaciones de importación y exportación con valor que no rebase al que, mediante reglas determine la Secretaría.

Cuando los agentes aduanales tengan autorización para despachar en aduanas distintas a la de su adscripción, la obligación a que se refiere esta fracción será aplicable para cada una de las aduanas en las que operen.

La propia Secretaría podrá cambiar la obligación a que se refiere el primer párrafo de esta fracción, autorizando, a petición de los agentes aduanales de un determinado lugar, que el servicio se proporcione en forma rotatoria o permanente para el total de las operaciones a que se refiere esta fracción por uno o varios agentes.

En los casos a que se refiere esta fracción, el agente aduanal tendrá derecho a una contraprestación de $183.00 por cada operación.

X. Utilizar los candados oficiales en los vehículos y contenedores que transporten las mercancías cuyo despacho promueva, de conformidad con lo que establezca la Secretaría mediante reglas, así como evitar que los candados fiscales que adquiera de los importadores o fabricantes autorizados, se utilicen en contenedores o vehículos que transporten mercancías cuyo despacho no hubiere promovido.

La inobservancia a lo dispuesto en las fracciones I, V, IX y X de este artículo inhabilita al agente aduanal para operar hasta por un mes.

La inobservancia a lo dispuesto en las fracciones II, III, IV, VI, VII y VIII de este artículo inhabilita al agente aduanal para operar, hasta en tanto no se cumpla con el requisito correspondiente.

ARTICULO 161. La patente de agente aduanal le da el derecho a la persona física que haya obtenido la autorización a que hace referencia el artículo 159 de esta Ley, a actuar ante la aduana de adscripción para la que se le expidió la patente. El agente aduanal podrá solicitar autorización del Servicio de Administración Tributaria para actuar en una aduana adicional a la de adscripción por la que se le otorgó la patente. Las autoridades aduaneras deberán otorgar la autorización en un plazo no mayor de dos meses, siempre que previamente se verifique que el agente aduanal se encuentra al corriente en el cumplimiento de sus obligaciones fiscales.

En ningún caso se podrá autorizar a un agente aduanal a efectuar despachos en más de tres aduanas distintas a las de su adscripción. Cuando el agente aduanal expresamente renuncie a una aduana que le hubiera sido autorizada conforme al párrafo anterior de este artículo, podrá presentar solicitud para que se le autorice actuar en otra aduana.

En los casos de supresión de alguna aduana, los agentes aduanales a ella adscritos o autorizados, podrán solicitar su sustitución al Servicio de Administración Tributaria.

El agente aduanal podrá actuar en aduanas distintas a la de su adscripción o a las que le hubieran sido autorizadas, en los siguientes casos:

I. Para promover el despacho para el régimen de tránsito interno de mercancías que vayan a ser o hayan sido destinadas a otro régimen aduanero en la aduana de su adscripción o en las demás que tenga autorizadas.

II. Cuando la patente se le hubiera expedido en los términos del último párrafo del artículo 159 de esta Ley.

ARTICULO 162. Son obligaciones del agente aduanal:

I. En los trámites o gestiones aduanales, actuar siempre con su carácter de agente aduanal.

II. Realizar el descargo total o parcial en el medio magnético, en los casos de las mercancías sujetas a regulaciones y restricciones no arancelarias cuyo cumplimiento se realice mediante dicho medio, en los términos que establezca la Secretaría de Comercio y

Fomento Industrial, y anotar en el pedimento respectivo la firma electrónica que demuestre dicho descargo.

III. Rendir el dictamen técnico cuando se lo solicite la autoridad competente.

IV. Cumplir el encargo que se le hubiera conferido, por lo que no podrá transferirlo ni endosar documentos que estén a su favor o a su nombre, sin la autorización expresa y por escrito de quien lo otorgó.

V. Abstenerse de retribuir de cualquier forma, directa o indirectamente, a un agente aduanal suspendido en el ejercicio de sus funciones o a alguna persona moral en que éste sea socio o accionista o esté relacionado de cualquier otra forma, por la transferencia de clientes que le haga el agente aduanal suspendido; así como recibir pagos directa o indirectamente de un agente aduanal suspendido en sus funciones o de una persona moral en la que éste sea socio o accionista o relacionado de cualquier otra forma, por realizar trámites relacionados con la importación o exportación de mercancías propiedad de personas distintas del agente aduanal suspendido o de la persona moral aludida.

No será aplicable lo dispuesto en el párrafo anterior en los casos de que ambos sean socios de una empresa dedicada a prestar servicios de comercio exterior, con anterioridad a la fecha en la que se estableció la obligación a que se refiere dicho párrafo.

VI. Declarar, bajo protesta de decir verdad, el nombre y domicilio fiscal del destinatario o del remitente de las mercancías, la clave del Registro Federal de Contribuyentes de aquéllos y el propio, la naturaleza y características de las mercancías y los demás datos relativos a la operación de comercio exterior en que intervenga, en las formas oficiales y documentos en que se requieran o, en su caso, en el sistema mecanizado.

VII. Formar un archivo con la copia de cada uno de los pedimentos tramitados o grabar dichos pedimentos en los medios magnéticos que autorice la Secretaría y con los siguientes documentos:

a) Copia de la factura comercial.

b) El conocimiento de embarque o guía aérea revalidados, en su caso.

c) Los documentos que comprueben el cumplimiento de las obligaciones en materia de regulaciones y restricciones no arancelarias.

d) La comprobación de origen y de la procedencia de las mercancías cuando corresponda.

e) La manifestación de valor a que se refiere el artículo 59, fracción III de esta Ley.

f) El documento en que conste la garantía a que se refiere el inciso e), fracción I del artículo 36 de esta Ley, cuando se trate de mercancías con precio estimado establecido por la Secretaría.

g) Copia del documento presentado por el importador a la Administración General de Aduanas que compruebe el encargo que se le hubiere conferido para realizar el despacho aduanero de las mercancías. En los casos a los que se refiere el último párrafo, de la fracción III del artículo 59 de esta Ley, queda obligado a conservar únicamente los registros electrónicos que acrediten el cargo conferido.

Los documentos antes señalados deberán conservarse durante cinco años en la oficina principal de la agencia a disposición de las autoridades aduaneras. Dichos documentos podrán conservarse microfilmados o grabados en cualquier otro medio magnético que autorice la Secretaría.

VIII. Presentar la garantía por cuenta de los importadores de la posible diferencia de contribuciones y sus accesorios, en los términos previstos en esta Ley, a que pudiera dar lugar por declarar en el pedimento un valor inferior al precio estimado que establezca la Secretaría para mercancías que sean objeto de subvaluación.

IX. Aceptar las visitas que ordenen las autoridades aduaneras, para comprobar que cumple sus obligaciones o para investigaciones determinadas.

X. Solicitar la autorización de las autoridades aduaneras para poder suspender sus actividades, en los casos previstos en esta Ley.

XI. Manifestar en el pedimento o en la factura, el número de candado oficial utilizado en los vehículos o medios de transporte que contengan las mercancías cuyo despacho promuevan.

XII. Presentar aviso al Servicio de Administración Tributaria, dentro de los quince días siguientes a aquél en que constituya una sociedad de las previstas en la fracción II del artículo 163 de esta Ley.

ARTICULO 163. Son derechos del agente aduanal:

I. Ejercer la patente.

II. Constituir sociedades integradas por mexicanos para facilitar la prestación de sus servicios. La sociedad y sus socios, salvo los propios agentes aduanales, no adquirirán derecho alguno sobre la patente, ni disfrutarán de los que la ley confiere a estos últimos.

III. Solicitar el cambio de adscripción a aduana distinta, siempre que tenga dos años de ejercicio ininterrumpido y concluya el trámite de los despachos iniciados.

IV. Designar hasta tres mandatarios cuando realice un máximo de trescientas operaciones al mes; si excede de este número podrá designar hasta cinco mandatarios.

V. Cobrar los honorarios que pacte con su cliente por los servicios prestados, incluso en el caso a que se refiere el segundo párrafo de la fracción XIV del artículo 144 de esta Ley.

VI. Suspender voluntariamente sus actividades, previa autorización de las autoridades aduaneras.

VII. Designar, por única vez, a una persona física ante el Servicio de Administración Tributaria, como su agente aduanal adscrito, para que en caso de fallecimiento, incapacidad permanente o retiro voluntario, éste lo sustituya, obteniendo su patente aduanal para actuar al amparo de la misma en la aduana de adscripción original y en las tres aduanas adicionales que, en su caso, le hubieran sido autorizadas en los términos del artículo 161 de esta Ley.

El agente aduanal adscrito en los términos del párrafo anterior, no podrá, a su vez, designar a otra persona física que lo sustituya en caso de su fallecimiento, incapacidad permanente o retiro voluntario. En este caso, el Servicio de Administración Tributaria tendrá la facultad de designarlo, a solicitud expresa.

La designación y revocación de agente aduanal adscrito, deberá presentarse por escrito y ser ratificadas personalmente por el agente aduanal ante el Sistema de Administración Tributaria.

Para que proceda la designación como agente aduanal sustituto, la persona designada deberá de cumplir con los requisitos que exige el artículo 159 de esta Ley.

ARTICULO 163-A. La persona física designada conforme a la fracción VII del artículo anterior, como agente aduanal sustituto, no podrá ser designada como sustituta de dos o más agentes aduanales al mismo tiempo.

En el caso de que la persona física, a que se refiere este artículo obtenga su propia patente aduanal conforme al artículo 159 de esta Ley, la designación como agente aduanal sustituto quedará sin efectos.

Para que la persona obtenga la patente aduanal del agente que lo designó como su sustituto, deberá acreditar ante el Servicio de Administración Tributaria que el examen de conocimientos técnicos, a que se refiere la fracción IX del artículo 159 de esta Ley, lo hubiera aprobado dentro de los tres años inmediatos anteriores a la fecha en que vaya a ejercer la sustitución. En el caso de que el examen hubiera sido aprobado con anterioridad a dicho plazo, deberá ser presentado nuevamente, salvo que acredite haber actuado como mandatario del agente aduanal que lo designó como sustituto, durante los tres años inmediatos anteriores a la sustitución.

ARTICULO 164. El agente aduanal será suspendido en el ejercicio de sus funciones hasta por noventa días, o por el plazo que resulte en los términos de las fracciones I, IV, V y VIII de este artículo, por las siguientes causas:

I. Encontrarse sujeto a un procedimiento penal por haber participado en la comisión de delitos fiscales o privado de su libertad cuando esté sujeto a un procedimiento penal por la comisión de otro delito que amerite pena corporal. La suspensión durará el tiempo que el agente aduanal esté sujeto al procedimiento penal por la comisión de delitos fiscales o privado de su libertad.

II. Dejar de cumplir con el encargo que se le hubiere conferido, así como transferir o endosar documentos a su consignación, sin autorización escrita de su mandante, salvo en el caso de corresponsalías entre agentes aduanales.

III. Intervenir en algún despacho aduanero sin autorización de quien legítimamente pueda otorgarlo.

IV. Estar sujeto a un procedimiento de cancelación. La suspensión durará hasta que se dicte resolución, excepto en los casos a que se refieren las fracciones III y IV del artículo 165 de esta Ley.

V. Asumir los cargos a que se refiere el artículo 159, fracción IV, salvo que haya obtenido con anterioridad la autorización de suspensión de actividades. En este caso, la suspensión será por el tiempo que subsista la causa que la motivó.

VI. Declarar con inexactitud en el pedimento, siempre que resulte lesionado el interés fiscal y no sean aplicables las causales de cancelación establecidas en la fracción II del artículo 165 de esta Ley. No se suspenderá al agente aduanal por el primer error que cometa durante cada año de calendario, siempre que el error no exceda del monto y porcentaje señalado en el inciso a) de la citada fracción II del artículo 165.

No procederá la suspensión a que se refiere esta fracción, cuando la omisión de contribuciones y cuotas compensatorias, en su caso, se deba a la inexacta clasificación arancelaria por diferencia de criterios en la interpretación de las tarifas contenidas en las leyes de los impuestos generales de importación o exportación, siempre que la descripción, naturaleza y demás características necesarias para la clasificación de las mercancías hayan sido correctamente manifestadas a la autoridad.

VII. Tratándose de los regímenes aduaneros temporales, de depósito fiscal y de tránsito de mercancías, declarar con inexactitud alguno de los datos a que se refiere el primer párrafo de la fracción II, del artículo 165 de esta Ley, siempre que con los datos aportados, excluida la liquidación provisional a que se refieren los artículos 127, fracción II y 131, fracción II de esta Ley, de haberse destinado la mercancía de que se trate al régimen de importación definitiva, la omisión no exceda de $99,342.00.

VIII. Carecer por primera y segunda ocasión de bienes suficientes para cubrir créditos fiscales que hayan quedado firmes, y que para su cobro se haya seguido el procedimiento administrativo de ejecución. En este caso, la suspensión será por el tiempo que subsista la causa que la motivó.

En todo caso de suspensión, el afectado no podrá iniciar nuevas operaciones, sino solamente concluir las que tuviera ya iniciadas a la fecha en que le sea notificado el acuerdo respectivo.

ARTICULO 165. Será cancelada la patente de agente aduanal, independientemente de las sanciones que procedan por las infracciones cometidas, por las siguientes causas:

I. Contravenir lo dispuesto en el artículo 163, fracción II.

II. Declarar con inexactitud algún dato en el pedimento, o en la factura tratándose de operaciones con pedimento consolidado, siempre que se dé alguno de los siguientes supuestos:

a) La omisión en el pago de impuestos al comercio exterior, derechos y cuotas compensatorias, en su caso, exceda de $141,917.00 y dicha omisión represente más del 10% del total de los que debieron pagarse.

b) Efectuar los trámites del despacho sin el permiso o sin contar con la asignación del cupo de las autoridades competentes, cuando se requiera, o sin realizar el descargo total o parcial sobre el permiso o cupo antes de activar el mecanismo de selección automatizado.

c) Se trate de mercancía de importación o exportación prohibida.

No procederá la cancelación a que se refiere esta fracción, cuando la omisión de contribuciones y cuotas compensatorias, en su caso, se deba a la inexacta clasificación arancelaria por diferencia de criterios en la interpretación de las tarifas contenidas en las leyes de los impuestos generales de importación o exportación, siempre que la descripción, naturaleza y demás características necesarias para la clasificación de las mercancías hayan sido correctamente manifestadas a la autoridad.

III. Señalar en el pedimento el nombre, domicilio fiscal o la clave del registro federal de contribuyentes de alguna persona que no hubiere solicitado la operación al agente aduanal, o cuando estos datos resulten falsos o inexistentes.

IV. Retribuir de cualquier forma, directa o indirectamente a un agente aduanal suspendido en el ejercicio de sus funciones o a alguna persona moral en que éste sea socio o accionista o esté relacionado de cualquier otra forma, por la transferencia de clientes que le haga el agente aduanal suspendido; así como recibir pagos directa o indirectamente de un agente aduanal suspendido en sus funciones o de una persona moral en la que éste sea socio o accionista o esté relacionado de cualquier otra forma, por realizar trámites relacionados con la importación o exportación de mercancías propiedad de personas distintas del agente aduanal suspendido o de la persona moral aludida.

V. Ser condenado en sentencia definitiva por haber participado en la comisión de delitos fiscales o de otros delitos intencionales que ameriten pena corporal.

VI. Permitir que un tercero, cualquiera que sea su carácter, actúe al amparo de su patente.

VII. Tratándose de los regímenes aduaneros temporales, de depósito fiscal y de tránsito de mercancías, declarar con inexactitud alguno de los datos a que se refiere el primer párrafo de la fracción II de este artículo, siempre que con los datos aportados, excluida la liquidación provisional a que se refieren los artículos 127, fracción II y 131, fracción II de esta Ley, de haberse destinado la mercancía de que se trate al régimen de importación definitiva, se dé alguno de los siguientes supuestos:

a) La omisión exceda de $141,917.00 y del 10% de los impuestos al comercio exterior, derechos y, en su caso, cuotas compensatorias causadas.

b) Efectuar los trámites del despacho sin el permiso o sin contar con la asignación del cupo de las autoridades competentes, cuando se requieran, o sin realizar el descargo total o parcial sobre el permiso o cupo antes de activar el mecanismo de selección automatizado.

c) Se trate de mercancías de importación o exportación prohibida.

VIII. Carecer por tercera ocasión de bienes suficientes para cubrir créditos fiscales que hayan quedado firmes y que para su cobro se haya seguido el procedimiento administrativo de ejecución en los cinco años anteriores.

A partir de la fecha en que se notifique a los clientes de asuntos inconclusos la cancelación de la patente, se interrumpirán por treinta días los plazos legales que estuvieren corriendo.

ARTICULO 166. El derecho de ejercer la patente de agente aduanal se extinguirá cuando deje de satisfacer alguno de los requisitos señalados en el artículo 159 de esta Ley, por más de noventa días hábiles, sin causa justificada.

En caso de fallecimiento del agente aduanal, el mandatario a que se refiere el artículo 163, fracción IV de esta Ley que dé aviso a la autoridad aduanera dentro de los cinco días siguientes al del fallecimiento y acompañe copia del acta de defunción, podrá efectuar los trámites necesarios para concluir las operaciones amparadas con los pedimentos que hubieran sido validados y pagados antes de la fecha del fallecimiento, en un plazo no mayor a dos meses.

ARTICULO 167. En los casos de las fracciones I, V y VIII del artículo 164 de esta Ley, las autoridades aduaneras, una vez comprobados los hechos establecidos en dichas fracciones, ordenarán la suspensión provisional por el tiempo que subsista la causa que la motivó. Decretada la medida provisional antes mencionada, el agente aduanal podrá, en cualquier momento, desvirtuar la causal de suspensión o acreditar que la misma ya no subsiste, exhibiendo ante la autoridad que ordenó su suspensión las pruebas documentales que estime pertinentes y manifestando por escrito lo que a su derecho convenga; la autoridad resolverá en definitiva en un plazo no mayor de quince días posteriores a la presentación de las pruebas y escritos señalados.

Tratándose de la causal de suspensión prevista en la fracción I del artículo 164 de esta Ley, bastará la simple comparecencia física del agente aduanal ante la autoridad que ordenó su suspensión, para que de inmediato sea ordenado el levantamiento de ésta.

Cuando se trate de las causas de suspensión diversas de las señaladas en el párrafo anterior o de las relativas a la cancelación de la patente, una vez conocidos por las autoridades aduaneras los hechos u omisiones que las configuren, éstas los darán a conocer en forma circunstanciada al agente aduanal y le concederán un plazo de diez días hábiles para que ofrezca pruebas y exprese lo que a su derecho convenga.

Cuando se trate de causales de cancelación, las autoridades aduaneras ordenarán en el mismo acto la suspensión provisional en tanto se dicte la resolución correspondiente.

Las pruebas deberán desahogarse dentro del plazo de treinta días siguientes al de su ofrecimiento, dicho plazo podrá ampliarse según la naturaleza del asunto.

Las autoridades aduaneras deberán dictar la resolución que corresponda, en un plazo que no excederá de tres meses, tratándose del procedimiento de suspensión, y de cuatro meses en el de cancelación, contados a partir de la notificación del inicio del procedimiento.

Tratándose del procedimiento de cancelación, transcurrido el plazo de cuatro meses sin que se notifique la resolución, el interesado podrá considerar que la autoridad aduanera puso fin a dicho procedimiento resolviendo en el sentido de cancelar la patente respectiva y podrá interponer los medios de defensa en cualquier tiempo posterior a dicho plazo, o bien, esperar a que la resolución se dicte.

En el caso del procedimiento de suspensión, transcurridos los tres meses sin resolución expresa, se entenderá caducado el procedimiento respectivo, sin perjuicio del ejercicio posterior de las facultades de las autoridades aduaneras sujetándose a lo previsto en el tercer párrafo de éste artículo.

Tanto el acto de inicio como la resolución que ponga fin a ambos procedimientos, se notificarán al interesado por conducto de la aduana de adscripción, la que procederá a darle cumplimiento.

Sección Segunda
Apoderados aduanales

ARTICULO 168. Tendrá el carácter de apoderado aduanal la persona física designada por otra persona física o moral para que en su nombre y representación se encargue del despacho de mercancías, siempre que obtenga la autorización de la Secretaría. El apoderado aduanal promoverá el despacho ante una sola aduana, en representación de una sola persona, quien será ilimitadamente responsable por los actos de aquél.

Para obtener la autorización para actuar como apoderado aduanal se requiere:

I. No haber sido condenado por sentencia ejecutoriada por delito doloso, ni haber sufrido la cancelación de su autorización, en caso de haber sido apoderado aduanal.

II. Tener relación laboral con el poderdante y que el mismo le otorgue poder notarial.

III. Gozar de buena reputación personal.

IV. No ser servidor público ni militar en servicio activo.

V. No tener parentesco por consanguinidad en línea recta sin limitación de grado y colateral hasta el cuarto grado, ni por afinidad, con el administrador de la aduana de adscripción.

VI. Exhibir constancia de su inscripción en el Registro Federal de Contribuyentes.

VII. Aprobar el examen de conocimientos que practiquen las autoridades aduaneras y un examen psicotécnico. En el caso de empresas pertenecientes a una misma corporación, podrán en cualquier momento, llevar a cabo la transferencia de autorizaciones de sus apoderados aduanales entre las empresas del propio grupo, sin que sea necesario cumplir nuevamente con lo dispuesto en esta fracción.

Para los efectos de lo dispuesto por el artículo 172 de esta Ley, además de los requisitos señalados anteriormente, se requerirá tener título profesional o su equivalente en los términos de la ley de la materia y contar con experiencia en materia aduanera, mayor de tres años.

El impedimento consistente en ser servidor público no se aplicará cuando el poderdante sea una entidad pública. La Federación, las entidades federativas y los municipios, así como los estados extranjeros no estarán obligados a otorgar poder notarial.

Cuando termine la relación laboral con el poderdante o éste revoque el poder notarial, el poderdante deberá solicitar a la Secretaría que revoque la autorización del apoderado aduanal. La revocación de la autorización surtirá efectos a partir de que el poderdante lo solicite a la Secretaría.

ARTICULO 169. El apoderado aduanal deberá cubrir los siguientes requisitos para operar:

I. Proporcionar a las autoridades aduaneras, en la forma y con la periodicidad que éstas determinen, la información estadística de los pedimentos que formule, grabada en un medio magnético.

II. Ocuparse personal y habitualmente de las actividades propias de su función.

El apoderado aduanal deberá firmar en forma autógrafa la totalidad de los pedimentos originales y la copia del transportista.

III. Realizar los actos que le correspondan conforme a esta Ley en el despacho de las mercancías, empleando el sistema electrónico y el número confidencial personal que le asigne la Secretaría.

IV. Utilizar los candados oficiales en los vehículos y contenedores que transporten las mercancías cuyo despacho promueva, de conformidad con lo que establezca la Secretaría mediante reglas, así como evitar que los candados fiscales que adquiera de los importadores o fabricantes autorizados, se utilicen en contenedores o vehículos que transporten mercancías cuyo despacho no hubiera promovido.

V. Dar a conocer a la aduana en que actúe, los nombres de los empleados o dependientes autorizados para auxiliarlo en los trámites de todos los actos del despacho.

Se entenderá que el apoderado aduanal es notificado personalmente cuando la notificación de los actos derivados del reconocimiento aduanero y segundo reconocimiento se efectúe con cualquiera de los empleados o dependientes autorizados a que se refiere la fracción V de este artículo.

Asimismo, deberá usar el gafete de identificación personal en los recintos fiscales en que actúe; obligación que también deben cumplir sus empleados o dependientes autorizados.

La inobservancia de los requisitos señalados en las fracciones I, III y V de este artículo inhabilita al apoderado aduanal hasta en tanto no se cumpla con los requisitos correspondientes. El incumplimiento a lo previsto en las fracciones II y IV lo inhabilita para operar hasta por un mes.

El apoderado aduanal tendrá como obligaciones las señaladas en las fracciones II, IV, VI, VII, VIII, IX y XI del artículo 162 de esta Ley.

ARTICULO 170. Se requerirá de la previa autorización de las autoridades aduaneras para que el apoderado aduanal pueda actuar ante aduanas distintas a la que le corresponda o para que el poderdante pueda nombrar apoderados aduanales que actúen ante dos o más aduanas.

Los apoderados aduanales para obtener la autorización a que se refiere este artículo deberán cumplir con los requisitos que establezca el Reglamento. Una vez cubiertos dichos requisitos, las autoridades aduaneras deberán otorgar la autorización en un plazo no mayor de dos meses.

En los casos de supresión de alguna aduana, los apoderados aduanales a ella adscritos elegirán la aduana de su nueva adscripción.

ARTICULO 171. Podrán solicitar la autorización de uno o varios apoderados aduanales comunes, las siguientes personas:

I. Las sociedades mercantiles que en el impuesto sobre la renta, opten por determinar su resultado fiscal consolidado.

II. Los organismos públicos descentralizados y sus organismos subsidiarios de carácter técnico, industrial y comercial, que tengan personalidad jurídica propia, siempre y cuando las empresas solicitantes sean subsidiarias de una empresa corporativa.

III. Las empresas de servicios que tengan subsidiarias, cuando la primera sea accionista con derecho a voto en todas las empresas subsidiarias y tengan una administración común.

IV. Las maquiladoras y empresas con programa de exportación autorizado por la Secretaría de Comercio y Fomento Industrial pertenecientes a una misma corporación y con un mismo representante legal.

Las personas a que se refiere este artículo deberán acreditar ante la Secretaría que el apoderado aduanal tiene relación laboral con alguna de las mismas y que se encuentra facultado mediante poder notarial para actuar como apoderado aduanal en nombre y representación de cada una de ellas.

ARTICULO 172. Las personas morales a que se refiere este artículo podrán encargarse del despacho de mercancías de comercio exterior a través de apoderado aduanal, en los casos que se señalan a continuación:

I. Las empresas de mensajería y paquetería para encargarse del despacho de las mercancías por ellas transportadas, siempre que el valor de las mismas no exceda de la cantidad que establezca el Reglamento.

II. Los almacenes generales de depósito para encargarse del despacho de las mercancías que se destinen al régimen de depósito fiscal, así como las que se retiren del mismo.

III. Las asociaciones que cumplan con los requisitos que establezca el Reglamento, las cámaras de comercio e industria y las confederaciones que las agrupen, para realizar el despacho de las mercancías de exportación de sus integrantes.

IV. (Se deroga).

Las personas a que se refiere este artículo serán responsables solidarias del pago de los impuestos al comercio exterior y de las demás contribuciones, así como de las cuotas compensatorias que se causen con motivo de la introducción de mercancías al territorio nacional o su extracción del mismo, cuando realicen el despacho de mercancías por conducto de apoderado aduanal.

ARTICULO 173. Será cancelada la autorización de apoderado aduanal, independientemente de las sanciones que procedan por las infracciones cometidas, por las siguientes causas:

I. Declarar con inexactitud algún dato en el pedimento, o en la factura tratándose de operaciones con pedimento consolidado, siempre que se dé alguno de los siguientes supuestos:

a) La omisión en el pago de impuestos al comercio exterior, derechos y cuotas compensatorias, en su caso, exceda de $99,342.00 y dicha omisión represente más del 10% del total de los que debieron pagarse.

b) Efectuar los trámites del despacho aduanero sin el permiso o sin contar con la asignación del cupo de las autoridades competentes, cuando se requieran, o sin realizar el descargo total o parcial sobre el permiso o cupo antes de activar el mecanismo de selección automatizado.

c) Se trate de mercancías de importación o exportación prohibida.

No procederá la cancelación a que se refiere esta fracción, cuando la omisión de contribuciones y cuotas compensatorias, en su caso, se deba a inexacta clasificación arancelaria por diferencia de criterio en la interpretación de las tarifas contenidas en las leyes de los impuestos generales de importación o exportación, siempre que la descripción, naturaleza y demás características necesarias para la clasificación de las mercancías hayan sido correctamente manifestadas a la autoridad.

II. Señalar en el pedimento el nombre, domicilio fiscal o la clave del Registro Federal de Contribuyentes de alguna persona que no hubiere solicitado la operación.

III. Ser condenado en sentencia definitiva por haber participado en la comisión de delitos fiscales o de otros delitos intencionales que ameriten pena corporal.

IV. Permitir que un tercero, cualquiera que sea su carácter, actúe al amparo de su autorización.

V. Tratándose de los regímenes aduaneros temporales, de depósito fiscal y de tránsito interno de mercancías, declarar con inexactitud alguno de los datos a que se refiere el primer párrafo de la fracción I de este artículo, siempre que con los datos aportados, excluida la liquidación provisional a que se refiere el artículo 127, fracción II de esta Ley, de haberse destinado las mercancías de que se trate al régimen de importación definitiva, se dé alguno de los siguientes supuestos:

a) La omisión exceda de $99,342.00 y del 10% de los impuestos al comercio exterior, derechos y, en su caso, cuotas compensatorias causadas.

b) Efectuar los trámites del despacho sin el permiso o sin contar con la asignación del cupo de las autoridades competentes, cuando se requieran, o sin realizar el descargo total o parcial sobre el permiso o cupo antes de activar el mecanismo de selección automatizado.

c) Se trate de mercancías de importación o exportación prohibida.

VI. Cuando cometa alguna de las infracciones previstas en el artículo 176 de esta Ley.

No será cancelada la autorización de apoderado aduanal siempre que la omisión en el pago de impuestos al comercio exterior, derechos y cuotas compensatorias, no represente más de un 10% del total de los que debieron pagarse y dicha omisión no exceda de $99,342.00.

Los apoderados aduanales de las personas morales a que se refiere el artículo 172 de esta Ley, serán suspendidos en el ejercicio de sus funciones hasta por noventa días, en los casos en que se ubiquen en alguno de los supuestos a que se refieren las fracciones III, VI y VII del artículo 164 de esta Ley, o por el plazo que resulte cuando se ubiquen en alguno de los supuestos a que se refieren las fracciones I, IV y V del citado artículo.

Cuando se dé alguna de las causales de suspensión o cancelación a que se refiere este artículo, las autoridades aduaneras substanciarán en lo aplicable el procedimiento previsto en el artículo 167 de esta Ley, para suspender o cancelar la autorización del apoderado aduanal.

La persona física o moral a quien la autoridad aduanera le haya cancelado la autorización de tres de sus apoderados aduanales no podrá designar un nuevo apoderado aduanal, en un plazo de dos años.

Sección Tercera
Dictaminadores Aduaneros

ARTICULO 174. La Secretaría otorgará autorización de dictaminador aduanero a las personas que cumplan los siguientes requisitos:

I. Ser ciudadano mexicano.

II. No haber sido condenado por sentencia ejecutoriada por delito intencional que merezca pena corporal.

III. Gozar de buena reputación personal y ser de reconocida probidad y honradez.

IV. No ser servidor público ni militar en servicio activo, ni haber prestado sus servicios en la Administración General de Aduanas.

V. No tener parentesco por consanguinidad en línea recta sin limitación de grado, y en colateral hasta el cuarto grado, ni por afinidad con el administrador de la aduana donde preste sus servicios.

VI. Presentar y aprobar el examen psicotécnico que practiquen las autoridades aduaneras.

La autorización antes mencionada tendrá vigencia por un año.

El incumplimiento de cualquiera de los requisitos señalados en las fracciones anteriores será causa de cancelación de la autorización para ejercer como dictaminador aduanero.

ARTICULO 175. Dichos dictaminadores serán responsables de las irregularidades que cometan en el dictamen que elaboren con motivo del segundo reconocimiento respecto de los conceptos a que se refieren las fracciones I, II y III del artículo 44 de esta Ley, y se les aplicará una sanción equivalente de 300% a 400% de las contribuciones que se dejaron de cubrir por las irregularidades detectadas por las autoridades aduaneras.

Cuando a un dictaminador se le haya impuesto en tres ocasiones la sanción a que se refiere el párrafo anterior, se cancelará su autorización para actuar como dictaminador.

En el caso en que se aplique una sanción como consecuencia de una irregularidad cuya responsabilidad sea exclusiva del dictaminador aduanero, no se fincará ninguna responsabilidad adicional ni se impondrá sanción alguna a la empresa para la cual preste sus servicios dicho dictaminador.

Título Octavo
Infracciones y sanciones

Capítulo Unico

ARTICULO 176. Comete las infracciones relacionadas con la importación o exportación, quien introduzca al país o extraiga de él mercancías, en cualquiera de los siguientes casos:

I. Omitiendo el pago total o parcial de los impuestos al comercio exterior y, en su caso, de las cuotas compensatorias, que deban cubrirse.

II. Sin permiso de las autoridades competentes o sin la firma electrónica en el pedimento que demuestre el descargo total o parcial del permiso antes de realizar los trámites del despacho aduanero o sin cumplir cualesquiera otras regulaciones o restricciones no arancelarias emitidas conforme a la Ley de Comercio Exterior, por razones de seguridad nacional, salud pública, preservación de la flora o fauna, del medio ambiente, de sanidad fitopecuaria o los relativos a Normas Oficiales Mexicanas excepto tratándose de las Normas Oficiales Mexicanas de información comercial, compromisos internacionales, requerimientos de orden público o cualquiera otra regulación.

III. Cuando su importación o exportación esté prohibida o cuando las maquiladoras y empresas con programa autorizado por la Secretaría de Comercio y Fomento Industrial realicen importaciones temporales de conformidad con el artículo 108 de esta Ley, de mercancías que no se encuentren amparadas por su programa.

IV. Cuando se ejecuten actos idóneos inequívocamente dirigidos a realizar las operaciones a que se refieren las fracciones anteriores, si éstos no se consuman por causas ajenas a la voluntad del agente.

V. Cuando se internen mercancías extranjeras procedentes de la franja o región fronteriza al resto del territorio nacional en cualquiera de los casos anteriores.

VI. Cuando se extraigan o se pretendan extraer mercancías de recintos fiscales o fiscalizados sin que hayan sido entregadas legalmente por la autoridad o por las personas autorizadas para ello.

VII. Cuando en la importación, exportación o retorno de mercancías el resultado del mecanismo de selección automatizado hubiera determinado reconocimiento aduanero y no se pueda llevar a cabo éste, por no encontrarse las mercancías en el lugar señalado para tal efecto.

VIII. Cuando las mercancías extranjeras en tránsito internacional se desvíen de las rutas fiscales o sean transportadas en medios distintos a los autorizados tratándose de tránsito interno.

IX. Cuando se introduzcan o se extraigan mercancías del territorio nacional por aduana no autorizada.

X. Cuando no se acredite con la documentación aduanal correspondiente la legal estancia o tenencia de las mercancías en el país o que se sometieron a los trámites previstos en esta Ley, para su introducción al territorio nacional o para su salida del mismo. Se considera que se encuentran dentro de este supuesto, las mercancías que se presenten ante el mecanismo de selección automatizado sin pedimento, cuando éste sea exigible, o con un pedimento que no corresponda.

XI. Cuando el nombre o domicilio fiscal del proveedor o importador señalado en el pedimento o en la factura sean falsos o inexistentes; en el domicilio fiscal señalado en dichos documentos no se pueda localizar al proveedor o importador, o la factura sea falsa.

ARTICULO 177. Se presumen cometidas las infracciones establecidas por el artículo 176 de esta Ley, cuando:

I. Se descarguen subrepticiamente mercancías extranjeras de los medios de transporte, aun cuando sean de rancho o abastecimiento.

II. Una aeronave con mercancías extranjeras aterrice en lugar no autorizado para el tráfico internacional, salvo caso de fuerza mayor, así como cuando se efectúe un transbordo entre dos aeronaves con mercancía extranjera, sin haber cumplido los requisitos previstos en el artículo 13 de esta Ley.

III. Durante el plazo a que se refiere el artículo 108, fracción I de esta Ley, la maquiladora o empresa con programa de exportación autorizado por la Secretaría de Economía que hubiera efectuado la importación temporal, no acrediten que las mercancías fueron retornadas al extranjero, se destinaron a otro régimen aduanero o que se encuentran en el domicilio en el cual se llevará a cabo el proceso para su elaboración, transformación o reparación manifestado en su programa.

IV. Se introduzcan o extraigan del país mercancías ocultas o con artificio tal que su naturaleza pueda pasar inadvertida, si su importación o exportación está prohibida o restringida o por la misma deban pagarse los impuestos al comercio exterior.

V. Se introduzcan al país mercancías o las extraigan del mismo por lugar no autorizado.

VI. Se encuentren en la franja o región fronteriza del país, mercancías que en los términos de la fracción XX del artículo 144 de esta Ley, deban llevar marbetes o sellos y no los tengan.

VII. Se encuentren fuera de la franja o región fronteriza del país, mercancías que lleven los marbetes o sellos a que se refiere la fracción XX del artículo 144 de esta Ley.

VIII. Tratándose de mercancías susceptibles de ser identificadas individualmente, no se consigne en el pedimento, en la factura, en el documento de embarque o en relación que en su caso se haya anexado al pedimento, los números de serie, parte, marca, modelo o, en su defecto, las especificaciones técnicas o comerciales necesarias para identificar las mercancías y distinguirlas de otras similares, cuando dichos datos existan. Esta presunción no será aplicable en los casos de exportación, salvo tratándose de mercancías importadas temporalmente que retornen en el mismo estado o que se hubieran importado en los términos del artículo 86 de esta Ley.

IX. Se exhiban para su venta mercancías extranjeras sin estar importadas definitivamente o sujetas al régimen de depósito fiscal, con excepción de las muestras o muestrarios destinados a dar a conocer mercancías que se hubieran importado temporalmente.

X. Las mercancías extranjeras destinadas al régimen de depósito fiscal no arriben en el plazo autorizado al almacén general de depósito o a los locales autorizados.

XI.- (Se deroga).

ARTICULO 178. Se aplicarán las siguientes sanciones a quien cometa las infracciones establecidas por el artículo 176 de esta Ley:

I. Multa del 130% al 150% de los impuestos al comercio exterior omitidos, cuando no se haya cubierto lo que correspondía pagar.

Cuando la infracción a que se refiere esta fracción sea cometida por pasajeros, se impondrá una multa del 80% al 120% del valor comercial de las mercancías, salvo que se haya ejercido la opción a que se refiere la fracción I del artículo 50 de esta Ley, en cuyo caso, la multa será del 70% al 100% de dicho valor comercial.

II. Multa de $2,838.00 a $7,096.00 cuando no se haya obtenido el permiso de autoridad competente, tratándose de vehículos.

III. Multa del 70% al 100% del valor comercial de las mercancías, cuando su importación o exportación esté prohibida o cuando las maquiladoras y empresas con programa autorizado por la Secretaría de Economía realicen las importaciones temporales a que se refiere la fracción III.

IV. Siempre que no se trate de vehículos, multa del 70% al 100% del valor comercial de las mercancías cuando no se compruebe el cumplimiento de las regulaciones y restricciones no arancelarias o cuotas compensatorias correspondientes, normas oficiales mexicanas, con excepción de las normas oficiales mexicanas de información comercial.

V. Multa del 100% al 150% del valor comercial de las mercancías declaradas, a la mencionada en la fracción VI del artículo 176 de esta Ley.

VI. Multa equivalente del 5% al 10% del valor declarado de las mercancías cuando se trate de los supuestos a que se refiere la fracción VII.

VII. Multa del 70% al 100% del valor declarado o del valor comercial de las mercancías, el que sea mayor, a la mencionada en la fracción VIII.

VIII. Multa del 10% al 20% del valor declarado o del valor comercial de las mercancías, el que sea mayor, a la señalada en la fracción IX.

IX. Multa equivalente a la señalada en las fracciones I, II, III o IV de este artículo, según se trate, o del 70% al 100% del valor comercial de las mercancías cuando estén exentas, a la señalada en la fracción X, salvo que se demuestre que el pago correspondiente se efectuó con anterioridad a la presentación de las mercancías, en cuyo caso, únicamente se incurrirá en la sanción prevista en la fracción V del artículo 185 de esta Ley.

X. Multa del 70% al 100% del valor en aduana de las mercancías en los casos a que se refiere la fracción XI del artículo 176 de esta Ley.

(Se deroga el segundo párrafo).

(Se deroga el tercer párrafo).

ARTICULO 179. Las sanciones establecidas por el artículo 178, se aplicarán a quien enajene, comercie, adquiera o tenga en su poder por cualquier título mercancías extranjeras, sin comprobar su legal estancia en el país.

No se aplicarán sanciones por la infracción a que se refiere el párrafo anterior, en lo que toca a adquisición o tenencia tratándose de mercancía de uso personal del infractor. Se consideran como tales:

I. Alimentos y bebidas que consuma y ropa con la que se vista.

II. Cosméticos, productos sanitarios y de aseo, lociones, perfumes y medicamentos que utilice.

III. Artículos domésticos para su casa habitación.

ARTICULO 180. Cometen la infracción de circulación indebida dentro del recinto fiscal quienes circulen en vehículos dentro de dichos recintos sin sujetarse a los lineamientos de circulación establecidos por las autoridades aduaneras y quienes en vehículo o sin él se introduzcan sin estar autorizados para ello, a zonas de los recintos fiscales cuyo acceso esté restringido.

ARTICULO 180-A. Cometen la infracción de uso indebido de funciones dentro del recinto fiscal, quienes realicen cualquier diligencia o actuación dentro de los recintos fiscales o fiscalizados, sin autorización expresa de las autoridades aduaneras.

ARTICULO 181. Se impondrá una multa de $1,000.00 a $1,500.00, sin actualización, a quien cometa la infracción a que se refieren los artículos 180 y 180-A de esta Ley.

A los infractores que aporten a los fondos a que se refiere el artículo 202 de esta Ley, una cantidad equivalente a la multa que se les imponga en los términos de este artículo, se les tendrá por liberados de la obligación de pagar dicha multa.

ARTICULO 182. Cometen las infracciones relacionadas con el destino de las mercancías, quienes:

I. Sin autorización de la autoridad aduanera:

a) Destinen las mercancías por cuya importación fue concedida alguna franquicia, exención o reducción de contribuciones o se haya eximido del cumplimiento de alguna regulación o restricción no arancelaria, a una finalidad distinta de la que determinó su otorgamiento.

b) Trasladen las mercancías a que se refiere el inciso anterior a lugar distinto del señalado al otorgar el beneficio.

c) Las enajenen o permitan que las usen personas diferentes del beneficiario.

d) Enajenen o adquieran vehículos importados o internados temporalmente; así como faciliten su uso a terceros no autorizados.

e) Enajenen o adquieran vehículos importados en franquicia, o a la franja fronteriza sin ser residente o estar establecido en ellas.

f) Faciliten a terceros no autorizados su uso, tratándose de vehículos importados a franja o región fronteriza, cuando se encuentren fuera de dichas zonas.

II. Excedan el plazo concedido para el retorno de las mercancías importadas o internadas temporalmente; no se lleve a cabo el retorno al extranjero de las importaciones temporales o el retorno a la franja o región fronteriza en las internaciones temporales de vehículos; transformen las mercancías que debieron conservar en el mismo estado o de cualquier otra forma violen las disposiciones que regulen el régimen aduanero autorizado en cuanto al destino de las mercancías correspondientes y la finalidad específica del régimen.

III. Importen temporalmente vehículos sin tener alguna de las calidades migratorias señaladas en el inciso a) de la fracción IV del artículo 106 de esta Ley; importen vehículos en franquicia destinados a permanecer definitivamente en franja o región fronteriza del país, o internen temporalmente dichos vehículos al resto del país, sin tener su residencia en dicha franja o región, o sin cumplir los requisitos que se establezcan en los Decretos que autoricen las importaciones referidas.

IV. Retiren las mercancías del recinto fiscalizado autorizado para operar el régimen de elaboración, transformación o reparación con una finalidad distinta de su exportación o retorno al extranjero.

V. No presenten las mercancías en el plazo concedido para el arribo de las mismas a la aduana de despacho o de salida, tratándose del régimen de tránsito interno.

VI. Presenten los pedimentos de tránsito interno o internacional con el fin de dar por concluido dichos tránsitos en la aduana de despacho o en la de salida, sin la presentación física de las mercancías en los recintos fiscales o fiscalizados.

VII. Realicen la exportación, el retorno de mercancías o el desistimiento de régimen, en el caso de que se presente el pedimento sin las mercancías correspondientes en la aduana de salida.

ARTICULO 183. Se aplicarán las siguientes sanciones a quien cometa las infracciones relacionadas con el destino de las mercancías, previstas en el artículo 182 de esta Ley:

I. Multa equivalente del 130% al 150% del beneficio obtenido con la franquicia, exención o reducción de impuestos concedida o del 70% al 100% del valor comercial de las mercancías cuando se haya eximido del cumplimiento de las regulaciones y restricciones no arancelarias, en los casos a que se refiere la fracción I, incisos a), b), c) y f).

Multa equivalente del 30% al 50% del impuesto general de importación que habría tenido que cubrirse si la importación fuera definitiva o del 15% al 30% del valor comercial de las mercancías cuando estén exentas, en los casos a que se refiere la fracción I, incisos d) y e) y la fracción III. Tratándose de yates y veleros turísticos la multa será del 10% al 15% del valor comercial.

II. Si la infracción consistió en exceder los plazos concedidos para el retorno de las mercancías de importación o internación, según el caso, multa de $1,145.00 a $1,717.00 si el retorno se verifica en forma espontánea, por cada periodo de quince días o fracción que transcurra desde la fecha de vencimiento del plazo hasta que se efectúe el retorno. El monto de la multa no excederá del valor de las mercancías.

No se aplicará la multa a que se refiere el párrafo anterior, a las personas que retornen en forma espontánea los vehículos importados o internados temporalmente.

III. Multa equivalente a la señalada por el artículo 178, fracciones I, II, III o IV, según se trate, o del 30% al 50% del valor comercial de las mercancías cuando estén exentas, si la omisión en el retorno de las mercancías importadas o internadas temporalmente es descubierta por la autoridad.

(Se deroga el segundo párrafo).

IV. Multa equivalente del 30% al 50% del valor comercial de las mercancías correspondientes, en los demás casos.

V. Multa de $42,575.00 a $56,767.00 en el supuesto a que se refiere la fracción IV.

VI. Multa equivalente del 70% al 100% del valor en aduana de las mercancías en los supuestos a que se refieren las fracciones V, VI y VII.

ARTICULO 183-A. Las mercancías pasarán a ser propiedad del Fisco Federal, sin perjuicio de las demás sanciones aplicables, en los siguientes casos:

I. Cuando no sean retiradas de los almacenes generales de depósito, dentro del plazo establecido en el artículo 144-A de esta Ley.

II. En el supuesto previsto en el artículo 151, fracción VI de esta Ley, así como cuando se señale en el pedimento el nombre, domicilio fiscal o la clave del registro federal de contribuyentes de alguna persona que no hubiera solicitado la operación de comercio exterior.

III. En los casos previstos en el artículo 176, fracciones III, V, VI, VIII y X de esta Ley, salvo que en este último caso, se demuestre que el pago correspondiente se efectuó con anterioridad a la presentación de las mercancías, o cuando se trate de los excedentes o sobrantes detectados a maquiladoras de mercancía registrada en su programa, a que se refiere el artículo 153, último párrafo de esta Ley.

IV. En el supuesto previsto en el artículo 178, fracción IV de esta Ley, excepto cuando el infractor cumpla con las regulaciones y restricciones no arancelarias, dentro de los treinta días siguientes a la notificación del acta de inicio del procedimiento administrativo en materia aduanera.

V. Los vehículos, cuando no se haya obtenido el permiso de la autoridad competente.

VI. En los casos a que se refiere el artículo 182, fracciones I, incisos d) y e), III, excepto yates y veleros turísticos y IV de esta Ley.

VII. En el supuesto a que se refiere el artículo 183, fracción III de esta Ley.

Cuando existiere imposibilidad material para que las mercancías pasen a propiedad del

Fisco Federal, el infractor deberá pagar el importe de su valor comercial en el territorio nacional al momento de la aplicación de las sanciones que correspondan.

ARTICULO 184. Cometen las infracciones relacionadas con las obligaciones de presentar documentación y declaraciones, quienes:

I. Omitan presentar a las autoridades aduaneras, o lo hagan en forma extemporánea, los documentos que amparen las mercancías que importen o exporten, que transporten o que almacenen, los pedimentos, facturas, copias de las constancias de exportación, declaraciones, manifiestos o guías de carga, avisos, relaciones de mercancías y equipaje, autorizaciones, así como el documento en que conste la garantía a que se refiere el artículo 36, fracción I, inciso e) de esta Ley en los casos en que la ley imponga tales obligaciones.

II. Omitan presentar los documentos o informes requeridos por las autoridades aduaneras dentro del plazo señalado en el requerimiento o por esta Ley.

III. Presenten los documentos a que se refieren las dos fracciones anteriores, con datos inexactos o falsos u omitiendo algún dato, siempre que se altere la información estadística.

IV. Omitan presentar o lo hagan extemporáneamente, los documentos que comprueben el cumplimiento de las obligaciones en materia de regulaciones y restricciones no arancelarias, cuando hayan obtenido dichos documentos antes de la presentación del pedimento.

V. Presenten a las autoridades aduaneras la información estadística de los pedimentos que formulen, grabada en un medio magnético, con información inexacta, incompleta o falsa.

VI. Transmitan en el sistema electrónico o consignen en el código de barras impreso en el pedimento o en cualquier otro medio de control que autorice la Secretaría, información distinta a la declarada en dicho documento o cuando se presenten éstos al módulo de selección automatizado con el código de barras mal impreso. La falta de algún dato en la impresión del código de barras no se considerará como información distinta, siempre que la información transmitida al sistema de cómputo de la aduana sea igual a la consignada en el pedimento.

VII. Omitan imprimir en el pedimento, o en la factura tratándose de operaciones con pedimento consolidado el código de barras.

VIII. Omitan declarar en la aduana de entrada al país o en la de salida, que llevan consigo cantidades en efectivo, en cheques nacionales o extranjeros, órdenes de pago o cualquier otro documento por cobrar o una combinación de ellos, superiores al equivalente en la moneda o monedas de que se trate a diez mil dólares de los Estados Unidos de América.

IX. Omitan transmitir electrónicamente la siguiente información:

a) La relativa a cada pasajero, tripulante y medio de transporte a que se refiere el primer párrafo del artículo 7o. de esta Ley.

b) La relativa a las mercancías que por cada medio de transporte vayan a arribar a territorio nacional a que se refiere la fracción VII del artículo 20 de esta Ley.

X. Omitan dar el aviso a que se refiere el segundo párrafo del artículo 7o. de esta Ley.

XI. Presenten el pedimento en el módulo de selección automatizado sin la certificación del pago del módulo bancario o sin la firma del agente aduanal o su mandatario o del apoderado aduanal.

XII. Omitan presentar o lo hagan extemporáneamente la declaración semestral a que se refiere el artículo 87, fracción I de esta Ley.

XIII. Presenten el pedimento que ampare la mercancía que importen, omitiendo el nombre o la clave de identificación fiscal del proveedor o del exportador.

XIV. Omitan o asienten datos inexactos en relación con el cumplimiento de las normas oficiales mexicanas de información comercial.

XV. Omitan manifestar a las empresas de transporte internacional de traslado y custodia de valores o a las empresas de mensajería, que utilicen para internar o extraer del territorio nacional las cantidades que envíen en efectivo, en cheques nacionales o extranjeros, órdenes de pago o cualquier otro documento por cobrar o una combinación de ellos, superiores al equivalente en la moneda o monedas de que se trate a diez mil dólares de los Estados Unidos de América.

XVI. Omitan declarar a las autoridades aduaneras, las cantidades en efectivo, en cheques nacionales o extranjeros, órdenes de pago o cualquier otro documento por cobrar o una combinación de ellos, que las personas que utilizan sus servicios les hayan manifestado en los términos del segundo párrafo del artículo 9o. de esta Ley.

XVII. Omitan presentar el aviso a que se refiere la fracción XII del artículo 162 de esta Ley.

XVIII. Omitan presentar la documentación aduanera a que se refiere el segundo párrafo, del artículo 36 de esta Ley.

ARTICULO 185. Se aplicarán las siguientes multas a quienes cometan las infracciones relacionadas con las obligaciones de presentar documentación y declaraciones, así como de transmisión electrónica de la información, previstas en el artículo 184 de esta Ley:

I. Multa de $2,049.00 a $3,073.00, en caso de omisión a las mencionadas en las fracciones I, II y XVIII. Las multas se reducirán al 50% cuando la presentación sea extemporánea.

II. Multa de $993.00 a $1,419.00 a la señalada en la fracción III, por cada documento.

No se aplicará la multa a que se refiere esta fracción, cuando el agente o apoderado aduanal presente la rectificación correspondiente dentro de los diez días siguientes contados a partir del día siguiente a aquél en el que le fuera notificado el escrito o acta correspondiente en el que se haga constar la irregularidad detectada en el reconocimiento o segundo reconocimiento, así como de la revisión de documentos siempre que presente copia del pedimento correspondiente ante la aduana que emitió el escrito o el acta, dentro del plazo de diez días otorgado para el ofrecimiento de pruebas y alegatos. No obstante lo anterior, la aduana procederá a aplicar las multas que correspondan cuando no se rectifiquen todos los datos a que se refiera el escrito o acta.

III. Multa de $1,716.00 a $2,861.00 tratándose de la fracción IV.

IV. Multa de $2,290.00 a $3,435.00 a la señalada en la fracción V, por cada medio magnético que contenga información inexacta, incompleta o falsa.

V. Multa de $2,129.00 a $3,548.00 a la señalada en la fracción VI.

VI. Multa de $2,129.00 a $3,548.00, en el caso señalado en la fracción VII, por cada pedimento.

VII. Multa equivalente de 20% al 40% de la cantidad que exceda al equivalente en la moneda o monedas de que se trate a diez mil dólares de los Estados Unidos de América, a las infracciones establecidas en las fracciones VIII, XV y XVI.

VIII. Multa de $40,972.00 a $61,457.00, en el caso de la transmisión electrónica señalada en la fracción IX, por la omisión de cada pasajero, tripulante o medio de transporte que arribe a territorio nacional, a que se refiere el inciso a) y por la omisión relativa a la mercancía por cada medio de transporte a que se refiere el inciso b). La multa se reducirá en un 50%, en el caso de que la transmisión electrónica sea extemporánea, incompleta o contenga información incorrecta.

IX. Multa de $114,499.00 a $171,748.00, en los casos señalados en la fracción X, por cada aeronave que arribe al territorio nacional.

X. Multa de $1,419.00 a $2,129.00, en el caso señalado en la fracción XI, por cada pedimento.

XI. Multa de $4,258.00 a $5,677.00 en caso de omisión y de $2,129.00 a $3,548.00 por la presentación extemporánea, en el caso señalado en la fracción XII.

XII. Multa de $710.00 a $1,419.00, en el caso señalado en la fracción XIII, por cada documento.

XIII. Multa equivalente del 2% al 10% del valor comercial de las mercancías, a la señalada en la fracción XIV.

XIV. Multa de $10,243.00 a $15,364.00, a la señalada en la fracción XVII por cada periodo de 15 días o fracción que transcurra desde la fecha en que debió presentar el aviso y hasta que el mismo se presente.

ARTICULO 185-A. Comete la infracción relacionada con la obligación de llevar los sistemas de control de inventarios, quienes no cumplan con lo dispuesto en la fracción I del artículo 59 de esta Ley.

ARTICULO 185-B. Se aplicará una multa de $10,243.00 a $20,486.00 a quienes cometan la infracción relacionada con la obligación de llevar los sistemas de control de inventarios prevista en el artículo 185-A de esta Ley.

ARTICULO 186. Cometen las infracciones relacionadas con el control, seguridad y manejo de las mercancías de comercio exterior:

I. Las personas autorizadas para almacenarlas o transportarlas, si no tienen en los almacenes, medios de transporte o bultos que las contengan, los precintos, etiquetas, cerraduras, sellos y demás medios de seguridad exigidos por la Ley o el Reglamento.

II. Quienes violen los medios de seguridad a que se refiere la fracción anterior o toleren su violación.

III. Los remitentes que no anoten en las envolturas de los envíos postales el aviso de que contienen mercancías de exportación o cuando sean mercancías de procedencia extranjera que envíen de la franja o región fronteriza al resto del país.

IV. Los capitanes, pilotos y empresas porteadoras que no cumplan con la obligación prevista en la fracción V del artículo 20 de esta Ley.

V. Los capitanes o pilotos que toleren la venta de mercancías de procedencia extranjera en las embarcaciones o aeronaves, una vez que se encuentren en el territorio nacional.

VI. Los almacenes generales de depósito que permitan el retiro de las mercancías sujetas al régimen de depósito fiscal sin cumplir con las formalidades para su retorno al extranjero o sin que se hayan pagado las contribuciones y, en su caso, cuotas compensatorias causadas con motivo de su importación o exportación definitivas.

VII. Las personas que hubieren obtenido concesión o autorización para almacenar mercancías cuando las entreguen sin cumplir con las obligaciones establecidas en las fracciones VI y VII del artículo 26 de esta Ley.

VIII. Los recintos fiscalizados autorizados para operar el régimen de elaboración, transformación o reparación, cuando hubieran entregado las mercancías en ellos almacenadas y no cuenten con copia del pedimento en el que conste que éstas fueron retornadas al extranjero o exportadas, según corresponda.

IX. Los capitanes o pilotos de embarcaciones y aeronaves que presten servicios internacionales y las empresas a que éstas pertenezcan, cuando injustificadamente arriben o aterricen en lugar no autorizado, siempre que no exista infracción de contrabando.

X. Los pilotos que omitan presentar las aeronaves en el lugar designado por las autoridades aduaneras para recibir la visita de inspección.

XI. Los agentes aduanales que incurran en el supuesto previsto en la fracción II del artículo 164 de esta Ley y quienes se ostenten como tales sin la patente respectiva.

XII. El Servicio Postal Mexicano cuando no dé cumplimiento a las obligaciones que señala el artículo 21 de esta Ley, excepto la establecida en la fracción IV de ese mismo artículo.

XIII. Las empresas que presten el servicio de transporte internacional de pasajeros, cuando omitan distribuir entre los mismos las formas oficiales que al efecto establezca la Secretaría, para la declaración de aduanas de los pasajeros.

XIV. Las personas que hubieran obtenido concesión o autorización para prestar los servicios de manejo, almacenaje y custodia de mercancías de comercio exterior, cuando no cumplan con alguna de las obligaciones previstas en el primer párrafo y en las fracciones I a VI y VIII y los lineamientos a que se refiere el primer párrafo del artículo 15 y en la fracción III del artículo 26 de esta Ley.

XV. Los establecimientos autorizados a que se refiere el artículo 121 de esta Ley, que enajenen mercancías a personas distintas de los pasajeros que salgan del país directamente al extranjero.

XVI. Las personas que presten los servicios de mantenimiento y custodia de aeronaves que realicen el transporte internacional no regular, cuando no cumplan con lo establecido en el penúltimo párrafo del artículo 20 de esta Ley.

XVII. Los agentes o apoderados aduanales, cuando no coincida el número de candado oficial manifestado en el pedimento o en la factura, con el número de candado físicamente colocado en el vehículo o en el medio de transporte que contenga las mercancías.

XVIII. Las instituciones de crédito o casas de bolsa autorizadas para operar cuentas aduaneras, cuando no cumplan con las obligaciones previstas en las fracciones II o III del artículo 87 de esta Ley.

XIX. Los establecimientos que se ostenten como depósito fiscal para la exposición y venta de mercancías extranjeras y nacionales sin contar con la autorización a que se refiere el artículo 121, fracción I de esta Ley.

XX. Cuando las personas que operen o administren puertos de altura, aeropuertos internacionales o que presten los servicios auxiliares de terminales ferroviarias de pasajeros y de carga, no cumplan con alguna de las obligaciones a que se refiere el artículo 4o. de esta Ley.

XXI. Las empresas que hubieran obtenido autorización para prestar los servicios de carga, descarga y maniobras de mercancías de comercio exterior en recintos fiscales, cuando no cumplan con los lineamientos a que se refiere el segundo párrafo del artículo 14-C de esta Ley.

XXII. Quienes efectúen la transferencia o desconsolidación de mercancías sin cumplir con los requisitos y condiciones aplicables.

XXIII. Las personas que hubieran obtenido la autorización a que se refiere el artículo 14-D o 135-A, cuando no cumplan con alguna de las obligaciones previstas en la Ley o en la autorización respectiva.

ARTICULO 187. Se aplicarán las siguientes sanciones a quien cometa las infracciones relacionadas con el control, seguridad y manejo de las mercancías previstas en el artículo

186 de esta Ley:

I. Multa de $4,097.00 a $5,634.00, a las señaladas en las fracciones I, II, IV, V, XI, XXI y XXII.

II. Multa de $1,145.00 a $1,717.00, a la señalada en la fracción III.

III. Multa equivalente del 70% al 100% de las contribuciones y cuotas compensatorias omitidas, cuando no se haya cubierto lo que correspondía pagar o del 30% al 50% del valor comercial de las mercancías si están exentas o se trata de retorno al extranjero, a la señalada en la fracción VI.

IV. Multa de $11,450.00 a $17,175.00 a las señaladas en las fracciones IX y X.

V. Multa de $6,870.00 a $9,160.00 a las señaladas en las fracciones XII y XIII.

VI. Multa de $40,972.00 a $61,457.00, a la señalada en la fracción VIII.

VII. Clausura del establecimiento por una semana en la primera ocasión, por dos semanas en la segunda ocasión, por tres semanas en la tercera y siguientes ocasiones dentro de cada año de calendario, a la señalada en la fracción XV del artículo 186 de esta Ley.

VIII. Multa de $22,900.00 a $45,800.00 a la señalada en la fracción XVI.

IX. Multa del 3% al 5% del importe total que no se hubiera transferido, a la señalada en la fracción XVIII.

X. Multa de $56,767.00 a $78,054.00, a la señalada en la fracción XIX.
XI. Multa de $710.00 a $1,419.00, a la señalada en la fracción XVII.

XII. Multa de $256,072.00 a $409,716.00, a la señalada en la fracción XX, por cada periodo de 20 días o fracción que transcurra desde la fecha en que se debió dar cumplimiento a la obligación y hasta que la misma se cumpla.

XIII. Multa equivalente del 80% al 100% de las contribuciones y cuotas compensatorias que se hubieran omitido, cuando no se haya cubierto lo que correspondía pagar o del 30% al 50% del valor comercial de las mercancías si están exentas o se trata de retorno al extranjero, a la señalada en la fracción VII. En el caso de reincidencia, la sanción consistirá en la suspensión provisional del recinto fiscalizado por un plazo de dos a treinta días.

XIV. Multa de $40,972.00 a $61,457.00, a la señalada en la fracción XIV. En el caso de reincidencia, la sanción consistirá en la suspensión provisional del recinto fiscalizado por un plazo de dos a treinta días.

XV. Multa de $512,145.00 a $1,024,289.00 a la señalada en la fracción XXIII.

Tratándose de los plazos de suspensión provisional a que se refieren las fracciones XIII y XIV de este artículo, el titular del recinto fiscalizado únicamente podrá concluir las operaciones que tuviera iniciadas a la fecha en que le sea notificada la orden de suspensión, sin que durante dicho plazo pueda iniciar nuevas operaciones.

ARTICULO 188. Comete la infracción relacionada con la clave confidencial de identidad, quien al presentar pedimento o realizar cualquier trámite:

I. Utilice una clave confidencial de identidad equivocada.

II. Utilice una clave confidencial que haya sido revocada o cancelada.

ARTICULO 189. Se aplicarán las siguientes sanciones a quien cometa las infracciones a que se refiere el artículo 188 de esta Ley:

I. Multa de $22,900.00 a $34,350.00, a quien cometa la infracción señalada en la fracción I.

II. Multa de $45,800.00 a $68,699.00, a quien cometa la infracción señalada en la fracción II.

ARTICULO 190. Comete las infracciones relacionadas con el uso indebido de gafetes de identificación utilizados en los recintos fiscales, quien:

I. Use un gafete de identificación del que no sea titular.

II. Permita que un tercero utilice el gafete de identificación propio. Se entiende que se realiza esta conducta cuando el titular no reporte por escrito a las autoridades aduaneras el robo o la pérdida del mismo en un plazo que no excederá de veinticuatro horas, y éste se ha utilizado por una persona distinta a su titular.

III. Realice cualquier trámite relacionado con el despacho de mercancías, portando un gafete para visitante.

IV. Omita portar los gafetes que lo identifiquen mientras se encuentre en los recintos fiscales.

V. Falsifique o altere el contenido de algún gafete de identificación.

ARTICULO 191. Se aplicarán las siguientes sanciones a quien cometa las infracciones establecidas en el artículo 190 de esta Ley:

I. Multa de $11,450.00 a $17,175.00, tratándose de las señaladas en las fracciones I y II.

II. Multa de $22,900.00 a $34,350.00, tratándose de la señalada en la fracción III.

III. Multa de $2,290.00 a $3,435.00, tratándose de la señalada en la fracción IV.

IV. Multa de $45,800.00 a $68,699.00, tratándose de la señalada en la fracción V, independientemente de las sanciones a que haya lugar por la comisión de delitos.

A los infractores que aporten a los fondos a que se refiere el artículo 202 de esta Ley, una cantidad equivalente a la multa que se les imponga en los términos de este artículo, se les tendrá por liberados de la obligación de pagar dicha multa.

ARTICULO 192. Comete las infracciones relacionadas con la seguridad o integridad de las instalaciones aduaneras quien:

I. Utilice en las áreas expresamente señaladas por las autoridades aduaneras como restringidas, aparatos de telefonía celular y cualquier otro medio de comunicación.

II. Dañe los edificios, equipo y otros bienes que se utilicen en la operación aduanera por la Secretaría o por empresas que auxilien a dicha Secretaría en los términos de esta Ley.

III. Introduzca al recinto fiscal vehículos que transporten mercancías cuyo peso bruto exceda el que al efecto señale la Secretaría mediante reglas, salvo que la mercancía que se transporte en el vehículo cuyo peso bruto exceda del autorizado, no pueda transportarse en más de un vehículo, y siempre que se solicite al administrador de la aduana con un día de anticipación la autorización para que el medio de transporte ingrese al recinto fiscal en cierta fecha y hora. Lo previsto en esta fracción no será aplicable cuando se trate de puertos o terminales portuarias concesionadas.

ARTICULO 193. Se aplicarán las siguientes sanciones a quien cometa las infracciones relacionadas con la seguridad o integridad de las instalaciones aduaneras previstas en el artículo 192 de esta Ley:

I. Multa de $6,870.00 a $9,160.00, a la señalada en la fracción I.

II. Multa de $9,160.00 a $11,450.00 a la señalada en la fracción II, así como reparación del daño causado.

III. Multa de $9,160.00 a $11,450.00, si se trata de la señalada en la fracción III.

A los infractores que aporten a los fondos a que se refiere el artículo 202 de esta Ley, una cantidad equivalente a la multa que se les imponga en los términos de este artículo, se les tendrá por liberados de la obligación de pagar dicha multa.

ARTICULO 194. A quienes omitan enterar las contribuciones y aprovechamientos a que se refieren los artículos 15, fracción VII, 16-A, último párrafo, 16-B, último párrafo, 21, fracción IV y 120, penúltimo párrafo de esta Ley dentro de los plazos señalados en los mismos, se les aplicará una multa del 10% al 20% del monto del pago omitido, cuando la infracción sea detectada por la autoridad aduanera, sin perjuicio de las demás sanciones que resulten aplicables.

ARTICULO 195. Tratándose de infracciones derivadas de la actuación del agente aduanal en el despacho, la multa será a cargo del agente aduanal, excepto en los casos establecidos en el segundo párrafo del artículo 54 de esta Ley.

ARTICULO 196. Se considera cometida una sola infracción, cuando en diversos actos se introduzcan o extraigan del país mercancías presentándolas desmontadas o en partes, en los siguientes casos:

I. Cuando la importación o la exportación de las mercancías consideradas como un todo requiera permiso de autoridad competente y la de las partes individualmente no lo requiera.

II. Cuando los impuestos al comercio exterior que deban pagarse por la importación o exportación y, en su caso, de las cuotas compensatorias por la importación de la mercancía completa, sean superiores a la suma de las que deban pagarse por la importación o exportación separada de las partes, o cuando por éstas no se paguen impuestos al comercio exterior o cuotas compensatorias.

Se considera que se comete una sola infracción, aun cuando la importación o exportación separada de las partes o de algunas de ellas constituyan por sí misma infracción.

ARTICULO 197. Cuando dos o más personas introduzcan al país o extraigan de él mercancías de manera ilegal se observarán las reglas siguientes:

I. Si pueden determinarse las mercancías que cada uno introdujo o extrajo, se aplicarán individualmente las sanciones que correspondan a cada quien.

II. En caso contrario, se aplicará la sanción que corresponda a la infracción cometida por la totalidad de las mercancías y todos responderán solidariamente.

ARTICULO 198. Las autoridades aduaneras, al imponer las multas, deberán considerar como agravantes los siguientes supuestos:

I. El utilizar un Registro Federal de Contribuyentes de un importador que no hubiere encargado el despacho de las mercancías.

II. El uso de documentos falsos o en los que se hagan constar operaciones inexistentes.

III. El hecho que el infractor sea reincidente en los términos del Código Fiscal de la Federación.

ARTICULO 199. Las sanciones establecidas en esta Ley se disminuirán en los siguientes supuestos:

I. En un 66% cuando la omisión de los impuestos al comercio exterior se deba a inexacta clasificación arancelaria, se trate de la misma partida de las tarifas de las leyes de los impuestos general de importación y exportación y la descripción, naturaleza y demás características necesarias para la clasificación de las mercancías hayan sido correctamente manifestadas a la autoridad. Esta disminución no será aplicable cuando exista criterio de clasificación arancelaria de la autoridad aduanera, en los términos del artículo 48 de esta Ley, o cuando las mercancías estén sujetas a regulaciones y restricciones no arancelarias.

II. En un 20% en el caso de que la multa se pague dentro de los cuarenta y cinco días siguientes a la fecha en que se notifique al infractor la resolución por la cual se le imponga la sanción, sin necesidad de que la autoridad que la impuso dicte nueva resolución.

III. En un 50% en el caso de que la multa derive de alguna operación relativa a la exportación de mercancías, con excepción de aquellas operaciones que tengan como origen la aplicación de alguno de los supuestos señalados en los artículos 85, 86, 106 y 108 de esta Ley.

IV. En un 50% cuando la multa se haya impuesto por la omisión en el pago de las contribuciones y aprovechamientos y siempre que el infractor los pague junto con sus accesorios antes de la notificación de la resolución que determine el monto de la contribución o aprovechamiento que omitió.

Lo dispuesto en este artículo no será aplicable cuando se den los supuestos del artículo 198 de esta Ley.

ARTICULO 200. Cuando el monto de las multas que establece esta Ley esté relacionado con el de los impuestos al comercio exterior omitidos, con el valor en aduana de las mercancías y éstos no pueden determinarse, se aplicará a los infractores una multa de $34,350.00 a $45,800.00.

ARTICULO 201. (Se deroga).

ARTICULO 202. Los agentes o apoderados aduanales, los transportistas y demás personas relacionadas con el comercio exterior, podrán constituir fondos en cada aduana, cuyo fin sea el mantenimiento, reparación o ampliación de las instalaciones de las propias aduanas, en los términos que establezca la Secretaría mediante reglas. El patrimonio de dichos fondos se integrará con las aportaciones que efectúen las personas antes mencionadas, con el remanente del producto de la venta obtenido de conformidad con el artículo 32 de esta Ley, así como por las cantidades que aporten las personas que hubieran cometido daños en las instalaciones o equipos que se utilicen en la operación aduanera o con las cantidades que aporten las personas a las que se les impongan multas y que opten por aportar cantidades equivalentes a las multas impuestas en los términos de los artículos 181, 191 y 193 de esta Ley.

부록 Ⅵ. 국경 관리 관련법안

(Border Security Enforcement Act of 2011)

(1) RURAL, HIGH-TRAFFICKED AREAS- The term 'rural, high-trafficked areas' means rural areas through which drugs and undocumented aliens are routinely smuggled, as designated by the Commissioner of U.S. Customs and Border Protection.
(2) SECRETARY- The term 'Secretary' means the Secretary of Homeland Security.
(3) SOUTHWEST BORDER REGION- The term 'Southwest Border region' means the area in the United States that is within 150 miles of the international border between the United States and Mexico.

○ SEC. 3. NATIONAL GUARD SUPPORT TO SECURE THE SOUTHERN LAND BORDER OF THE UNITED STATES.

(a) In General- The Secretary of Defense shall deploy not fewer than 6,000 National Guard personnel to perform operations and missions under section 502(f) of title 32, United States Code, in the Southwest Border region for the purposes of assisting U.S. Customs and Border Protection in securing the international border between the United States and Mexico.

(b) Assignment of Operations and Missions –
  (1) IN GENERAL- National Guard units and personnel deployed under subsection (a) may be assigned such operations and missions as are necessary to secure the international border between the United States and Mexico.
  (2) NATURE OF DUTY- Duty by National Guard personnel performing such

operations and missions shall be full-time National Guard duty under title 32, United States Code.

(c) Range of Operations and Missions- The operations and missions assigned under subsection (b) shall include the temporary authority to —

   (1) construct fencing, including double-layer and triple-layer fencing;
   (2) increase ground-based mobile surveillance systems;
   (3) deploy additional unmanned aerial systems and manned aircraft sufficient to maintain continuous surveillance of the international border between the United States and Mexico;
   (4) deploy and provide capability for radio communications interoperability between U.S. Customs and Border Protection and State, local, and tribal law enforcement agencies;
   (5) construct checkpoints along the border to bridge the gap to long-term permanent checkpoints; and
   (6) conduct mobile patrols and provide assistance to U.S. Customs and Border Protection, particularly in rural, high-trafficked areas, as designated by the Commissioner, U.S. Customs and Border Protection.

(d) Materiel and Logistical Support - The Secretary of Defense shall deploy such materiel and equipment and logistics support as is necessary to ensure success of the operations and missions conducted by the National Guard under subsection (a).

(e) Exclusion From National Guard Personnel Strength Limitations- National Guard personnel deployed under subsection (a) shall not be included in the calculation to determine compliance with limits on end strength for National Guard personnel or on limits on the number of National Guard personal that may be placed on active duty for operational support under section 115 of title 10, United States Code.

(f) Authorization of Appropriations- There is authorized to be appropriated $600,000,000 to carry out this section during the 5-year period ending on September 30, 2016.

- SEC. 4. PERSONNEL ENHANCEMENTS

(a) U.S. Customs and Border Protection- Not later than September 30, 2016, the Secretary shall increase the number of trained Border Patrol agents stationed in the Southwest Border region by 5,000, compared to the number of agents at such locations as of the date of the enactment of this Act. The Secretary shall make progress in increasing such number of trained Border Patrol agents during each of the fiscal years 2012 through 2016.

(b) Hardship Duty Pay- In addition to compensation to which Border Patrol agents are otherwise entitled, Border Patrol agents who are assigned to rural, high-trafficked areas shall be entitled to receive hardship duty pay, in an amount determined by the Commissioner, U.S. Customs and Border Protection, which may not exceed the rate of special pay to which members of a uniformed service are entitled under section 310 of title 37, United States Code.

(c) Danger Pay for United States Marshals Service and Bureau of Alcohol, Tobacco, Firearms and Explosives Personnel- Section 151 of the Foreign Relations Authorization Act, Fiscal Years 1990 and 1991 (Public Law 101-246; 5 U.S.C. 5928 note) is amended by striking 'or Federal Bureau of Investigation' and inserting 'the Federal Bureau of Investigation, the United States Marshals Service, or the Bureau of Alcohol, Tobacco, Firearms and Explosives'.

(d) Authorization of Appropriations—
  (1) BORDER PATROL PERSONNEL- There are authorized to be appropriated $300,000,000 for each of the fiscal years 2012 through 2016 to carry out subsection (a).
  (2) U.S. MARSHALS SERVICE- In addition to amounts otherwise authorized to be appropriated, there are authorized to be appropriated $15,000,000 for each of the fiscal years 2012 through 2016, for salaries and benefits of United States Marshals Service personnel.
  (3) OTHER PERSONNEL- There are authorized to be appropriated, during the 5-year period ending on September 30, 2016—
    (A) $110,000,000 for salaries and benefits for 500 new U.S. Customs and Border Protection officers; and
    (B) $17,000,000 for 144 new Office of Air and Marine pilots, vessel commanders, and support personnel.

○ SEC. 5. ENHANCING EXISTING BORDER SECURITY OPERATIONS.

(a) Operation Streamline—
  (1) IMPLEMENTATION- The Attorney General, the Secretary, and the Director of the Administrative Office of the United States Courts shall—
    (A) fully implement Operation Streamline in the Southwest Border region; and
    (B) reimburse State, local, and tribal law enforcement for any detention costs related to such implementation.
  (2) ADDITIONAL MAGISTRATE JUDGES TO ASSIST WITH INCREASED CASELOAD ALONG SOUTHWEST BORDER- The chief judge of each Federal judicial district in the Southwest Border region is authorized to appoint additional full-time magistrate judges, who shall have the authority to hear all cases and controversies in the district in which the respective judges are appointed.

(b) Operation Stonegarden —

(1) IN GENERAL- The Federal Emergency Management Agency shall enhance law enforcement preparedness and operational readiness in the borders of the United States through Operation Stonegarden.

(2) ALLOCATION- Of the amounts appropriated pursuant to subsection (e), not less than 90 percent shall be allocated for grants and reimbursement to law enforcement agencies in the States in the Southwest Border region for personnel, overtime, travel, and other costs related to illegal immigration and drug smuggling in the Southwest Border region.

(c) Infrastructure Improvements —

(1) BORDER PATROL STATIONS- The Secretary shall —

(A) construct additional Border Patrol stations in the Southwest Border region, as needed, to provide full operational support in rural, high-trafficked areas; and

(B) analyze the feasibility of creating additional Border Patrol sectors along the international border between the United States and Mexico to interrupt drug trafficking operations.

(2) FORWARD OPERATING BASES- The Secretary shall enhance the security of the Southwest Border region by —

(A) establishing additional permanent forward operating bases for the Border Patrol, as needed;

(B) upgrading the existing forward operating bases to include modular buildings, electricity, and potable water; and

(C) ensuring that forward operating bases surveil and interdict individuals entering the United States unlawfully immediately after such an individual crosses the international border between the United States and Mexico.

(3) CHECKPOINTS- The Secretary shall —

(A) complete the construction of a permanent checkpoint near Tubac, Arizona; and

(B) deploy additional temporary roving checkpoints in the Southwest Border region.

(4) BORDER FENCE- Section 102(b)(1)(A) of the Illegal Immigration Reform and Immigrant Responsibility Act of 1996 (8 U.S.C. 1103 note) is amended—

(A) by inserting, 'not later than December 31, 2011,' after 'shall'; and

(B) by adding at the end the following: 'The Secretary shall replace landing mat fencing and construct double- and triple-layer fencing in the Southwest Border region (as defined in section 2 of the Border Security Enforcement Act of 2011), at locations determined by the Secretary, after consultation with the governors of the States in the Southwest Border region and representatives of State, tribal, and local law enforcement agencies.'

(d) Border Security on Certain Federal Land—

(1) DEFINITIONS- In this subsection:

(A) SECRETARY CONCERNED- The term 'Secretary concerned' means—

(i) with respect to land under the jurisdiction of the Secretary of Agriculture, the Secretary of Agriculture; and

(ii) with respect to land under the jurisdiction of the Secretary of the Interior, the Secretary of the Interior.

(B) FEDERAL LANDS- The term 'Federal lands' includes all land, including a component of the National Wilderness Preservation System, under the control of the Secretary concerned that is located within 150 miles of the Southwest border region.

(2) SUPPORT FOR BORDER SECURITY NEEDS—

(A) IN GENERAL- To achieve operational control of Federal lands—

(i) the Secretary concerned shall authorize and provide U.S. Customs and

Border Protection personnel with immediate access to Federal lands for security activities, including —

(I) routine motorized patrols; and

(II) the deployment of temporary tactical infrastructure; and

(ii) the security activities described in clause (i) shall be conducted, to the maximum extent practicable, in a manner that the Secretary of Homeland Security determines will best protect the natural and cultural resources on Federal lands.

(3) INVENTORY OF COSTS AND ACTIVITIES- The Secretary shall —

(A) coordinate with the Secretary concerned to develop an inventory of costs incurred by the agencies relating to illegal border activity on Federal lands; and

(B) annually submit the inventory developed under subparagraph (A) to —

(i) the Committee on Homeland Security and Governmental Affairs of the Senate;

(ii) the Committee on the Judiciary of the Senate;

(iii) the Committee on Appropriations of the Senate;

(iv) the Committee on Homeland Security of the House of Representatives;

(v) the Committee on the Judiciary of the House of Representatives; and

(vi) the Committee on Appropriations of the House of Representatives.

(4) INTERMINGLED PRIVATE AND STATE LAND- This subsection shall not apply to any private or State-owned land within the boundaries of Federal lands.

(e) Authorization of Appropriations —

(1) ANNUAL APPROPRIATIONS- There are authorized to be appropriated, for each of the fiscal years 2012 through 2016 —

(A) $50,000,000 to carry out subsection (a);

(B) $100,000,000 to carry out subsection (b);

(C) $20,000,000 to carry out subsection (c)(2); and

(D) $50,000,000 to carry out section 102(b)(1)(A) of the Illegal Immigration Reform and Immigrant Responsibility Act of 1996 (8 U.S.C. 1103 note), as amended by subsection (c)(4).

(2) PERMANENT CHECKPOINT CONSTRUCTION- There is authorized to be appropriated $30,000,000 to carry out subsection (c)(3)(A).

(3) DETENTION UPGRADES AT COURTHOUSES- There is authorized to be appropriated, for each of the fiscal years 2012 through 2016, $4,000,000, which shall be used to construct detention upgrades at Federal courthouses located in the Southwest border region.

○ SEC. 6. EQUIPMENT AND TECHNOLOGY

(a) Enhancements- The Commissioner, U.S. Customs and Border Protection, shall—

(1) deploy additional mobile, video, and agent-portable surveillance systems, and unmanned aerial vehicles in the Southwest Border region as necessary to provide 24-hour operation and surveillance;

(2) operate unmanned aerial vehicles along such borders for 24 hours per day and for 7 days per week;

(3) deploy additional fixed-wing aircraft and helicopters along such borders;

(4) acquire new, rotocraft and make upgrades to the existing helicopter fleet; and

(5) increase horse patrols in the Southwest Border region.

(b) Authorization of Appropriations- In addition to amounts otherwise authorized to be appropriated, there is authorized to be appropriated $335,000,000 to U.S. Customs and Border Protection to carry out subsection (a) during fiscal year 2012.

O SEC. 7. ACCESS TO EMERGENCY PERSONNEL

(a) Southwest Border Emergency Communications Grants—

    (1) IN GENERAL- The Secretary, in consultation with the governors of the States in the Southwest Border region, shall establish a 2-year grant program, to be administered by the Secretary, to improve emergency communications in the Southwest Border region.

    (2) ELIGIBILITY FOR GRANTS- An individual is eligible to receive a grant under this subsection if the individual demonstrates that he or she—

        (A) regularly resides or works in the Southwest Border region;

        (B) is at greater risk of border violence due to the lack of cellular service at his or her residence or business and his or her proximity to such border.

    (3) USE OF GRANTS- Grants awarded under this subsection may be used to purchase satellite telephone communications systems and service that—

        (A) can provide access to 9-1-1 service; and

        (B) are equipped with global positioning systems.

    (4) AUTHORIZATION OF APPROPRIATIONS- There is authorized to be appropriated $3,000,000 to carry out the grant program established under this subsection.

(b) Interoperable Communications for Law Enforcement—

    (1) FEDERAL LAW ENFORCEMENT- There are authorized to be appropriated, to the Department of Homeland Security, the Department of Justice, and the Department of the Interior, during the 5-year period ending on September 30, 2016, $35,000,000, which may be used—

        (A) to purchase, through a competitive procurement process, P25-compliant radios, which may include a multi-band option, for Federal law enforcement agents working in the Southwest border region in support of the activities of

U.S. Customs and Border Protection and U.S. Immigration and Customs Enforcement, including law enforcement agents of the Drug Enforcement Administration, the Bureau of Alcohol, Tobacco, Firearms and Explosives, the Department of the Interior, and the Forest Service; and

(B) to upgrade, through a competitive procurement process, the communications network of the Department of Justice to ensure coverage and capacity, particularly when immediate access is needed in times of crisis, in the Southwest Border region for appropriate law enforcement personnel of the Department of Justice (including the Drug Enforcement Administration and the Bureau of Alcohol, Tobacco, Firearms and Explosives), the Department of Homeland Security (including U.S. Immigration and Customs Enforcement and U.S. Customs and Border Protection), the United States Marshals Service, other Federal agencies, the State of Arizona, tribes, and local governments.

(2) STATE AND LOCAL LAW ENFORCEMENT —

(A) AUTHORIZATION OF APPROPRIATIONS- There is authorized to be appropriated to the Department of Justice, during the 5-year period ending on September 30, 2016, $35,000,000 to purchase, through a competitive procurement process, P25-compliant radios, which may include a multi-band option, for State and local law enforcement agents working in the Southwest Border region.

(B) ACCESS TO FEDERAL SPECTRUM- If a State, tribal, or local law enforcement agency in the Southwest Border region experiences an emergency situation that necessitates immediate communication with the Department of Justice, the Department of Homeland Security, the Department of the Interior, or any of their respective subagencies, such law enforcement agency shall have access to the spectrum assigned to such Federal agency for the duration of such emergency situation.

○ SEC. 8. SOUTHWEST BORDER PROSECUTION INITIATIVE

(a) Reimbursement to State and Local Prosecutors for Federally Initiated Criminal Cases- The Attorney General shall reimburse State, county, tribal, and municipal governments for costs associated with the prosecution and pre-trial detention of federally initiated criminal cases declined by local offices of the United States Attorneys.

(b) Authorization of Appropriations- There is authorized to be appropriated $50,000,000 for each of the fiscal years 2012 through 2016 to carry out subsection (a).

○ SEC. 9. DEFINITION OF AIRCRAFT UNDER AVIATION SMUGGLING PROVISIONS OF THE TARIFF ACT OF 1930

(a) In General- Section 590 of the Tariff Act of 1930 (19 U.S.C. 1590) is amended—
  (1) by redesignating subsection (g) as subsection (h); and
  (2) by inserting after subsection (f) the following: '(g) Definition of Aircraft- As used in this section, the term 'aircraft' includes an ultralight vehicle, as defined by the Administrator of the Federal Aviation Administration.'

(b) Effective Date- The amendments made by subsection (a) apply with respect to violations of any provision of section 590 of the Tariff Act of 1930 on or after the 30th day after the date of the enactment of this Act.